ADAC
Reiseführer

London

Von Sabine Lindlbauer

EIN
ADAC
BUCH

Inhalt

London rush hour – Passanten im Verkehrsgewühl der Shaftesbury Avenue

Queen Victoria und ihre ›Untertanen‹ – Touristen am Victoria Memorial

St. James's Park – Idylle für Städter und Naturfreunde

Windsor Castle – Lieblingsresidenz der Queen und Touristenmagnet

Dies und Das

Auf den Spuren von Sherlock Holmes in der Krimimetropole London

London aktuell A bis Z

Shopping ohne Grenzen – Kaufhaus Selfridges an der Oxford Street

London – kostbarstes Juwel des Königreiches

London, die ›In-Metropole‹ des neuen Jahrtausends, Stadt der Superlative und der Gegensätze. Neueste Trends und uralte Traditionen gehen hier Hand in Hand. Ein Grund von vielen sicherlich für das ganz besondere Flair und die immense Anziehungskraft der Themse-Stadt. Selbst viel gereiste Besucher kommen in der britischen Hauptstadt leicht ins Staunen. Sie gilt als die flächengrößte Metropole der Erde (1600 km^2) und hat eine unendliche Fülle an Sehens- und Erlebniswertem zu bieten.

Schatzkammer voller Überraschungen

In Hunderten von Museen und Palästen werden die unermesslichen Schätze des früheren Britischen Empire präsentiert. Im **Tower** glitzern die kostbaren Kronjuwelen. Mitten im Großstadttrubel öffnen sich die schönsten Parkanlagen. In den **Houses of Parliament** und am Hof von **Queen Elizabeth II.** werden ungeachtet der modernen Zeiten uralte Rituale vollzogen. In den **Docklands** wird eines der gewagtesten Städtebauprojekte Wirklichkeit. Bei einer Fahrt auf der **Themse** zu Königsschlössern und idyllischen Städtchen präsentieren sich London und Umgebung als attraktives Ferienland. Und **Harrods**, das wohl bekannteste Kaufhaus der Welt, beeindruckt mit seinem opulenten Ambiente und Warenangebot, getreu der Devise ›Alles für alle überall‹.

Doch das ist längst nicht alles. In traditionsreichen **Luxushotels** kann man sich – wenn es der Geldbeutel erlaubt – so richtig verwöhnen lassen. Begegnungen mit VIPs sind eher wahrscheinlich. Aus London kommen nicht nur Modeklassiker, hier wird auch die ausgefallenste **Mode** gemacht. ›Le dernier cri‹ kommt längst nicht mehr ausschließlich von der Seine, sondern wird oft genug an der Themse kreiert. Ähnliches gilt fürs Essen: London ist auf dem besten Weg, die Hauptstadt europäischer Esskultur zu werden, ein echtes Paradies für Gourmets. Die feinsten und originellsten **Restaurants** lassen sich hier zu einer kulinarischen Weltreise kombinieren. Und in jahrhundertealten **Pubs** kann man

Oben: *Königin Elizabeth II. und Prinz Philip*

Rechts: *Londoner City mit St. Paul's Cathedral und einem Themse-Dampfer*

Rechts oben: *Old times – romantische Kutschfahrt im Hyde Park*

in Gedanken berühmten Stammgästen wie William Shakespeare und Charles Dickens zuprosten.

Natürlich bietet London ein ganzes **Unterhaltungs-Universum**. Musicals, Opern, Konzerte und Theater – das Angebot ist schier grenzenlos. Shakespeare ganz im Stil jener Zeit kann man z. B. im *Shakespeare's Globe Theatre* erleben, einem typisch elisabethanischen Freilufttheater. Wer lieber die **Szene** erkunden möchte, der geht erst ab 11 Uhr abends aus dem Haus. Die hippsten Discos und die coolsten Nachtklubs – auch dafür ist London weltberühmt.

Welcome to the New Millennium

London bereitete sich mit besonderem Elan auf das 21. Jahrhundert vor. Und das musste gebührend gefeiert werden. Am 31. Dezember 1999 wurde auf der Millennium Dome Plaza in Greenwich eine weltweit vernetzte Multimedia-Party zelebriert. Der **Dome** selbst, 13-mal

größer als die Royal Albert Hall, mit seinen Ausstellungsbereichen zum Thema Mensch und Erde musste allerdings inzwischen wieder geschlossen werden. Das weltgrößte Riesenrad wiederum, *British Airways London Eye*, ragt 135 m über dem South Bank Ufer auf und ermöglicht einen unvergleichlichen Panoramablick über die Londoner City.

Auch die Museumslandschaft erhielt 2000 ein neues Gesicht. Das **British Museum** weihte den grandiosen Great Court ein, und die Eröffnung der **Tate Gallery of Modern Art** sowie des Somerset House mit der neuen **Gilbert Collection** setzte ebenfalls bravouröse Glanzpunkte.

London is unique

›Swinging London‹ hieß es während der Aufbruchsstimmung der sechziger Jahre. – Ein Begriff, der längst eingemottet ist, doch irgendwie swingt London immer

noch. Die Stadt vermag es, **Trends** hervorzubringen und neue Akzente zu setzen wie kaum eine andere Metropole. Zwar behaupten viele Einwohner, sie sei eine einzige Katastrophe: zu groß, zu unübersichtlich, zu laut, zu hektisch, zu voll und zu schmutzig. Verkehrschaos tagtäglich, ein völlig veraltetes, ständig überlastetes U-Bahn-System, trübe Luft und miserables Wetter. Warum leben dann eigentlich so viele Menschen in London? Die Antwort: ›London is unique‹ – London ist einfach einzigartig, eine Stadt, die jung und alt ist zugleich. Hier findet man die ausgeflipptesten Typen, die schrillsten Klamotten und die coolste Musikszene. Das ist die eine Seite. Aber auch **Traditionen** werden ungebrochen hochgehalten: Five o'clock tea und Herrenclubs, rote Doppeldeckerbusse, schwarz behelmte Bobbies und altmodische Taxis. Was sich einmal bewährt hat, wird konsequent beibehalten, nicht zuletzt Monarchie und Demokratie.

Mit rund 7 Millionen Einwohnern ist London die größte Stadt Europas, die jährlich zudem rund 20 Millionen Besucher anlockt. Der Dreh- und Angelpunkt Großbritanniens war einst Mittelpunkt eines riesigen Empire. Das Weltreich zerfiel, und die Weltstadt London wurde zur neuen Heimat für Menschen aus den einstigen Kolonien – ein **Schmelztiegel** par excellence. Und hier scheint inzwischen die Integration der ethnischen Gruppen weit besser gelungen als anderswo.

Von dieser Vielfalt der Nationen profitiert nicht zuletzt die **Restaurant-Szene**. In kaum einer anderen Metropole der Welt kann man sich auf so vielfältige Weise kulinarisch verwöhnen lassen. Und auch die britische Küche hat längst ein internationales Flair angenommen.

Stadtbilder

Die Einwanderer haben das Gesicht der Stadt verändert, aber nicht nur sie. In den achtziger Jahren setzte unter der Regierung Thatcher eine rege **Bautätigkeit** ein. Ganze Stadtteile wurden saniert und modernisiert. Manche Viertel drohten ihren ursprünglichen Charakter zu verlieren. Schließlich schaltete sich Kronprinz Charles mit heftiger Kritik in die Diskussion ein und wetterte gegen die Bauspe-

Bunte Szenen aus dem Leben einer königlichen Weltstadt –

Links Mitte: *Karibische Lebensfreude und farbenfrohe Köstume prägen den berühmten Notting Hill Carneval. – Wohlverdiente Wellness-Pause am Victoria Embankment*

Links unten: *Trubel in Chinatown*

Oben: *So oder so ist das Leben – Gay Pride Parade und Metro Meeting*

Unten: *Wo Mönche einst brauten, da gibt es gutes Bier: Blackfriars Pub*

kulanten, deren Bürotürme die jahrhundertealte Skyline der City zu zerstören drohten. Doch trotz solcher Widerstände wächst London unaufhörlich weiter. Nicht zuletzt in den **Docklands**, wo im ehemaligen Hafengebiet eine neue Stadt am Wasser entstanden ist.

Beim Anflug auf London bietet sich ein erstaunliches Bild von endlos erscheinenden Häuserzeilen. Anonyme Wohnblocks sind jedoch eher die Ausnahme, denn wer es sich leisten kann, hat

ein eigenes Reihenhäuschen mit Garten. Selbstverständlich schluckt diese Art von Städtebau enorme Flächen.

London ist keine gewachsene Stadt, sondern ein Konglomerat aus kleinen Dörfern und Städtchen, die meist über eine eigene High Street verfügen und irgendwann von der Metropole geschluckt wurden. **Greater London** besteht aus 33 Boroughs oder Stadtbezirken. Städteplanung wurde nur ansatzweise betrieben und daher gibt es auch keinen richtigen Stadtkern. Das hängt nicht zuletzt mit der Tatsache zusammen, dass London ursprünglich aus zwei räumlich voneinander getrennten Städten bestand. Die **City of London** ist der älteste Teil. Sie befand sich innerhalb der Stadtmauer und genießt noch heute – selbstverwaltet – einen besonderen Status. Die **City of Westminster** hatte sich Edward the Confessor im 11. Jahrhundert als Königssitz auserkoren, hier befinden sich nach wie vor die wichtigsten Regierungsgebäude des Landes.

Paradies für Touristen

Einen Großteil der Attraktionen gibt es in diesen beiden längst miteinander verknüpften Handels- und Verwaltungszentren zu sehen, wobei die City of Westminster heute den geographischen Mittelpunkt Londons bildet. Wer an der U-Bahn-Station **Westminster** ans Tageslicht kommt, befindet sich am Fuß von *Big Ben* mitten in einem der beeindruckendsten und zugleich geschichtsträchtigsten Stadtteile Londons. Hier liegen Houses of Parliament und Westminster Abbey nah beieinander, die Themse ist nur einen Steinwurf entfernt.

Zu Fuß, mit dem Doppeldeckerbus, per U-Bahn oder Boot kann man von hier aus die Stadt erkunden. Zwischen den zahllosen ›sights‹ bieten Uferpromenaden, Parks, Pubs und Restaurants immer wieder Gelegenheit zur Entspannung. Doch überall locken große Namen wie Buckingham Palace, Trafalgar Square, Piccadilly Circus, Soho, Covent Garden, Tower, Tower Bridge und British Museum, die Entdeckungsreise fortzusetzen.

Links oben: *Die National Gallery zeigt Jan van Eycks ›Hochzeit des Giovanni Arnolfini‹ (1434)*
Links unten: *Trocadero lädt ein zur virtuellen Reise in die Zukunft*
Oben: *Stadtvision Docklands – Canary Wharf auf der Isle of Dogs*
Mitte: *Night Fever in der Disco Equinox*
Unten: *Papageienvisite – das kann doch einen Bobby nicht erschüttern*

Und selbst wenn am Ende des Aufenthalts noch vieles bleibt, was man gern gesehen und erlebt hätte – umso besser, das ist ein guter Grund, die einzigartige Weltstadt bald wieder zu besuchen.

Der Reiseführer

Dieser Band stellt London und Umgebung in zehn Kapiteln vor. Die Autorin beginnt mit ihrer ausführlichen Beschreibung der berühmten und weniger bekannten Sehenswürdigkeiten im Herzen der City of Westminster. **Übersichtskarten, Grundrisse** und **U-Bahn-Plan** erleichtern die Orientierung. Die **Top Tipps** präsentieren Empfehlungen zu Hotels, Restaurants, Museen, Aussichtspunkten, Pubs etc. Die Rubrik **1 Tag/1 Wochenende** wendet sich an Kurzbesucher. **London aktuell A bis Z** bietet Nützliches von Informationen vor Reiseantritt über Tipps zu Essen und Trinken, Einkaufen, Festen und Feiern, Öffnungszeiten der Museen, Stadtbesichtigungen und Verkehrsmittel. Hinzu kommt ein umfassender **Sprachführer**. Interessante **Kurzessays** runden den Reiseführer ab.

Geschichte, Kunst, Kultur im Überblick

Römer

43 Das Heer des römischen Kaisers Claudius erobert Britannien und gründet eine neue Provinz mit Namen ›Londinium‹. Wenig später wird eine Holzbrücke über die Themse errichtet. Eine Handels- und Garnisonsstadt entsteht.

61 Die ostanglische Königin Boudicca (Boadicea) lässt die römische Siedlung niederbrennen. Sie wird jedoch alsbald erneut von den Römern aufgebaut.

200 Londinium wird mit einer Stadtmauer (London Wall) gesichert. Die Einwohnerzahl liegt bei 50 000.

410 Rückzug der Römer aus Britannien. Londinium verfällt.

Angelsachsen

450 Angeln und Sachsen erobern Britannien. Sie legen einen Hafen in dem von ihnen kontrollierten London an und nennen die Stadt ›Lundenvic‹.

604 Eine erste St. Paul's Cathedral wird von dem Chronisten Beda erwähnt.

796 London wird unter den Angelsachsen erstmals königliche Residenz.

827 König Egbert von Wessex vereinigt das angelsächsische Königreich.

851 Dänische Wikinger verwüsten und besetzen London.

886 Alfred, König der Angelsachsen, vertreibt die Wikinger und erhebt London zu seiner Hauptstadt. Ein wirtschaftlicher Aufschwung setzt ein.

Normannische Eroberung Englands (Teppich von Bayeux)

1016 Der Dänenkönig Knut (Canute) wird König von England.

1042 Edward the Confessor besteigt den Thron und etabliert seinen Hof in Westminster außerhalb der Stadtgrenze der City of London.

Normannen

1066 William the Conqueror erobert das Land und wird in Westminster Abbey gekrönt.

1078 William the Conqueror beginnt mit dem Bau des Tower of London.

1100 Unter Henry I. erlangen die City-Kaufleute das Recht, zu besteuern und Sheriffs zu wählen. Im Gegenzug erkennen sie Henry als König an.

Haus Anjou-Plantagenet

1154 Unter Henry II. beginnt die Regentschaft des Hauses Anjou-Plantagenet (bis 1399).

1176 Bau der London Bridge. Sie bleibt bis 1749 die einzige Londoner Themsebrücke.

1191 Die City of London wird von Richard I. als selbstverwaltete Stadtrepublik anerkannt und wählt ihren ersten Bürgermeister, Henry Fitzailwyn.

1215 Die Magna Charta libertatum wird unterzeichnet. Darin sichert König John Lackland den Städten und Ständen politische Rechte zu.

1245 – 69 Die Westminster Abbey wird im gotischen Stil neu errichtet.

1265 Henry III. beruft in der Westminster Hall den königlichen Rat ein, einen Vorläufer des Parlaments.

1280 Ein Neubau der St. Paul's Cathedral wird fertig gestellt.

1332 Das Parlament teilt sich in zwei Kammern auf, das House of Lords und das House of Commons.

1348 – 50 Rund 50 000 Menschen werden vom ›Black Death‹, der Pest, dahingerafft.

1381 Bauernaufstand, angeführt von Wat Tyler, der schließlich von William Walworth, dem damaligen Mayor of London, erstochen wird.

Haus Lancaster

1399 Unter Henry IV. beginnt die Regentschaft des House of Lancaster (bis 1461).

1411–40 Die Guildhall, das Rathaus der City, wird erbaut.

1455 Beginn der Rosenkriege zwischen dem House of Lancaster und dem House of York. Symbol dieser Thronstreitigkeiten werden die rote (Lancaster) bzw. die weiße (York) Rose.

Haus York

1476 William Caxton installiert in Westminster die erste Druckpresse Englands.

1483 Der spätere König Richard III. lässt im Tower seine beiden Neffen Edward V. und Richard ermorden, um sich die Krone zu sichern.

Haus Tudor

1485 Die Rosenkriege enden ergebnislos. Henry VII. besteigt den Thron und begründet die Tudor-Dynastie.

16. Jh. London wird zum wichtigsten Handels- und Güterumschlagplatz der Welt. 200 000 Menschen leben hier.

1529 Kardinal Wolsey fällt in Ungnade. Henry VIII. beschlagnahmt seinen Besitz. Er macht Whitehall Palace zur königlichen Hauptresidenz Londons.

1533 Henry VIII. sagt sich von der römisch-katholischen Kirche los und begründet die anglikanische Staatskirche, deren Kirchenoberhaupt er selbst ist.

1536 Die Auflösung der Klöster als Folge der Reformation beginnt.

1566 Thomas Gresham gründet die Londoner Börse.

1574 Die Theater werden aus der City nach Southwark verbannt.

1598 Die erste umfassende Stadtbeschreibung, ›Survey of London‹ von John Stow, erscheint.

1599 Das Globe Theatre, dessen Mitinhaber Shakespeare später wurde, wird errichtet.

Haus Stuart

1603 James VI. of Scotland wird James I. of England.

1605 Das ›Gunpowder Plot‹, der Versuch des Katholiken Guy Fawkes, das Parlament und die Königsfamilie in die Luft zu sprengen, scheitert. Alljährlich am 5. November (Guy Fawkes Day) wird mit Feuerwerken und symbolisch verbrannten Strohpuppen dieses Ereignisses gedacht.

Henry VIII. (1491–1547)

1637 Charles I. macht den königlichen Hyde Park öffentlich zugänglich.

1643 Beginn des Bürgerkriegs zwischen Anhängern des Königs (›Kavaliere‹) und den Vorkämpfern für Parlamentsrechte (›Rundköpfe‹).

Commonwealth

1649 Charles I. wird hingerichtet. Unter Oliver Cromwell, dem neuen Lordprotektor, beginnt eine Periode des harschen Puritanismus.

Haus Stuart

1660 Restauration der Monarchie. Der römisch-katholische Charles II. besteigt den Thron und setzt die Stuart-Herrschaft fort.

1665 Die Pest fordert rund 100 000 Menschenleben in London.

1666 Vom 2. bis 5. September wütet – ausgehend von der Pudding Lane – eine Feuersbrunst und vernichtet vier Fünftel der City.

1675 Der Grundstein für Christopher Wrens St. Paul's Cathedral wird gelegt (Fertigstellung 1710).

1689 Das Königspaar William and Mary bezieht den Kensington Palace. William III. erlässt die ›Bill of Rights‹ und stärkt damit die Rechte des Bürgertums.

1694 Gründung der Bank of England zur Finanzierung des Kriegs gegen Frankreich.

1698 Ein Feuer verwüstet den Whitehall Palace. St. James's Palace wird offiziell königliche Residenz (bis heute!).

Um 1700 London ist die größte Stadt Westeuropas (500 000 Einwohner).

Haus Hannover-Windsor

1714 Mit der Krönung von George I. beginnt die Herrschaftsepoche des House of Han(n)over.

1721 Robert Walpole wird zum ersten Premierminister Englands ernannt.

1749 Eröffnung der zweiten Themsebrücke Westminster Bridge.

1759 Das British Museum wird eröffnet (Neubau: 1823–28).

1760 Ein Großteil der Stadtmauern wird abgerissen. Die Stadt breitet sich nach Westminster hin aus.

1762 George III. und Königin Charlotte beziehen Buckingham House. St. James's Palace bleibt offizielle Residenz.

1801 Eine erste Volkszählung ergibt für London eine knappe Million Einwohner, davon leben 128 000 in der City.

1805 England besiegt die französische und spanische Flotte in der Seeschlacht vor Trafalgar. Admiral Nelson kommt dabei ums Leben.

1815 Der Duke of Wellington schlägt Napoleon bei Waterloo.

Ab 1816 Ein Teil des städtebaulichen Großprojekts von John Nash wird verwirklicht (Regent Street, Piccadilly und Oxford Circus, Regent's Park u. a.).

1817 Waterloo Bridge wird eröffnet.

1824 Gründung der National Gallery.

1826 Das University College wird als ältester Teil der University of London (1836) gegründet.

1830 Sir Robert Peel gründet die Metropolitan Police Force. Den Spitznamen ›Bobbies‹ verdanken die Polizisten ihrem damaligen Chef. Der Londoner Zoo entsteht.

1834 Der Palace of Westminster brennt bis auf Westminster Hall und Jewel Tower ab.

1836 Die erste Eisenbahn der Stadt fährt von London Bridge nach Greenwich. Bis 1900 werden in London 13 Bahnhöfe gebaut.

1837 Victoria wird Königin von England und bleibt bis zu ihrem Tod 1901 auf dem Thron. Sie macht Buckingham Palace zur königlichen Hauptresidenz. Unter ihrer 63-jährigen Herrschaft erlebt England eine wirtschaftliche Blütezeit.

1840–52 Neubau der Houses of Parliament (Westminster Palace).

1841 Die Royal Botanic Gardens in Kew werden eröffnet.

1847/48 Rund 100 000 Iren fliehen vor einer Hungersnot nach London; sie stellen damit 20% der Einwohnerschaft.

1849 14 000 Londoner fallen der Cholera zum Opfer.

1851 Die von Prinz Albert mitgeplante Weltausstellung, The Great Exhibition, findet im Crystal Palace statt. 6 Millionen Besucher kommen dazu in den Hyde Park.

1863 Zwischen Farringdon Street und King's Cross wird die erste unterirdische Eisenbahnlinie der Welt eingeweiht.

1866 Baubeginn an der Tower Bridge.

1888 Gründung der Stadtverwaltung London County Council. Nur die City bleibt eigenständig. Der mysteriöse Frauenmörder Jack the Ripper treibt sein Unwesen in der Stadt.

1890 Die erste elektrische U-Bahnlinie (Northern Line) geht in Betrieb.

Während des Zweiten Weltkriegs bot die U-Bahn Schutz vor Bomben

1895–97 Bau der römisch-katholischen Westminster Cathedral.

1897 Eröffnung der Tate Gallery.

1900 In London leben 6,5 Millionen Menschen, davon 40 000 in der City.

1910 George V. wird König. Er ist der erste Vertreter des bis heute regierenden House of Windsor.

1915 Erster Zeppelinangriff auf London. Über 2000 Menschen kommen bei Luftangriffen auf die Stadt ums Leben.

1924 Die Labour Party kommt erstmals an die Regierung.

1927 Gründung der BBC (British Broadcasting Corporation).

1930er Jahre Zahlreiche jüdische Immigranten, auf der Flucht vor dem Holocaust, lassen sich im East End nieder.

1936 Edward VIII. verzichtet auf den Thron, um die geschiedene Amerikanerin Wallis Simpson zu heiraten.

1940–45 Bei Luftangriffen der Deutschen, ›The Blitz‹ genannt, verlieren 30 000 Londoner ihr Leben.

Um 1940 Rund 9 Millionen Menschen leben in London und Greater London.

1952 Krönung von Elizabeth II.

1956 Mit dem Clean Air Act, einem Gesetz zur Reinhaltung der Luft, wird dem Smog der Kampf angesagt. Den legendären Londoner Nebel gibt es heute kaum noch.

1960 Die Pop-Bewegung, angeführt von den Beatles, macht London zum Zentrum der Swinging Sixties.

1965 Im Zuge einer Verwaltungsreform wird der London County Council (LCC) durch den Greater London Council (GLC), eine Stadtregierung mit größeren Kompetenzen, ersetzt.

1971 Einführung der Dezimalwährung.

1973 Großbritannien tritt der EG bei.

1977 Silbernes Thronjubiläum von Königin Elizabeth.

1979 Die Konservativen gewinnen die Unterhauswahlen. Margaret Thatcher wird erster weiblicher Premierminister Englands.

1981 Rassenunruhen in Brixton. Gründung der London Docklands Development Corporation, um die Sanierung der brachliegenden Docklands zu initiieren. Märchenhochzeit zwischen Kronprinz Charles und Lady Diana Spencer in St. Paul's Cathedral.

Prinzessin Diana – ihr tragischer Tod im Sommer 1997 löste weltweit Trauer aus

1982 Falkland-Krieg. Das Barbican-Kulturzentrum wird eingeweiht. Die Thames Barrier, die London vor Überschwemmungen schützen soll, wird eröffnet.

1986 Abschaffung des Greater London Council (GLC) durch die Regierung. Der Duke of York, Prinz Andrew, heiratet Lady Sarah Ferguson.

1987 Die Docklands Light Railway wird eröffnet.

1989 Das Amt des Lord Mayor besteht seit 800 Jahren.

1990 John Major löst Margaret Thatcher als Regierungschef ab.

1992 Bei einem Großbrand in Windsor Castle werden Teile des Schlosses zerstört. Trennung von Kronprinz Charles und Prinzessin Diana.

1994 Einweihung des Eurotunnels.

1997 Prinzessin Diana stirbt am 31. August bei einem Autounfall in Paris. Bei Volksabstimmungen sprechen sich Schotten und Waliser für die Gründung eigener Parlamente aus.

2000 Am 12. Mai wird das neue Museum der Klassischen Moderne, die Tate Gallery of Modern Art, eröffnet.

2001 Im Juni wird Premierminister Tony Blair mit großer Mehrheit zum zweiten Mal seit 1997 ins Amt gewählt und geht damit als erster Regierungschef der Labour Party in eine zweite vierjährige Legislaturperiode.

FOSTER'S
Coke
AUDIO & VIDEO TAPE

Sehenswürdigkeiten

Das Herz von Westminster: Whitehall bis St. James's – Paläste der Macht

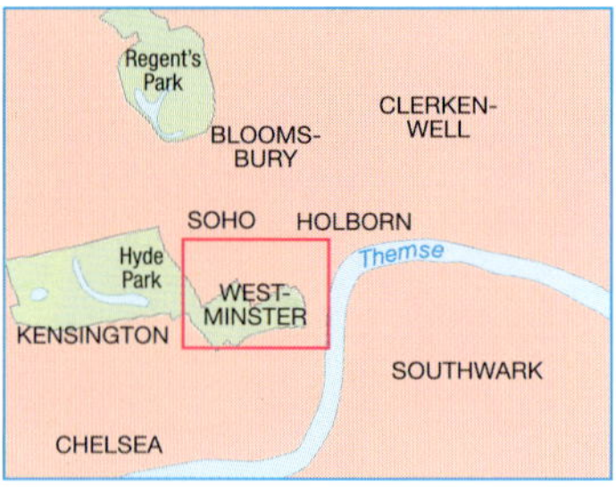

Westminster ist für viele gleichbedeutend mit dem Regierungsviertel Londons: **Whitehall** hinauf und die **Mall** hinunter, von den **Houses of Parliament** bis zum Buckingham Palace. Alle wichtigen Ministerien sind in Whitehall angesiedelt und auch der Amtswohnsitz des Premierministers, **Downing Street No. 10**. Streng genommen allerdings erstreckt sich die City of Westminster von der Themse im Süden bis nach Hampstead im Norden und von der City of London im Osten bis nach Kensington im Westen. Westminster war ursprünglich Londons ›zweite Stadt‹, ein weiteres Machtzentrum neben der City. Zurück geht diese Trennung auf Edward the Confessor, der Mitte des 11. Jh. mit dem Bau von **Westminster Abbey** begann. Gleich nebenan errichtete er den Palace of Westminster, der 1834 abbrannte. Dieser nach Unterzeichnung der Magna Charta (1215) auch von Parlament und Gerichtsbarkeit genutzte Palast diente rund 500 Jahre lang als königliche Residenz, ehe der Hof nach Whitehall Palace (1698 abgebrannt), St. James's Palace und schließlich **Buckingham Palace** übersiedelte. Das heutige Parlamentsgebäude, das Mitte des 19. Jh. errichtet wurde, befindet sich als neuer Palace of Westminster an der Stelle, wo der ursprüngliche Palast gestanden hatte.

Vorhergehende Doppelseite: *London sieht rot – werbewirksames Verkehrsgetümmel am Piccadilly Circus*

TOP TIPP 1 Big Ben

Houses of Parliament,
Bridge Street, SW1
U-Bahn Westminster

Ein Glockenturm, der für viele den Herzschlag Londons, wenn nicht der britischen Demokratie symbolisiert.

Big Ben ist das vielleicht berühmteste Wahrzeichen der Stadt, das nicht zuletzt als Pausenzeichen der BBC weit über die Grenzen der Metropole hinaus bekannt wurde. Was viele allerdings nicht wissen: Nicht der Turm selbst, sondern die 16 t schwere Turmglocke, die seit 1858 den Londonern die Stunde schlägt, wurde ursprünglich als Big Ben bezeichnet. Von wem die **Glocke** ihren volkstümlichen Namen hat, ist leider nicht eindeutig überliefert. Sir Benjamin Hall, damals für öffentliche Gebäude zuständiger Staatsdiener, mag hier Pate gestanden haben. Als Alternative wird der ebenso gewichtige wie populäre viktorianische Boxer Benjamin Caunt gehandelt.

Neben Big Ben gibt es vier weitere Glocken im Turm. Ihr berühmtes *Glockenspiel* geht auf die Arie »I know that my Redeemer liveth« aus Georg Fried-

Imposant und schön zugleich – die Houses of Parliament und der Glockenturm Big Ben (Detail oben) scheinen besonders bei Nacht den ganzen Zauber der Themsestadt für sich gepachtet zu haben

rich Händels ›Messias‹ zurück. Aufmerksame Passanten können nachts an der *Lampe* über dem Zifferblatt erkennen, ob die Parlamentarier schon Feierabend gemacht haben. Solange das Licht brennt, dauern die Parlamentssitzungen an. Bei Tage übrigens wird am Victoria Tower, dem trutzigen Gegengewicht zu Big Ben, der ›Union Jack‹ gehisst, wenn drinnen Ministerköpfe rauchen.

2 Houses of Parliament

Parliament Square, SW1
U-Bahn Westminster

Von den beiden Türmen Big Ben und Victoria Tower begrenztes Parlamentsgebäude im neugotischen Stil.

Nachdem eine Feuersbrunst an einem schwarzen Oktobertag im Jahr 1834 den alten *Palace of Westminster* fast völlig zerstört hatte, erhielt den Zuschlag für die Planung eines neuen Parlamentsgebäudes – das im gotischen oder elisabethanischen Stil errichtet werden sollte – der Architekt Sir Charles Barry.

In Zusammenarbeit mit Augustus Pugin, einem exzentrischen Genie und einem der bekanntesten Experten für gotische Baukunst, entstand der Entwurf für dieses Jahrhundertbauwerk, das unter großer Anteilnahme des Prinzgemahls Albert 1840–88 errichtet wurde. Während Barry für die streng gegliederte, mit reichem gotischen Schmuck versehene Fassade des lang gestreckten Baus aus goldbraunem Yorkstein, deren Regelmäßigkeit geschickt durch die Türme **Big Ben** [**1**] und **Victoria Tower** [**2**] aufgelockert wird, verantwortlich zeichnete, wurde Pugin mit der Innenausstattung des neuen ›Palace of Westminster‹ betraut.

Seit der Zeit von Edward the Confessor (1042–1066) befindet sich hier das Nervenzentrum der englischen Politik. Er nämlich verließ seinen Palast innerhalb der Stadtmauern der City und siedelte seinen Königshof auf der sumpfigen Insel *Thorney Island* an, gleich neben der von ihm errichteten vornehmen Benediktinerabtei Westminster (= westliches Münster). Jahrhundertelang war der hier neu entstandene Palace of Westminster Königsresidenz und Versammlungsort des Parlaments zugleich.

Erst nach Verlegung des Königshofes nach *Whitehall* im Jahr 1512 war der Palast ausschließlich den Parlamentariern vorbehalten. Sie waren schon damals in zwei Kammern getrennt. Und während die Lords traditionell in der gigantischen Westminster Hall, dem größten englischen Rittersaal der Zeit, zusammentrafen, mussten die Commoners mit dem Provisorium der *St. Stephen's Chapel*, der alten königlichen Kapelle, vorlieb nehmen. Ihre für die Parlamentarier nur behelfsmäßige Raumaufteilung dient noch heute als Grundriss für das House of Commons. An ihrer Stelle befindet sich

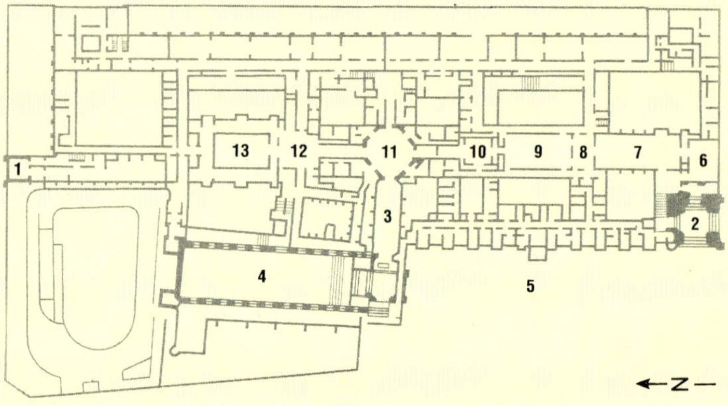

Houses of Parliament

1 Big Ben
2 Victoria Tower
3 St. Stephen's Hall
4 Westminster Hall
5 Old Palace Yard
6 Queen's Robing Room
7 Royal Gallery
8 Prince's Chamber
9 House of Lords
10 Peers' Lobby
11 Central Lobby
12 Commons' Lobby
13 House of Commons

Königliche Prachtentfaltung im House of Lords. Bei der Eröffnung des Parlaments Anfang November sitzt die Queen auf dem von einem goldenen Baldachin bekrönten Thron

heute **St. Stephen's Hall** [**3**], eine lange, gewölbte Halle, deren Mosaike und Wandmalereien die Geschichte der Gründung der ehem. Kapelle durch König Stephen darstellen.

Nur die von William Rufus, Sohn von William the Conqueror, errichtete **Westminster Hall** [**4**] übrigens überstand (neben der Krypta der St. Stephen's Chapel und dem Jewel Tower) den Brand von 1834 nahezu unversehrt und gehört damit zu den wenigen noch bestehenden Gebäudeteilen des ursprünglichen Palace of Westminster. Zwar musste Barry einige Änderungen vornehmen, doch im Wesentlichen ist das geschichtsträchtige mittelalterliche Monumentalbauwerk mit der 660 t schweren, eindrucksvollen eichenen *Stichbalkendecke* – ein Meisterwerk der englischen Gotik – im Original erhalten.

Hier fanden die großen *Gerichtsprozesse* statt; hier wurde Charles I. ebenso zum Tode verurteilt wie Guy Fawkes, der berühmte Verschwörer, der mit seinem ›Gunpowder Plot‹ im Jahre 1605 versucht hatte, das englische Parlament in die Luft zu sprengen. Die etwas düstere Halle, entlang deren Wände sich überlebensgroße *Statuen* ehemaliger englischer Könige befinden (sie entstammen einer Serie, die im Jahr 1385 angefertigt wurde), wird heute zur Aufbahrung verstorbener Mitglieder des Königshauses und anderer bedeutender Persönlichkeiten des öffentlichen Lebens genutzt.

An der Südseite des Gebäudes liegt der **Old Palace Yard** [**5**]. Während ›gewöhnliche‹ Besucher und Touristen einen Nebeneingang benutzen müssen, ist das *Hauptportal* im **Victoria Tower** [**2**] der Königin vorbehalten. Dort wird sie alljährlich bei der Parlamentseröffnung empfangen, und von hier aus begibt sie sich von der normannischen Vorhalle mit wunderschönen Glasfenstern und Wandschnitzereien über die königliche Treppe in ihr Ankleidezimmer, **The Queen's Robing Room** [**6**], wo sie Krone und Zepter sowie ihr Staatsgewand vorfindet.

Gleich daneben die prunkvolle **Royal Gallery** [**7**] mit den beiden riesigen Fresken von Daniel Maclise: ›Der Tod Nelsons‹ und ›Wellington und Blücher nach der Schlacht von Waterloo‹. Über die anschließende **Prince's Chamber** [**8**], den Vorraum für die ›Peers‹ mit Porträts von Henry VIII. und seinen Frauen (von Frederick Crace) sowie kunstvoll gestalteten Kaminen, gelangt man ins Oberhaus, **The House of Lords** [**9**]. Das Meisterwerk Pugins ist originalgetreu erhalten. Bemerkenswert die kunstvollen Eichenpaneele, die Spitzbogenfenster mit Buntglasscheiben und die sechs Fresken großer englischer Künstler (Dyce, Cope, Horsley und Maclise), welche wichtige Momente britischer Geschichte darstellen. Darunter der hochaufstrebende, üppig ziselierte **Königsthron**, der rote Wollsack des ›Lord Chancellor‹, symbolisch gefüllt mit Wolle aus England, Schottland, Wales und Irland, und die ebenfalls rot gepolsterten Sitzbänke für die Lords. Die insgesamt 18 *Bronzestatuen* stellen die Barone dar, die 1215 King John zwangen, die Magna Charta libertatum zu unterzeichnen.

Dahinter die wunderschön gekachelte **Peers' Lobby** [**10**] und schließlich die achteckige **Central Lobby** [**11**], das Herzstück des Parlamentsgebäudes. Hier treffen die beiden Sphären des Ober- und Unterhauses aufeinander, hier findet der Kontakt zum Bürger statt, denn in der Lobby kommen die Wähler mit ihren Abgeordneten zusammen, wenn sie mit Fragen und Problemen ihren jeweiligen Member of Parliament aufsuchen. Auch in diesem Raum zahlreiche *Statuen* von Politikern des vorigen Jahrhunderts sowie ein *Deckenmosaik*, auf dem die Schutzheiligen von England, Schottland, Irland und Wales abgebildet sind.

Die anschließende **Commons' Lobby** [**12**] und das **House of Commons** [**13**] sind Nachbauten aus dem Jahr 1950, denn dieser Teil des Parlamentsgebäudes fiel 1941 einem Bombenhagel zum Opfer. Obwohl man sich weitgehend an die alten Pläne der beiden legendären Baumeister hielt, will der Neubau einem Vergleich nicht so recht standhalten.

Die öffentlichen Sitzungen, bei denen sich Kabinett und Schattenkabinett auf grünen Bänken (die traditionelle Farbe der Commons) gegenübersitzen, getrennt allerdings von zwei roten Linien, die ursprünglich zwei Degenlängen bedeuteten und keinesfalls in hitziger Debatte überschritten werden dürfen, werden seit 1990 auch von der BBC übertragen.

Die Debatten in Ober- und Unterhaus stehen Besuchern offen, die sich, um eine Zulassungskarte für die ›Visitors' Gallery‹ zu bekommen, rechtzeitig am St. Stephen' s Entrance anstellen sollten.

Öffnungszeiten S. 171

3 Jewel Tower

Abingdon Street, SW1
U-Bahn Westminster

Einst Safe, dann Archiv, Amtsstube und heute ein Museum.

Der Juwelenturm ist – wie schon erwähnt – ein weiteres Relikt des ursprünglichen Palace of Westminster und dient heute als **Museum** zur Geschichte und Gegenwart des Parlaments. 1365/66 vermutlich von Henry Yevele erbaut, war in dem von Wassergräben umgebenen, gigantischen ›Safe‹ zunächst das Privatvermögen Edwards III. untergebracht. Später diente der Turm als *Archiv* für die Akten des Oberhauses, ehe schließlich 1869 das Eichamt des ›Board of Trade‹ hier Einzug hielt und die Räume bis kurz vor dem Zweiten Weltkrieg nutzte, in dem der Jewel Tower schwer beschädigt wurde.

Öffnungszeiten S. 172

TOP TIPP 4 Westminster Abbey

Dean's Yard, SW1
U-Bahn Westminster oder
St. James's Park

Britische Krönungskirche, deren Schicksal eng mit der Geschichte des Landes verknüpft ist.

Offiziell heißt die Kirche ›The Collegiate Church of St. Peter at Westminster‹. Sie ist dem heiligen Petrus geweiht und

Ein Meisterwerk der Gotik – Westminster Abbey (13.–18. Jh.) ist als Krönungskirche der Royals und Grablege vieler Berühmtheiten bis heute Inbegriff der britischen Geschichte

ist als eine der insgesamt zwölf Royal Peculiars keinem Bischof, sondern dem Königshaus direkt unterstellt. Schon im 7. Jh. soll hier der angelsächsische König Sebert auf der sumpfigen Thorney Island eine Kirche gegründet haben, doch Näheres ist dazu nicht überliefert.

Geschichte Fest steht, dass Edward the Confessor Mitte des 11. Jh. den Neubau einer **Klosterkirche** in Auftrag gab, die an dieser Stelle errichtet und kurz vor seinem Tod geweiht wurde. William the Conqueror wurde dort 1066 zum König gekrönt, wie fast alle britischen Monarchen nach ihm. Auch die meisten königlichen Hochzeiten und Trauerfeierlichkeiten finden in Westminster Abbey statt. Der Wunsch Henrys III., eines großen Verehrers von Edward the Confessor, seinem Vorbild eine würdige Grabstätte zu schaffen, gab 1245 den Anstoß zum Bau der jetzigen, von der französischen Gotik der **Kathedralen** von Reims und Amiens inspirierten Kirche. Sie blieb **königliche Grablege** bis 1760, dem Todesjahr von

George II. (nachfolgend wurden die Monarchen auf dem Gelände von Windsor Castle beigesetzt).

Henry III. ließ 1245 einen Teil der bestehenden **normannischen** Kirche abreißen, und bis Ende des 13. Jh. wurden in dieser ersten großen Bauphase die Seitenschiffe, der Kapitelsaal und ein Teil des Haupthauses fertig gestellt. Für Edward the Confessor war ein großartiger Schrein errichtet worden. Nach dem Tod Henrys III. (1272) ruhten die Bauarbeiten mehr oder weniger bis zur Mitte des 14. Jh., als Richard II. eine größere Summe Geldes für den Weiterbau zur Verfügung stellte. Der mittlerweile zuständige Baumeister Henry Yevele hielt sich weitestgehend an die Pläne seines Vorgängers Henry of Reynes. 1399 schließlich waren die Arbeiten am Langhaus abgeschlossen. Anfang des 16. Jh. wurde (von Islip) das Deckengewölbe fertig gestellt und mit dem Bau der Kapelle Henrys VII. begonnen. Mitte des 18. Jh. schließlich fügte Nicholas Hawksmoor, ein Schüler Sir Christopher Wrens, die beiden massiven quadratischen Türme an der Westseite hinzu.

Damit war ein Bauwerk vollendet, dessen Fertigstellung sich über fünf Jahrhunderte erstreckt hatte: eine Abtei in der Form eines lateinischen Kreuzes, ein gotisches Meisterwerk mit dem höchsten Kirchenschiff (34 m) in England. Die Länge des Haupthauses beträgt 156 m, das Querschiff misst stolze 61 m.

Besichtigung Das eher gedrungen wirkende **Hauptportal** [A] befindet sich an der Westseite. Darüber, anstelle der sonst üblichen Rosette, ein mächtiges, in der Gestaltung schlichtes *Spitzbogenfenster* mit Kleeblattfriesen. Ein einfacher Giebel bekrönt diesen zentralen Teil der **Westfassade**, ein Bindeglied zwischen den beiden Türmen, die ihren Abschluss in einer durchbrochenen Balustrade finden, aufgelockert durch jeweils vier spitze Ecktürmchen.

Betritt man die Abbey, so ist der erste Eindruck von unendlicher Weite und Höhe geradezu überwältigend. Nur der

Westminster Abbey

A Hauptportal
B Nördliches Querschiff
C Südliches Querschiff
D Chapel of Henry VII.
E Kreuzgang
F Kapitelhaus
G Dean's Yard

1 Lettner
2 William Pitt d.J.
3 St. George's Chapel
4 Grab des Unbekannten Soldaten
5 Richard II.
6 Socialists' Corner
7 Charles Barry, George Gilbert Scott, Robert Stephenson
8 Charles Darwin
9 Ben Jonson
10 William Congreve
11 Statesmen's Aisle
12 Chapel of St. Andrew/ Chapel of St. Michael/ Chapel of St. John the Evangelist
13 Geoffrey Chaucer
14 Edmund Spenser
15 William Shakespeare
16 St. Faith Chapel
17 Sanktuarium
18 Hochaltar
19 Edmund Crouchback
20 Aymer de Valence
21 St. Edward's Chapel
22 Henry V. Chapel
23 Chapel of Abbot Islip
24 Chapel of St. John the Baptist
25 St. Paul's Chapel
26 St. Nicholas' Chapel
27 St. Edmund's Chapel
28 Henry VII. und Elizabeth of York
29 Elizabeth I./Mary I.
30 Innocents' Corner
31 Mary Stuart
32 Royal Air Force Chapel
33 Chapel of the Pyx
34 Krypta/Abbey Museum

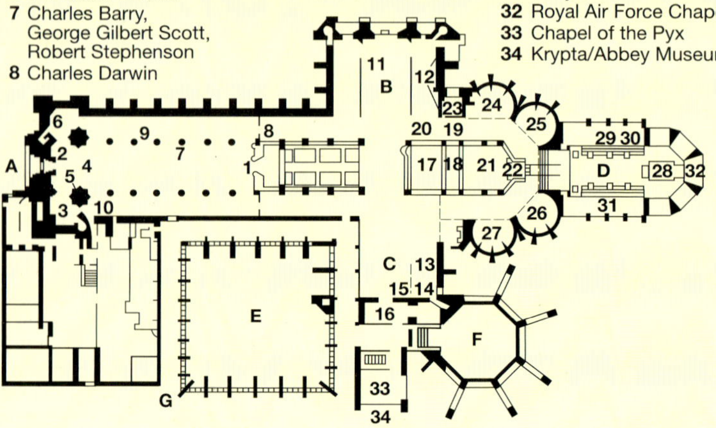

Blick zurück nach Westen – das Langhaus von Westminster Abbey findet seinen Abschluss im Lettner, der reich geschmückten Chorschranke (Mitte) mit stilvoll beleuchtetem Chorgestühl

reich skulptierte neugotische **Lettner** [**1**] in der Mitte des Kirchenschiffs gebietet eine optische Zäsur. In den beiden Nischen an den Seiten der Trennwand befinden sich die *Grabmäler* von Isaac Newton (links) und Lord Stanhope (rechts).

Das hochaufstrebende **Mittelschiff** ist begrenzt von Pfeilern aus poliertem, grünschimmerndem Purbeck-Marmor, die sich nach oben hin fortsetzen in feingestabte Arkadenbögen aus weißem Marmor. Der dreiteilige *Wandaufbau* besteht im unteren Teil aus Pfeilern und Scheidbögen, oberhalb der Seitenschiffe läuft ein Triforium – also eine Galerie, die sich zum Hauptschiff öffnet – und schließlich im Oberteil das sog. Clerestory (von clear story = helles Geschoss), das Fenstergeschoss. Originell die *Deckengestaltung*: Dort treffen sich jeweils die Rippen zweier Gewölbefächer und münden am höchsten Punkt des Kirchenschiffs in eine Reihe goldener Bossen, die die gesamte Längsachse der Decke durchzieht. Die prächtigen Kristalllüster sind ein Geschenk der Familie Guinness zum 900. Gründungstag der Abbey im Jahr 1965. Ein Fächergewölbe überspannt auch Seitenschiffe und Radialkapellen.

Ausstattung: Die Vielzahl der in der Abbey befindlichen **Grabmäler** (400), **Epitaphe** (3000) und **Statuen** ist kaum überschaubar und stellt neben den baugeschichtlichen Attraktionen einen Hauptanziehungspunkt für Besucher dar. Nur die wichtigsten können hier angesprochen werden.

Unterhalb des riesigen **Westfensters** mit Figuren verschiedener Propheten befindet sich ein Denkmal für den Staatsmann **William Pitt d.J**. [**2**] (1759–1806). Es umrahmt das Westportal quasi als Flügelaltar mit Figurenaufsatz. Rechts vom Eingang liegt die **St. George's Chapel** [**3**], das ehem. Baptisterium. Sie ist heute den Gefallenen des Ersten Weltkrieges geweiht. Hinter dem Hauptportal erinnert eine schlichte, in den Boden eingelassene Marmorplatte an den ehemaligen Premierminister *Winston Churchill* (1874–1965); daneben das **Grab des Unbekannten Soldaten** [**4**], in dem ein im Ersten Weltkrieg gefallener englischer Soldat in flandrischer Erde ruht. Das an einem Pfeiler neben der St. George's Chapel angebrachte **Porträt Richards II.** [**5**] aus dem Jahr 1398 (vermutlich von dem französischen Hofmaler André Beauneveu de Valenciennes) gilt als das älteste englische Königsporträt. Links neben dem Eingang die **Socialists' Corner** [**6**] mit Platten und Gedenksteinen bedeutender Sozialisten. Weiterhin befinden sich im Mittelschiff **Gedenkplatten** [**7**] für die Architekten *Sir Charles Barry* und *Sir George Gilbert Scott*, den Ingenieur *Robert Stephenson* sowie die Politiker *Bonar Law* und *Neville Chamberlain* – um nur einige wenige zu nennen.

Im **nördlichen Seitenschiff** die als ›Comper Windows‹ bekannten, Anfang des 20. Jh. entstandenen, acht großartigen *Buntglasfenster* von Sir John Ninian Comper, die jeweils einen Monarchen und den dazugehörigen zeitgenössischen Abt von Westminster darstellen. Unterhalb befinden sich Grabsteine und Denkmäler, eine Gedenktafel für den Begründer der Evolutionslehre, **Charles Darwin** [**8**], und in *›Musicians' Corner‹* die Gräber berühmter Musiker und Komponisten, darunter Orlando Gibbons, Henry Purcell, William Croft und Benjamin Britten. An der Westseite trifft man auf das Grab des einstigen Hofdichters und Zeitgenossen Shakespeares, **Ben Jonson** [**9**]. Er wurde in aufrechter Stellung beigesetzt, um Platz und somit Kosten für die Grabstelle zu sparen.

Im **südlichen Seitenschiff**, sind Wandgemälde aus dem späten 13. Jh. angebracht, den hl. Christophorus und den ungläubigen Thomas darstellend. Außerdem sind hier Abbot's Pew, eine kleine, aus dem 16. Jh. stammende *Eichengalerie*, erbaut von dem Abt John Islip, sowie zahlreiche Büsten und Denkmäler verdienter Offiziere, Theologen, Pädagogen, Künstler und Literaten zu finden. Skandalumwoben ist das Denkmal für den Komödienautor der Restaurationszeit **William Congreve** [**10**], errichtet von einer verheirateten Verehrerin, Henrietta, Duchess of Marlborough, die Congreves gesamtes Vermögen erbte.

Weitergeführt wird die Parade der Gedenktafeln für die Großen und Berühmten der Nation in den beiden Querschiffen. Im **nördlichen Querschiff** [**B**], unter der eindrucksvollen gotischen Fensterrose mit Darstellungen von Evangelisten und Aposteln, befindet sich **Statesmen's Aisle** [**11**]. Angeführt von einem gigantischen Monument für William Pitt d.Ä., gefertigt aus weißem Marmor, versammeln sich hier Politiker und Militärs, Kleriker und Adelige. Unter ihnen Peel, Palmerston, Disraeli, Gladstone und Asquith. An der Ostseite des nördlichen Querschiffes befinden sich drei kleine **Kapellen** [**12**] – Chapel of St. Andrew, Chapel of St. Michael und Chapel of St. John the Evangelist – mit weiteren Grabmälern.

Im **südlichen Querschiff** [**C**] befindet sich der für viele Besucher attraktivste Teil der Kirche: die *›Poets' Corner‹*. **Geoffrey Chaucer** [**13**] war der erste Dichter, der hier begraben wurde (um 1400); nach ihm kam **Edmund Spenser** [**14**], dessen trauernde Kollegen ihre Schreibfedern in sein Grab geworfen haben sollen. Seither ist das südliche Querschiff mit zahlreichen Gräbern und Gedenktafeln den großen Literaten des Landes gewidmet. Um einige wenige auszuwählen: **William Shakespeare** [**15**], Milton, Gay, Coleridge, Wordsworth, Shelley, Byron, Keats, John Ruskin, Jane Austen, die Brontës, Thackeray, Dickens, Kipling, T. S. Eliot, Dylan Thomas und W. H. Auden. Bemerkenswert sind im südlichen Querschiff auch die *Engelsfiguren* aus dem 13. Jh. Sie sind in Höhe des Triforiums angebracht und gelten als die großartigsten aus dieser Zeit erhaltenen Skulpturen in ganz England. Unterhalb befindet sich der Eingang zur **St. Faith Chapel** [**16**], die dem stillen Gebet vorbehalten ist.

Östlich der Vierung das dem Altar zugewandte **Sanktuarium** [**17**]. Hier findet die Krönungszeremonie statt, nach uraltem Ritus, auf einem hölzernen, von vier vergoldeten Löwen getragenen *Thron* (aufbewahrt wird er in St. Edward's Chapel [21]). Walter of Durham schuf im 13. Jh. diesen Krönungsstuhl. Der unter dessen Sitz bewahrte ›Stone of Scone‹ wurde jüngst an Schottland zurückgegeben. Er war Krönungssitz aller schottischen Herrscher bis 1296, als Edward I. den Stein erbeutete und als Zeichen der Einheit beider Länder in die Westminster Abbey brachte.

Der reich skulptierte **Hochaltar** [**18**] ist ein Werk von Sir Gilbert Scott (1867): über einem Fries mit Szenen aus dem Leben Christi im Zentrum des Altars ein Glasmosaik mit Darstellung des Letzten Abendmahls. Dabei handelt es sich um eine moderne Arbeit von Salviati. Bemerkenswert auch der marmorne *Mosaikfußboden* aus dem 13. Jh., der aller-

Wunderwerk des Perpendicular Style – einer architektonischen Spitzendecke gleicht das Gewölbe der Chapel of Henry VII., die mit den Bannern der Ordensritter von Bath beflaggt ist

dings oft unter einem Teppich versteckt ist. Über den Holzbänken sieht man zwei überlebensgroße Königsporträts. Dargestellt sind vermutlich Edward I. und Henry III. An der Nordseite des Altarraumes drei gotische *Grabmäler* mit Spitzbaldachinen und Liegefiguren aus der Zeit des 13./14. Jh. Hier ruhen **Edmund Crouchback** (der Bucklige) [**19**], Earl of Lancaster und Bruder Edwards I., seine Gattin Aveline sowie ein Cousin der Brüder, **Aymer de Valence** [**20**]. Unmittelbar hinter dem Altarraum befindet sich die **St. Edward's Chapel** [**21**] mit dem 1270 fertig gestellten Heiligenschrein des Königs, dem zu Ehren Westminster Abbey ursprünglich gebaut wurde.

Ein Fries mit Darstellungen aus dem Leben Edwards befindet sich an der Altarrückwand. Neben dem Schrein, der das Ziel mittelalterlicher Pilgerreisen war, sind weitere Königsgräber zu sehen, großteils mit kunstvollen Liegefiguren geschmückt. Hier ruhen Edward I. und seine Gemahlin Eleonore von Kastilien, Henry III., Edward III. mit seiner Frau Philippa von Hainault sowie Richard II. Gleich im Anschluss nach Osten hin die **Henry V. Chapel** [**22**] mit einem in Eiche geschnitzten Abbild des Königs auf dessen Marmorgrab.

Von den drei nördlichen **Radialkapellen** ist eine dem **Abt John Islip** [**23**] geweiht, während dessen Amtszeit der Bau der Abbey entschieden vorangetrieben wurde (heute ist sie allen Menschen in Pflegeberufen geweiht). Die nächste, etwas größere **Kapelle** weihte man **St. John the Baptist** [**24**], die nachfolgende **St. Paul** [**25**]. – Auch diese beiden sind bestückt mit Grabmälern, Skulpturen und Monumenten, desgleichen die Pendants an der Südseite der Abbey, für die St. Benedict, St. Edmund und St. Nicholas die Namenspatrone waren. Herausragend sind hier das vielfarbige *Marmormonument* in der **St. Nicholas' Chapel** [**26**], das Lord Burleigh Ende des 16. Jh. für seine Frau und seine Tochter errichten ließ, sowie in der **St. Edmund's Chapel** [**27**] das *Grabmal* für Eleanor, Duchess of Gloucester, und das für William de Valence, Lord of Pembroke.

Den östlichen Abschluss der Abtei bildet die 1503–19 von Robert Vertue erbaute **Chapel of Henry VII.** [**D**], ein Meisterwerk des Perpendicular Style mit kunstvollem Fächergewölbe, seit 1725 die Kapelle für die Ritter des ›Most Honourable Order of the Bath‹. Mit den beiden Seitenschiffen und umlaufenden Kapellen ist die Chapel fast schon eine Kirche für sich. Auch hier liegt der königliche Auftraggeber *Henry VII.* selbst begraben. Zusammen mit seiner Gattin *Elizabeth of York* – die Ehe verband die Häuser Lancaster und York und beendete die Rosen-

Turm der kleinen Schwester – St. Margaret's Church ist Nachbarin von Westminster Abbey (rechts hinten)

kriege – ruht er in einem Sarkophag aus schwarzem Marmor; die beiden goldbronzenen **Liegefiguren** [**28**], bewacht von Cherubinen und Löwen, wurden von Pietro Torrigiani gefertigt. Ebenfalls im Mittelschiff ruhen Edward VI. und George II. Im nördlichen Seitenschiff findet sich das **Doppelgrab** [**29**] für *Elizabeth I.* und ihre katholische Halbschwester und Thronvorgängerin *Mary I.*, im Tode vereint. Östlich davon **Innocents' Corner** [**30**] mit den rührenden Kindergräbern der beiden Töchter von James I., Sophia und Mary. Im gegenüberliegenden Seitenschiff schließlich die Gebeine der stolzen Schottenkönigin **Mary Stuart** [**31**]. Das bombastische Grabmal ähnelt stilistisch dem von Elizabeth und wurde wie dieses von Jacob I. errichtet. (Weiterhin ruhen hier Lady Margaret Beaufort, Mutter Henrys VII., das Königspaar William and Mary sowie Queen Anne.) Insgesamt befinden sich rund 100 Denkmäler und Grabstätten in der Kapelle.

Im äußersten Osten von Westminster Abbey, dort, wo Oliver Cromwell bis zu seiner Exhumierung bestattet war, befindet sich schließlich die **Royal Air Force Chapel** [**32**], die den Soldaten der britischen Luftwaffe gewidmet ist, die 1940 in der ›Battle of Britain‹ mitgekämpft haben. Die Abzeichen ihrer Geschwader schmücken das große Buntglasfenster von Hugh Easton.

Über eine Pforte im südlichen Längsschiff der Abbey gelangt man in den **Kreuzgang** [**E**]. Auf demselben Weg erreicht man die **Chapel of the Pyx** [**33**], ehemals königliche Schatzkammer mit dem ältesten Altar der Kirche, sowie The Norman Undercroft, das **Abbey Museum** [**34**] in der uralten normannischen **Krypta**. Sehenswert ist auch das lichtdurchflutete, achteckige **Kapitelhaus** [**F**], dessen Rippengewölbe von einem einzigen Pfeiler mit mehreren Schäften getragen wird und das früher den Mönchen als Versammlungsort diente. Von der Südwestecke des Kreuzgangs gelangt man in den **Dean's Yard** [**G**], der der älteste Garten Englands sein soll.

Öffnungszeiten S. 175

5 St. Margaret's Church

Ecke Parliament Square/
St. Margaret Street, SW1
U-Bahn Westminster

Neben Westminster Abbey gelegene Pfarrkirche der Unterhausmitglieder.

Die aus dem frühen 16. Jh. stammende Kirche wurde in darauf folgenden Jahrhunderten mehrmals umgebaut und restauriert (zuletzt 1878 durch Sir George Gilbert Scott). Seit 1614, als der Vorsitzende des Unterhauses erstmals, dem zunehmenden Puritanismus der Abgeordneten Rechnung tragend, den Gottesdienst in St. Margaret's dem (ritualisierten) der Abbey vorzog, folgen die ›Commons‹ seinem Beispiel. Seither ist die vorderste Bank dem Mr. Speaker vorbehalten und St. Margaret's zur Kirche des Unterhauses avanciert. Als besondere Sehenswürdigkeit gilt das **Ostfenster** mit meisterhafter flämischer Glasmalerei, ein Geschenk des spanischen Königspaares Isabella und Ferdinand aus dem 16. Jh. Die *Altarwand* zeigt eine holzgeschnitzte Kopie von Tizians ›Mahl zu Emmaus‹. Sir Walter Raleigh, Günstling Königin Elizabeths, soll hier nach seiner Hinrichtung begraben worden sein. (Der Kopf allerdings liegt in West Horsley, Surrey). Winston Churchill hat in St. Margaret's geheiratet, und auch heute noch finden hier die Hochzeiten der Prominenten des Landes statt.

Vom Rocksänger zum Premierminister

Kinder – die gab es lange nicht am berühmtesten Regierungssitz der Welt, doch der Premier mit dem jungenhaften Lächeln ist nicht nur Politiker, sondern auch Familienvater. Vier Kinder haben **Tony Blair** *und seine Frau, die erfolgreiche Juristin Cherie Booth. Nachzügler Leo, das Millenium-Baby, wurde im Mai 2000 geboren.*

Nach 18 Regierungsjahren mussten die Konservativen 1997 die vernichtendste Niederlage seit 1832 einstecken. Tony Blair, der sich seit Jahren für Frieden in den nordirischen Provinzen engagiert, durfte das Land ins neue Jahrtausend führen. Mittlerweile wurde er für weitere vier Jahre ins Amt gewählt – ein Rekord in der Geschichte seiner Partei.

Für den jüngsten britischen Premier des 20. Jh. (geb. 1953) liegen die Tage, in denen er als langhaariger Sänger in einer Rockband auftrat, noch nicht allzu weit zurück. Heute dagegen ist er den Linken zu konservativ, und es wurde sogar spekuliert, ob er sich eines Tages als »der beste Premier entpuppen würde, den die Konservativen nie hatten«. Mit einer Tradition hat er bereits gebrochen: Da die Privaträume in Downing Street No. 10 zu klein für eine sechsköpfige Familie sind, leben die Blairs nebenan in der No. 11, die eigentlich dem Schatzkanzler zugedacht ist. No. 10 bleibt jedoch offizielle Adresse des Premierministers.

6 Downing Street No. 10

SW 1
U-Bahn Westminster

Von außen eher unscheinbarer Wohn- und Amtssitz des englischen Premiers (die Straße ist nach Whitehall hin abgesperrt).

Robert Walpole, der erste englische Premierminister, war es, der 1735 in das Haus mit der unprätentiösen Fassade einzog. George II. hatte ihm das Gebäude als **Regierungsamtssitz** zur Verfügung gestellt. Seither wohnen alle amtierenden Premierminister in der Nummer 10 dieses winzigen Sträßchens zwischen Whitehall und St. James's Park. Namenspatron war Sir George Downing, Diplomat und Bauspekulant: Er erwarb Land in Whitehall und baute dort eine Häuserzeile, die er später dem König verkaufte. (Nur drei der von ihm errichteten Häuser stehen noch.) Der Schein trügt hier ganz entschieden, denn was von außen aussieht wie ein einfaches Reihenhaus, beherbergt mehr als 100 Räume! Vom Sitzungssaal des Kabinetts im Erdgeschoss gelangt man über eine Treppe mit Eisenbalustrade in die Empfangsräume im ersten Stock. Der Weg führt vorbei an den rund 50 Porträts der Nachfolger Walpoles. Die Empfangsräume selbst beherbergen Gemälde von Romney, Turner und van Dyck. Im zweiten und dritten Stock schließlich befinden sich die Wohnräume

Aufmerksame Bobbies bewachen den Wohnsitz des britischen Premierministers in Downing Street No. 10

Immer im Einsatz – während der Luftangriffe im Zweiten Weltkrieg dienten die Bunkerräume der sog. Cabinet War Rooms als Kommandozentrale für Winston Churchill

des Premiers. Nebenan übrigens in **No. 11** wohnt traditionell der Schatzkanzler. Beide Häuser sind miteinander verbunden und wurden überwiegend von Sir John Soane (1753–1837), dem berühmten Architekten, ausgestattet. Auch die **No. 12** ist ein Regierungsgebäude. Dort befindet sich das Büro des ›Party Whip‹.

7 Cabinet War Rooms

Clive Steps, King Charles Street, SW1 U-Bahn Westminster

Zum Museum umfunktionierter, originalgetreu ausgestatteter Kriegsbunker.

Eigentlich eine schaurige Angelegenheit: Man klettert ein paar Stufen hinunter und befindet sich in der britischen Kommandozentrale, wo in den schlimmsten Kriegstagen hochbrisante Entscheidungen getroffen wurden. In diesen insgesamt 19 – nahe Downing Street gelegenen – **Bunkerräumen** befand sich das Nervenzentrum der britischen Regierung während des Zweiten Weltkriegs.

Wer heute durch die engen Gänge wandert, wird das Gefühl nicht los, Sir Winston Churchill persönlich könnte plötzlich durch eine dieser Türen treten, denn hier unten ist alles betriebsbereit. Die Anlage ist voller interessanter Details. Im **Sitzungszimmer** liegen fein säuberlich Platzkarten, Tintenfässer und sonstiges Schreibmaterial auf dem Tisch, von der Decke baumeln trübe Lichtquellen, überall stehen Bakelit-Telefone, und quer verstreut liegen Churchills berühmte Zigarren; im Flur hängen Jacken, Schutzhelme und Gasmasken griffbereit. Es wird spekuliert, ob der Bunker einem tatsächlichen Angriff überhaupt standgehalten hätte. Ganz wichtig: die *›Hot Line‹*, die direkte Telefonverbindung zu Präsident Roosevelt, untergebracht in einer Art Besenkammer, zu verschließen mit einer ausrangierten Toilettentür. Um ungestört telefonieren zu können, musste Churchill den Hebel lediglich auf ›engaged‹, also: ›besetzt‹, schwenken … Eindrucksvoll auch der **Kartenraum** und die beiden winzigen **Schlafzimmer** für Churchill und seine Frau. Von dort aus hielt der Premierminister seine berühmten Hörfunkansprachen zur Stärkung des Durchhaltewillens der Nation.

Öffnungszeiten S. 170

8 Cenotaph

Whitehall, SW1
U-Bahn Westminster

Kriegerdenkmal für die Gefallenen des Ersten und Zweiten Weltkriegs.

Exponiert auf einer Verkehrsinsel mitten in Whitehall wurde 1919 ein provisorisches Denkmal für die Gefallenen des Ersten Weltkriegs errichtet. Im Jahr darauf wurde dem Monument nach Entwürfen von Sir Edwin Lutyens mit solidem Portland-Stein Dauerhaftigkeit verliehen. Seit 1945 erinnert die mit einem schlichten Lorbeerkranz aus Stein geschmückte **Gedenkstätte** auch an die Soldaten, die im Zweiten Weltkrieg ihr Leben lassen mussten. Jeweils an dem Sonntag, der dem 11. November am nächsten ist (an diesem Tag wurde das Waffenstillstandsabkommen des Ersten Weltkriegs unterzeichnet), versammeln sich die Königsfamilie, Parlamentsmitglieder und andere Teilnehmer zur Kranzniederlegung mit anschließendem Gottesdienst, den der Bishop of London hier traditionell am **Remembrance Day** abhält. Gewehrsalven und Blashörner markieren Anfang und Ende der zweiminütigen Schweigepause, die Punkt 11 Uhr eingelegt wird. (Schon am Vorabend des Remembrance Sunday gibt es zwei Gedenk-Festivals in der Royal Albert Hall, ein öffentliches am Nachmittag und eines für die Königsfamilie abends).

9 Whitehall

SW1
U-Bahn Westminster

Von hier aus wird England regiert.

Eine prächtige Allee, mächtige Häuserblocks mit streng klassizistischen Fassaden, Beamte und Politiker in dunklen Anzügen und meist auch eine ganze Menge Touristen, das ist Whitehall. Alle wichtigen **Ministerien** sind an dieser Verbindungsstraße zwischen Trafalgar Square und den Houses of Parliament bzw. an ihrer südlichen Verlängerung, der Parliament Street, angesiedelt.

Seinen Namen verdankt Whitehall einem früheren *Königspalast*, dessen weitläufiges Areal sich bis 1698 hier befand. Allein Banqueting House [Nr. 11] blieb von dem damaligen Feuer verschont, das Whitehall Palace, eine Hauptresidenz der Tudor- und Stuart-Monarchen, vernichtete. Der Hof zog nach St. James's um, doch die Regierung verblieb bis zum heutigen Tag in Westminster Palace (die heutigen Houses of Parliament) und in Whitehall.

10 Horse Guards und Horse Guards Parade

Whitehall, SW1
U-Bahn Charing Cross oder Westminster

Quartier und Paradeplatz der berittenen Garde der Königin.

Genau dort, wo sich ehedem der Turnierplatz für die Soldaten Henrys VIII. befunden hatte, wurde Mitte des 18. Jh. ein E-förmiger Bau, die sog. Horse Guards, Quartier der **Household Division** der Königin, errichtet. Die Entwürfe für das

Die Reiterstatue Charles I. blickt vom Trafalgar Square auf Whitehall. Gesäumt von beeindruckenden klassizistischen Bauten führte die Allee zu den Houses of Parliament

Wachablösung – die Horse Guards, die Reitergarde der Queen, inszenieren vor ihrem Quartier in Whitehall täglich ein prächtiges Hofzeremoniell

Gebäude stammen von William Kent. Nach dessen Tod wurden die Bauarbeiten – die insgesamt zehn Jahre dauerten – John Vardy übertragen. Das Gebäude gilt als interessantes Beispiel palladianischer Baukunst. Die stark bewegte, breit gelagerte **Fassade** mit zahlreichen Mauervorsprüngen und Einbuchtungen, den typischen ›bay windows‹, und zwei abschließenden Eckpavillons findet ihren Ruhepunkt im Zentralturm. Den Haupttorbogen dürfen nur Mitglieder des Königshauses passieren. Darüber, dass dieser ungewohnt niedrig ausgefallen sei, mokierte sich schon William Hogarth. In seiner Gemäldefolge ›The Election‹ wird die Königskutsche von einem kopflosen Kutscher durch den Torbogen chauffiert. An der Whitehall zugewandten Seite schieben tagaus, tagein zwischen 10 und 16 Uhr – mit unbewegten Mienen – Mitglieder der berittenen Garde der ›Household Division‹ der Königin Wache (Life Guards, Blues und Royals). Die **Wachablösung** erfolgt stündlich, die Wachtposten im Torbogen selbst werden alle zwei Stunden ausgetauscht. Nur schwarze und weiße Pferde kommen für dieses Schauspiel in Frage. Zu bewachen gibt es eigentlich nichts, doch die Touristen haben allemal ihre Freude an dem Zeremoniell.

Die Militärparade Beating the Retreat, ein musikalisches Spektakel, findet im Frühsommer statt

Jenseits der Torbögen, Richtung St. James's Park, liegt **Horse Guards Parade**. Seit der Zeit Henrys VIII., der hier bereits europäische Ritterturniere abhalten ließ, wird der **Platz** immer wieder für Schaugefechte und Paraden genutzt. Alljährlich geben hier anlässlich des Geburtstags von Elizabeth I. die königlichen Truppen Kostproben ihres Könnens. **Trooping the Colour**, die offizielle Geburtstagsparade ihrer Namensvetterin, der heutigen Königin von England, ist die logische Fortführung all dessen im traditionsbewussten England. Das äußerst farbenprächtige, bei Touristen und Einheimischen gleichermaßen beliebte Spektakel findet jeweils an einem Samstag im Juni statt. Die Queen nimmt als Oberkommandierende ihrer sieben Regimenter in der Uniform der Foot Guards an der Veranstaltung teil – seit 1987 allerdings nicht mehr hoch zu Roß, sondern in einer Kutsche.

Beating the Retreat, eine weitere Militärparade der Household Division (mit viel Lärm und Musik), findet Ende Mai oder Anfang Juni statt.

Auf der Horse Guards Parade stehen *Bronzestatuen* ehemaliger Feldmarschälle (darunter Lord Mountbatten) und ein türkisches *Gewehr* aus dem Jahr 1524, das britische Soldaten aus Ägypten mitbrachten, sowie das *Cadiz Memorial*.

11 Banqueting House

Whitehall, SW1
U-Bahn Charing Cross oder Westminster

Prachtvoller Bankettsaal aus der Stuart-Zeit und einziges noch bestehendes Gebäude des Whitehall-Palastes. Schlüsselwerk des Palladianismus in England.

Überquert man Whitehall auf der Höhe von Horse Guards, so gelangt man zum Banqueting House, dem architektonischen Bravourstück des Baumeisters Inigo Jones, errichtet 1619–22 für den Stuart-König James I. Mit Banqueting House, dem dritten Bankettsaal an dieser Stelle (der erste wurde unter James I. abgerissen, der zweite durch Brand zerstört), erhielt London sein erstes **klassizistisches Bauwerk**, das sich wohl etwas fremd ausgenommen haben mag unter den Fachwerkhäusern der Tudor-Zeit.

Der Architekt **Inigo Jones** hatte auf einer Italienreise Bauwerke und Schriften **Andrea Palladios** studiert. Nach England zurückgekehrt, arbeitete er häufig mit dem Dichter und Dramatiker Ben Jonson zusammen und entwarf Bühnenbilder für dessen ›Hofmasken‹. So wurde er bei Hof bekannt und schließlich mit dem Bau von Banqueting House betraut.

Banqueting House war ein Meilenstein in der Geschichte der englischen Architektur und begründete den sog. **Palladian Style** (Palladianismus). Ursprünglich hatte Jones drei verschiedene Sorten Stein verwendet (Oxfordshire für das Sockelgeschoss, Northamptonshire für die beiden Hauptgeschosse und Portland-Stein für den oberen Teil). Bei späteren Renovierungsarbeiten setzte sich allein der

Ein Flame in London – Rubens schuf die Deckengemälde des königlichen Bankettsaals im Banqueting House

Portland-Stein des oberen Gebäudeteils durch, aus dem die **Fassade** heute ausschließlich besteht. Streng gegliedert, klar und elegant wirkend, wird sie umrankt von einem Girlandenfries und findet ihren Abschluss in einer steinernen Balustrade. Wohl um das Kernstück des Gebäudes hervorzuheben und dem äußerst lang gestreckten Bau optisch mehr Höhe zu verleihen, werden die drei mittleren der insgesamt sieben Fenster von ionischen (unten) bzw. korinthischen (oben) Halbsäulen flankiert. Den äußeren Fenstern dagegen stehen Pilaster zur Seite, die die Ecken des Gebäudes doppelt betonen.

Über dem **Haupteingang** befindet sich eine Büste von Charles I., der von hier hinaus zum Schafott getreten sein soll. Alljährlich findet dort an seinem Todestag, dem 30. Januar, ein Gedenkgottesdienst statt.

Das Prunkstück des Gebäudes ist der doppelt kubische **Bankettsaal** (17×34×17 m) im ersten und zweiten Stock, der, ohne Zwischendecke, nur von einer umlaufenden Galerie untergliedert wird. Das Säulenmuster der Außenfassade wurde hier weitergeführt: Ionische Säulen stützen die Galerie, von der aus

Nationalheld mit Weitblick – Admiral Nelson scheint von seiner Gedenksäule aus den Trafalgar Square, benannt nach seiner letzten siegreichen Schlacht, zu bewachen ▷

korinthische Säulen nach oben zur Decke streben, dem prächtigsten und wertvollsten Teil des Bankettsaals.

Charles I. hatte den renommiertesten Maler seiner Zeit, **Peter Paul Rubens**, mit dem Auftrag für eine Reihe von *Deckengemälden* betraut, die eine Huldigung an die Herrscher der Stuart-Dynastie, insbesondere an Charles' Vater, James I., darstellen. Rubens selbst soll einen Großteil der insgesamt neun Gemälde dieser Kassettendecke geschaffen haben. Er erhielt dafür die damals fürstliche Summe von 3000 £ und wurde zum Ritter geschlagen.

Das Bildprogramm der Deckenmalerei verdeutlicht Charles' Glauben an ein Königtum von Gottes Gnaden. Umgeben von prunkvollen Goldrahmen, stellen die für Rubens typischen, teilweise schwer deutbaren Allegorien Güte, Größe, Weisheit und Siege der Stuarts sowie die Vereinigung Schottlands und Englands dar. Die Aufführung von Maskenspielen in Banqueting House, die sich unter den Stuarts großer Beliebtheit erfreut hatten, ließ Charles I. verbieten, nachdem die Rubens-Gemälde installiert worden waren. Nur allzu leicht hätte die kostbare Malerei durch den Rauch unzähliger Lüster beschädigt werden können.

Nach dem Großen Brand von 1698, der alle weiteren Gebäude des Whitehall-Palastes zerstörte, und nach der Verlagerung des Hofes nach St. James's verlor Banqueting House an Bedeutung. Nachfolgend wurde es als königliche Kapelle und als Museum genutzt. Erst 1964 versuchte man, das ursprüngliche Interieur wieder herzustellen. Seither dient die große Halle auch gelegentlich bei Staatsfeierlichkeiten als Bankettsaal.

Öffnungszeiten S. 170

12 Trafalgar Square

WC2
U-Bahn Charing Cross

Berühmte großräumige Platzanlage mit Nelson-Säule im Zentrum Londons.

Wohl niemand dürfte London besser kennen als er: Admiral Horatio Viscount Nelson (1758–1805), ›Baron Nelson of the Nile‹, der Nation größter Seeheld, der sein Leben in der berühmten **Schlacht** bei **Trafalgar** lassen musste (die für England siegreich endete). Seit dem Jahr 1843 steht seine Statue hier, auf einer **Granitsäule** 55 m hoch über dem Platz, der ihm zu Ehren im Herzen Londons angelegt wurde. Sein Blick geht nach Süden, Richtung Admiralität.

Schon als 12-jähriger fuhr Nelson zur See, brachte es mit 39 Jahren zum Admiral und wurde 1805 mit 47 getötet. In früheren Schlachten hatte er bereits ein Auge und einen Arm eingebüßt. Einäugig und einarmig wacht er nun auch über den Trafalgar Square. Nach einem Entwurf von William Railton wurde die korinthische Säule in dreijähriger Arbeit errichtet und Nelsons *Steinstatue* (von E. H. Bailey) im folgenden Jahr aufgesetzt. Die vier *Bronzereliefs* am Fuß der Säule, gefertigt aus erbeuteten französischen Kanonen, stellen verschiedene

Schlachten (um St. Vincent, am Nil und in Kopenhagen) sowie den Tod Nelsons dar. Gut zwanzig Jahre später (1868) kamen die von dem viktorianischen Bildhauer Sir Edwin Landseer entworfenen vier bronzenen *Löwen* dazu, die seither dem Admiral zu Füßen liegen.

Trafalgar Square selbst wurde in den 30er-Jahren des 19. Jh. von Sir Charles Barry, dem Baumeister der Houses of Parliament, nach Plänen von John Nash angelegt. Ursprünglich hatten sich die *Royal Mews* hier befunden, die königlichen Stallungen mit den Gehegen für die Königsfalken. Bedeutende Bauten (National Gallery, St. Martin-in-the-Fields, South Africa House, Admiralty Arch und Canada House) umgeben den Platz, an dem einige große Straßen sternförmig zusammenlaufen.

Dort, wo Whitehall in den Platz mündet, befindet sich eine **Reiterstatue** von **Charles I.** Diese markiert das eigentliche Charing Cross, also die Stelle, an der Edward I. das größte der insgesamt zwölf Kreuze für den Trauerzug seiner verstorbenen Frau Eleonore (Eleanor) von Nottinghamshire nach Westminster Abbey errichten ließ.

An der Ecke, wo Strand und Charing Cross Road auf den Platz treffen, weist eine Plakette darauf hin, dass von dort aus alle Entfernungen für die Angaben auf Straßenschildern berechnet werden. An der gegenüberliegenden Nordmauer kann man die **Imperial Measures**, die Maßeinheiten für Yard, Foot und Inch, ablesen. Hier befinden sich auch drei Büsten weniger bekannter Admiräle (Jellicoe, Cunningham und Beatty), die zu ihrem berühmten Kollegen Nelson aufblicken. Den Sockel an der Nordostecke des Platzes ziert eine Reiterstatue des wenig beliebten, als selbstgefällig und verschwenderisch verschrienen George IV. Weitere Statuen: im Südosten Charles Napier und im Südwesten Sir Henry Havelock.

Ein wahrer Tempel der Kunst ist die Londoner National Gallery, hier ein Saal mit Werken des italienischen Malers Canaletto im East Wing

Die beiden **Brunnen** wurden 1939 von Sir Edwin Lutyens umgestaltet und nach dem Krieg mit Tritonen geschmückt. Wer hier Erfrischung sucht, ist vor allem an Silvester in bester Gesellschaft. Da prosten die Londoner am Trafalgar Square einander zu, um das Neue Jahr zu begrüßen.

13 National Gallery

Trafalgar Square, WC2
U-Bahn Charing Cross
oder Leicester Square

Eine der umfassendsten und bedeutendsten Gemäldegalerien der Welt.

Ganz klein hat alles angefangen: 1824 erstand die damalige Regierung für insgesamt 57 000 £ 38 Gemälde aus der berühmten Sammlung des Versicherungsagenten John Julius Angerstein, die man zunächst in dessen eigenen Räumen, in Pall Mall No. 100, ausstellte. Emsig wurde weitergekauft. 1838 zog die mittlerweile stattliche Sammlung in das jetzige Gebäude am Trafalgar Square um.

William Wilkins hat den neoklassizistischen Bau mit der lang gestreckten **Fassade** entworfen, die Innenausstattung stammt von E. M. Barry. Der dem Haupteingang vorgelagerte korinthische Säulenportikus mit breitem Dreiecksgiebel wird zur Rechten und Linken ergänzt von schmäleren korinthischen Säulenvorhallen mit Gesimsabschluss. Dabei wurden Teile des 1829 abgerissenen Carlton House verwendet. Bekrönt wird das mehrfach erweiterte Gebäude von einer Haupt- und zwei Nebenkuppeln, die der National Gallery ihr charakteristisches Aussehen verleihen. An der Ostfassade befindet sich Flaxmans ›*Minerva*‹, ursprünglich gedacht als ›Britannia‹ für Marble Arch, auf dem Rasen vor der Galerie stehen zwei *Bronzestatuen*: James II. von Grinling Gibbons und die Replik einer in Richmond, Virginia, befindlichen Marmorstatue (von Jean Houdin), die George Washington darstellt. Besonders eindrucksvoll: die *Mosaiken* im Eingangsvestibül. Hier wird auf amüsante Art und Weise so Abstraktes wie z. B. Humor, Mitleid, Erleuchtung oder sechster Sinn allegorisch gestaltet und bekannten Persönlichkeiten auf den Leib geschneidert: Churchill etwa verkörpert die Herausforderung, Sir Osbert Sitwell die Musik, Virginia Woolf die Geschichte und Greta Garbo die Tragödie – um nur einige herauszugreifen.

Der **Sainsbury Wing**, der Anbau der Westseite, machte bis zu seiner Fertigstellung im Jahr 1991 Schlagzeilen. Benannt wurde er nach seinen Sponsoren, den Gebrüdern Sainsbury, Inhaber einer riesigen Lebensmittelkette.

Der ursprüngliche Entwurf war von Prinz Charles scharf kritisiert worden. Als ein »Furunkel im Gesicht eines lieben Freundes« bezeichnete er ihn gar. Entstanden ist schließlich ein modernes Gebäude, kein Kontrast, sondern eine Ergänzung zu dem neoklassizistischen Bau von William Wilkins, eine Lösung, mit der offenbar die meisten zufrieden sind. Die Planung für den Sainsbury Wing hatte man dem amerikanischen Architekturbüro Venturi, Rauch und Scott Brown (heute: Venturi, Scott Brown and Associates Inc.) übertragen. Besonders gelungen der lichtdurchflutete *Treppenaufgang* mit dekorativen Eisenbögen. Da der Anbau von Anfang an für die großartige Sammlung früher Renaissance-Malerei konzipiert war – Bilder, die von winzigen Porträts über Devotionalien bis hin zu Altarstücken reichen –, wurden die Ausstellungssäle in der Größe entsprechend angepasst: Die höchsten Räume befinden sich im Zentrum. Sie bilden – durch Rundbögen miteinander verbunden – quasi das Rückgrat des Gebäudes, gesäumt im Norden und Süden von zahlreichen kleineren Galerien.

Die über 2000 Gemälde umfassende Sammlung der National Gallery zeigt Meisterwerke aller bedeutenden europäischen Künstler und Malschulen von 1260 bis 1900. Die Ausstellungssäle in den vier Flügeln sind nach Epochen gegliedert:

Sainsbury Wing (1260–1510): Zu den Highlights gehören Paolo Uccellos

Ruhe vor dem Sturm auf Meisterwerke der Malerei – Menschen vor der National Gallery

Zu den Königsbildnissen der National Portrait Gallery gehört auch ›Elizabeth I.‹ von Marcus Gheeraerts d. J. (um 1592)

›Schlacht von San Romano‹, Piero della Francescas ›Taufe Christi‹, Jan van Eycks ›Hochzeit des Giovanni Arnolfini‹ und Leonardo da Vincis ›Felsgrottenmadonna‹.

West Wing (1510–1600): Der Reigen der Meisterwerke findet seine Fortsetzung mit Gemälden von Cranach, Michelangelo, Holbein, Tizian, Veronese und El Greco.

North Wing (1600–1700): Spitzengemälde dieses Jahrhunderts stammen von Rubens, van Dyck, Rembrandt, Vermeer, Velázquez, Poussin und Lorrain.

East Wing (1700–1900): Den Übergang zur Moderne veranschaulichen Werke von Gainsborough, Turner, Constable, Monet, Renoir, Cezanne und van Gogh.

Öffnungszeiten S. 173

14 National Portrait Gallery

St.Martin's Place, WC2
U-Bahn Charing Cross

Porträts berühmter Briten vom Mittelalter bis in die Gegenwart.

Einzigartig in London: eine Galerie, in der nicht der Künstler, sondern das dargestellte Sujet die Hauptattraktion ist. Bei den etwa 10 000 Ausstellungsstücken

Kirchenbild mit Löwe – Blick vom Trafalgar Square auf St. Martin-in-the-Fields

handelt es sich ausschließlich um Porträts von Briten, die sich um ihr Vaterland verdient gemacht haben. – Eine Art Who's who von Personen des öffentlichen Lebens, ersonnen und begründet von den Viktorianern (1856) in der Hoffnung, andere mögen sich die hier Dargestellten zum Vorbild nehmen. In dem architektonisch von der italienischen Renaissance beeinflussten Gebäude, die Säulen an der Eingangshalle stammen von der Fassade des Carlton House, sind Gemälde, Skulpturen und Fotografien versammelt. Im Mai 2000 wurde der **Erweiterungsbau** der Galerie mit neuen Sälen, Dachrestaurant, Vortragsraum und Museumsshop eröffnet.

Ganz oben in der *2. Etage* werden in der **Tudor Gallery** die ältesten Werke der Sammlung präsentiert, darunter Holbeins Darstellung Henrys VIII. in voller Lebensgröße. Neben den Porträts großer *Staatsmänner* und *-frauen*, z. B. Elizabeths I., findet man *Literaten* wie Shakespeare, Milton, Chaucer, die Romantiker Wordsworth, Coleridge, Byron und Shelley oder Branwell Brontës berühmtes Porträt seiner Schwestern.

In der *1. Etage* sieht man die **Viktorianer**: die (noch) junge Victoria selbst in der Robe, in der sie 1834 ihre Regentschaft antrat, Gladstone und Disraeli, Gilbert und Sullivan sowie Oscar Wilde. Zwei Säle sind außerdem dem frühen 20. Jh. gewidmet mit Porträts von Virginia Woolf und ihrer Schwester Vanessa Bell, mit Sir Winston Churchill und John Maynard Keynes.

Über die *Royal Landing* mit Porträts der königlichen Familie gelangt man ins *Erdgeschoss*. In der neuen **Balcony Gallery** sind Persönlichkeiten des späten 20. Jh. präsent. Andy Warhol porträtierte sowohl Elizabeth II. als auch Elizabeth Taylor. Gezeigt werden zudem Politiker wie Margaret Thatcher und John Major und Berühmtheiten aus allen Bereichen des öffentlichen Lebens, u. a. Paul McCartney. Erst 1969 begann die Gallery, Porträts von lebenden Personen aufzunehmen, seit 1980 gibt sie sogar zeitgenössische Porträts in Auftrag.

Öffnungszeiten S. 173

15 St. Martin-in-the-Fields

Trafalgar Square, WC2
U-Bahn Charing Cross

Charakteristische Kirche am Trafalgar Square, die im gesamten englischsprachigen Raum, vor allem in Amerika, häufig kopiert wurde.

Bereits im Jahr 1222 befand sich hier eine Kirche, und die stand damals tatsächlich noch ›in the fields‹ – auf freiem Feld. Eine Umgestaltung und Erweiterung der Pfarrkirche wurde unter Henry VIII. vorgenommen, dem die Trauerzüge zu St. Margaret's (neben Westminster Abbey gelegen), vorbei am Whitehall-Palast, lästig waren. Das jetzige Gotteshaus, das Elemente des Barock und des Klassizismus in sich vereint, entstand 1722–26 nach Plänen des schottischen Architekten James Gibbs (ein Schüler Wrens). Wirklich zur Geltung kam der einem antiken Tempel mit korinthischer Säulenvorhalle nachempfundene Bau aber erst mit der Anlage des Trafalgar Square, der der bis dahin arg eingezwängten Kirche etwas Luft verschaffte.

Das königliche *Wappen* schmückt den Dreiecksgiebel über der **Vorhalle** und weist darauf hin, dass St. Martin-in-the-Fields die Pfarrkirche der königlichen Familie ist. Gleich dahinter erhebt sich der 56 m hohe, feingliedrige **Turm**, in der unteren Hälfte quadratisch und von zwei Gesimsen begrenzt.

Sehenswert sind die italienische Stuckdecke und die venezianischen Chorfenster im **Inneren**. Hier befinden sich

Einst ein Spielplatz des Königs – vom Trafalgar Square führt die breite Allee ›The Mall‹ zum Buckingham Palace

die *Grabstätten* der Maler William Hogarth und Sir Joshua Reynolds. Auch der Möbelhersteller Thomas Chippendale und der Bildhauer Louis-François Roubillac liegen hier begraben, und – last but not least – die Schauspielerin Nell Gwynne, berühmt geworden als Mätresse Charles' II.

An der Nordseite des Altars befindet sich heute die *königliche Loge*, ihr gegenüber die der Admiralität, denn St. Martin-in-the-Fields ist zugleich Pfarrkirche der Admiralität. Traditionell hat man sich hier der Armen- und Obdachlosenfürsorge verschrieben. Dick Sheppard machte die Kirche in den zwanziger Jahren mit seinen Rundfunkpredigten berühmt. Über Mittag finden regelmäßig sog. ›lunchtime concerts‹ statt. Die Gewinne, die das Restaurant in der Krypta erwirtschaftet, werden für soziale Zwecke verwendet.

16 The Mall

SW1
U-Bahn Charing Cross oder Green Park

Prachtstraße und Zufahrt zum Buckingham Palace.

Die nach der Restauration im Jahr 1660 angelegte Allee trennt St. James's Park von St. James's Palace und soll ursprünglich wie die nördlich verlaufende Parallelstraße Pall Mall von Charles II. für sein Lieblingsspiel ›paille maille‹, eine Art Krocket, genutzt worden sein. Die beliebte **Flaniermeile** wird gesäumt von einer Reihe hochherrschaftlicher Häuser und läuft schnurgerade von Trafalgar Square zum *Buckingham Palace*. Am Nordende wird sie begrenzt von dem Triumphbogen *Admiralty Arch,* am Südende vom *Queen Victoria Memorial*. Beide wurden geschaffen von Sir Aston Webb, der die für königliche Zeremonien genutzte Mall zu Anfang dieses Jahrhunderts neu anlegte. 1911 wurde die Straße dem Verkehr übergeben, sonntags allerdings sind keine Autos zugelassen.

Nördlich der Mall erstreckt sich eines der vornehmsten Viertel der Stadt: **St. James's**. Dort befindet sich, meist hinter strengen Häuserfassaden, Londons ›*Clubland*‹, eine exklusive Welt nur für Mitglieder – eine der berühmtesten unter den zahllosen typisch britischen Institutionen. Ein bisschen hat der Zahn der Zeit allerdings auch hieran genagt: Von den rund 900 Clubs, die es im letzten Jahrhundert noch gegeben hat, sind nur etwa 40 übrig geblieben. Und in manchen dieser ehrwürdigen Einrichtungen sind mittlerweile auch Frauen zugelassen.

Die besten und teuersten Maßanzüge bekommt man übrigens in der **Savile**

Säulenflucht – Carlton House Terrace, eine architektonische Zier der Mall seit 1830, beherbergt heute zwei Galerien zeitgenössischer Kunst

Row, während sich der traditionsbewusste Gentleman für maßgeschneiderte Hemden und andere Accessoires in die **Jermyn Street** begibt.

17 Carlton House Terrace

SW1
U-Bahn Charing Cross oder Green Park

Elegante Häuserzeile an der Mall, in der zwei Galerien beheimatet sind.

Ursprünglich hatte hier Carlton House gestanden, das der für seinen exklusiven Geschmack bekannte George IV. noch als Prince of Wales bewohnte – und luxussanierte. Kaum war er König geworden, strebte er nach Höherem, ließ das Haus abreißen und Teile davon bei seinem großen Umbau von Buckingham Palace verwenden. Der Nachfolgebau Carlton House Terrace war in den 1830er-Jahren die letzte Arbeit von John Nash, der bereits einen Großteil seines ambitionierten, als ›grand plan‹ bekannten, städtebaulichen Konzeptes vollendet hatte.

Der majestätische, cremefarbene Bau im klassizistischen Stil mit der von dorischen Säulen gegliederten **Fassade** besteht aus zwei Blöcken, je 140 m lang, in der Mitte unterbrochen von einer großen **Freitreppe**, die hinaufführt zu Benjamin Wyatts *Duke of York's Column*, errichtet für Frederick, den zweiten Sohn von George III. Eine von Richard Westmacott geschaffene **Bronzestatue** des Herzogs befindet sich auf der 42 m hohen Säule, hoch genug, so die Spötter, um dem arg verschuldeten Frederick eine Zuflucht vor seinen Gläubigern zu bieten. (Bezahlt wurde das Denkmal übrigens, indem man allen Armeesoldaten einen Tag den Sold strich.) In Carlton House Terrace befand sich bis Ende der dreißiger Jahre des 20. Jh. die deutsche Botschaft. Heute ist hier u. a. die Zentralstelle der Royal Society untergebracht.

Einen Platz im Londoner Kulturkalender hat das **Institute of Contemporary Art (ICA)**, Zentrum internationaler zeitgenössischer Kunst mit Sälen für Wechselausstellungen, Kinos, einem Theater, Buchladen und Café.

Die **Mall Galleries** bilden mit Ausstellungen zeitgenössischer britischer Künstler und einem eher traditionell orientierten Programm eine ideale Ergänzung.

Öffnungszeiten S. 172, 173

18 Marlborough House

Pall Mall, SW1
U-Bahn Green Park oder St. James's

Von Christopher Wren entworfenes, mehrfach umgebautes, hochherrschaftliches Haus.

»Strong, plain and convenient« sollte es werden, so lautete der Auftrag an den Architekten Wren von Bauherrin Sarah, Duchess of Marlborough. Ihren Landsitz, den überaus opulenten Blenheim Palace bei Oxford, ein Geschenk der Nation für die Verdienste ihres Mannes, des tapferen Feldherrn John Churchill, Duke of Marlborough, hatte sie nie so recht leiden mögen. So entstand ein nach außen hin schlichter roter Ziegelbau, fertig gestellt im Jahr 1711, für dessen **Innenausstattung** sich die Herzogin dennoch etwas Extravagantes leistete: Sie engagierte den französischen Maler Louis Laguerre, der in eindrucksvollen *Wandgemälden* die siegreichen Schlachten ihres Gemahls verherrlichte. Besonders üppig ausgestattet ist der Salon mit Darstellungen der Schlacht um Blenheim und einem kostbaren Deckengemälde von Gentileschi, das die neun Musen und schönen Künste zeigt. Ursprünglich für Queen's House in Greenwich [s. S. 143] entstanden, wurde es von der Herzogin, die eine Freundin und Hofdame Königin Annes war, mit deren Erlaubnis hierher gebracht.

Marlborough House fiel 1817 an die Krone und wurde unter dem späteren Bewohner Edward, Prince of Wales (später Edward IV.), als ›the best-kept house in London‹ gepriesen. Seit 1959 gehört es dem Staat und beherbergt das Sekretariat des Commonwealth Centre (nicht öffentlich zugänglich).

Die nahe gelegene **Queen's Chapel** (Marlborough Gate, SW1), kann außer im August/September zum Sonntagsgottesdienst ab 11 Uhr besucht werden. Von Inigo Jones für Henrietta Maria, die katholische Braut von Charles I., erbaut und 1627 vollendet, gilt sie als die erste englische Kirche im klassischen Stil. Interessant im Inneren des doppelt kubischen Baus das venezianische *Ostfenster* und die *Schnitzarbeiten* von Grinling Gibbons.

19 St. James's Palace

Pall Mall, SW1
U-Bahn Green Park

Ehemaliger Königspalast mit teilweise original erhaltener Tudor-Architektur.

Henry VIII. wünschte sich ein Jagdhaus in der Nähe seiner Residenz Whitehall Palace – so ließ er das hier ansässige Lepra-Krankenhaus abreißen und anschließend St. James's Palace errichten. Mehr als 100 ha Land südlich des Palastes schloss er gleich mit an, den heutigen St. James's Park. Die Planung wurde Hans Holbein d. J. übertragen, und es entstand 1532 ein Ziegelbau im Tudor-Stil, von dem heute nur noch das **Gatehouse** mit seinen achteckigen Türmen besteht. Nachdem der Palace of Whitehall 1698 völlig ausgebrannt war, zog der gesamte Hof in den daraufhin mehrfach umgestalteten St. James's Palace um. Rund 300 Jahre lang war hier der Londoner Dreh- und Angelpunkt des höfischen Lebens, ehe Königin Victoria schließlich in den Buckingham Palace umzog. Die bedeutendste bauliche Veränderung war die Christopher Wrens, der im 17. Jh. einen **Seitenflügel** mit mehreren Staatsgemächern anfügte. Noch heute heißt der englische Königshof offiziell ›The Court

Rustikales Erscheinungsbild: St. James's Palace wurde als Jagdhaus für Henry VIII. errichtet und ist seit dem 17. Jahrhundert Residenz der Royals sowie offizieller Königshof

of St. James's‹, weshalb ausländische Diplomaten nach wie vor hier akkreditiert werden und ein neuer Monarch stets vom Balkon des **Friary Court** – eines der vier Innenhöfe – proklamiert wird. Charles I. verbrachte hier die letzte Nacht vor seiner Exekution.

St. James's Palace wird heute bewohnt von Mitgliedern der Königsfamilie und – in den sog. Grace and Favour Apartments – von Angehörigen der königlichen Leibwache sowie Personen, die sich besonders um die Königsfamilie verdient gemacht haben. Daher sind kunst- und kulturgeschichtlich interessante Details der *Innenausstattung* wie z. B. Grinling Gibbons' Schnitzarbeiten im Thronsaal, die von William Kent und Christopher Wren ausgestatteten Repräsentationsräume oder die von William Morris neu gestalteten Kaminplätze in den Staatsgemächern leider nicht zu besichtigen.

Changing of the Guard findet vor St. James's Palace von April bis Juli täglich um 11.15 Uhr statt (August bis April jeden zweiten Tag).

Die ebenfalls aus der Zeit Henrys VIII. stammende, mehrmals umgestaltete **Chapel Royal** steht von Oktober bis Juli Besuchern zum Sonntagsgottesdienst (11.15 Uhr) offen. William Byrd und Henry Purcell waren hier ehemals als Organisten tätig, die Malerei der Kassettendecke wird Holbein zugeschrieben. Zahlreiche Könige und Königinnen wurden in der Kapelle vermählt, u. a. Victoria und ihr deutscher Prinzgemahl Albert.

Am Westende des Palastes schließt sich **Clarence House** an. Es wurde 1825–28 von John Nash für den damaligen Duke of Clarence und späteren William IV. erbaut. Auch hier lebten zahlreiche Mitglieder der Königsfamilie. Im Zweiten Weltkrieg diente Clarence House als Hauptquartier für das Rote Kreuz. Danach zog Prinzessin Elizabeth ein (1947–50), deren Tochter Anne hier geboren wurde. Seit 1953 ist Clarence House offizieller Wohnsitz der Königinmutter.

20 Lancaster House

Stable Yard, The Mall, SW1
U-Bahn Green Park

Der westlichste Palast an der Mall.

Weiter westlich, gegenüber von Stable Yard, befindet sich Lancaster House, das zusammen mit Clarence House und St. James's Palace eine bauliche Einheit bildet. Es sollte für Frederick, Duke of York, einen weiteren Bruder von George IV. und William III., errichtet werden. Frederick erlebte das Ende der Bauarbeiten nicht mehr, und so ging der halbfertige Bau in den Besitz der Familie Stafford über. Erst 1842 waren die Arbeiten an dem im französischen Stil Ludwigs XV.

Farben des Sommers – der königliche St. James's Park wurde auf Wunsch Charles I. der Öffentlichkeit zugänglich gemacht. Er bezaubert noch heute mit sattem Grün vor der Großstadtkulisse, hier ein Blick auf Whitehall

Wo früher prächtige Hoffeste mit Musik von Händel stattfanden, genießen heute Londoner eine sonnige informationsgespickte Lunchtime im Liegestuhl

prächtigst ausgestatteten **Bath-Stein-Gebäude** beendet, an dessen Fertigstellung verschiedene Architekten beteiligt waren (Sir Robert Smirke, Benjamin Dean Wyatt und Sir Charles Barry). Besonders hervorzuheben sind der mit Veronese-Nachbildungen geschmückte, weitläufige *Treppenaufgang* und die ›*Great Gallery*‹ mit einer wertvollen Sammlung alter Meister. Das Haus, in dem sich 1914–41 das London Museum befunden hatte, gehört heute dem Staat. Es wird für Festbankette und offizielle Empfänge genutzt und ist der Öffentlichkeit leider nicht zugänglich.

TOP TIPP 21 St. James's Park

The Mall/Birdcage Walk/
Horse Guards Road, SW 1
U-Bahn St. James's Park

Ältester königlicher Park Londons.

Charles I. war es, der beschloss, seinen Privatgarten auch den Untertanen zugänglich zu machen. Er hatte auf dem ehemals sumpfigen Gelände, das im Zuge der Bauarbeiten an St. James's Palace unter Henry VIII. trockengelegt worden war, einen Garten mit Vogelhaus, Tierschau und Heilkräuterbeeten geschaffen. Sein Sohn *Charles II.*, der sich um zahlreiche Londoner Parks verdient machte, vergrößerte im Jahr 1660 das Gelände und ließ sich bei der Neuanlage des Parks von *André Le Nôtre* beraten, der u. a. die Gartenanlage von Versailles gestaltet hatte. Damals entstand der noch heute besonders reizvolle **Kanal**. Die Londoner ›beau monde‹ frequentierte den Park, der leider zu Beginn des 18. Jh. ziemlich verwahrloste. Bei seiner späteren Neugestaltung unter George IV., die dem Park weitgehend sein heutiges Aussehen verlieh, hatte der große John Nash die Hand im Spiel. Die nach französischem Vorbild sehr strenge Anlage erhielt jetzt aufgelockerte Formen: verschlungene Pfade, wildes Gebüsch und eine kurvenreiche Uferlinie des Kanals – es entstand der Prototyp des öffentlichen **viktorianischen Parks**. Mehr denn je ist St. James's Park heute eine Oase der Ruhe inmitten des hektischen Treibens der Großstadt. Zwar mussten die berühmten Pelikane in den Zoo umziehen (da sie es nicht lassen konnten, die Tauben zu fressen), doch ansonsten kreucht und fleucht noch so einiges hier. Und am schönsten ist es wohl, sich im Sommer an einem ›bandstand‹ einen Liegestuhl zu mieten und genüsslich den Klängen einer der hier (kostenlos) auftretenden Musikkapellen zu lauschen.

22 Green Park

Piccadilly/Queen's Walk, SW1
U-Bahn St. James's Park

Hier wurden früher im Morgengrauen Duelle ausgetragen.

Wer an der Nordwestecke des St. James's Park die Mall überquert hat, befindet sich im Green Park. Dieses grüne Dreieck, das sich hinauf bis Piccadilly erstreckt

Einst lag ihr ein Empire zu Füßen – um das Denkmal für Queen Victoria scharen sich heute Bewunderer aus aller Welt

und im Westen von Hyde Park Corner begrenzt wird, war ursprünglich eine baumbestandene Grasfläche, Schauplatz so manchen Duells. Im Frühling ist sie Jahr für Jahr übersät mit sattgelben Narzissen. Henry VIII. ließ das Gelände abgrenzen, und Charles II. legte hier in Folge einen königlichen Park an, den er Upper St. James's Park nannte. Im 18. Jh. wurden im Green Park, begleitet von Musikklängen des berühmten Hofkomponisten *Georg Friedrich Händel*, prunkvolle Hoffeste gefeiert, deren Höhepunkt meist ein Feuerwerk bildete.

23 Victoria Memorial

The Mall, SW 1
U-Bahn Green Park oder St. James's Park

Tribut an eine außergewöhnliche Königin und das von ihr geprägte Zeitalter.

Alles in allem gibt es neun Victoria-Statuen in London, doch diese, von Sir Aston Webb als Blickfang und zugleich Abschluss seiner Prachtstraße The Mall gedacht, ist zweifellos die üppigste. Nicht umsonst trägt sie den Spitznamen ›The Wedding Cake‹ – die Hochzeitstorte. Thomas Brock, der mit der Gestaltung des gigantischen, aus einem einzigen Marmorblock gemeißelten Denkmals, auf dem eine 4,30 m hohe Victoria thront, beauftragt war, wurde dafür bei der Enthüllung von George V. spontan zum Ritter geschlagen. Buckingham Palace im Rücken, blickt die Königin auf die Memorial Gardens und die Mall hinunter, umgeben von einer Reihe allegorischer Figuren, die viktorianische Werte wie Mut, Ausdauer, Wahrhaftigkeit, Gerechtigkeit und Mildtätigkeit darstellen. Sie werden ergänzt von mehreren Bronzefiguren, die für Frieden und Fortschritt, Kunst und Wissenschaft, Landwirtschaft

Nicht nur zur Wachablösung umlagern Touristen den Buckingham Palace. Auch einige der 600 Räume der Königsresidenz gilt es zu besichtigen

und Industrie sowie Marine und Armee stehen. Über allem schwebt auf goldenen Schwingen (und in luftigen 25 m Höhe) der Siegesengel.

TOP TIPP 24 Buckingham Palace

The Mall, SW1
U-Bahn Victoria, Green Park oder St. James's Park

Der Königspalast – ein Muss für jeden London-Besucher.

Die familienbewusste Queen Victoria war die erste englische Königin, die 1837 nach über 17-jährigen Umbau- und Renovierungsarbeiten endlich in Buckingham Palace Einzug hielt. Seither ist der Palast **Stadtresidenz** des jeweiligen Monarchen, dessen persönliche Anwesenheit durch die gehisst königliche Standarte angezeigt wird.

Ursprünglich hatte James I. an dieser Stelle einen Maulbeerbaum-Garten zur Seidengewinnung angelegt. Das Projekt scheiterte, und so errichtete John Sheffield, Duke of Buckingham, 1703 ein schlichtes Ziegelhaus, das wegen seiner idealen Lage rund 60 Jahre später George II. für seine Frau Charlotte kaufte. George IV. wollte einen Palast daraus machen und beauftragte seinen Hofarchitekten *John Nash* mit der Planung. Der Bau verschlang Unsummen und wuchs sich zu einem regelrechten Finanzskandal aus. Schließlich wurde Nash entlassen. Der wesentlich realistischer denkende *Edward Blore* übernahm die Fertigstellung des Gebäudes, die jedoch weder George IV. noch sein ihm als König nachfolgender Bruder William erlebten.

Die **Ostfassade** des 600 Zimmer zählenden Palastes wurde 1846 angefügt und 1913 von Sir Aston Webb im klassizistischen Stil neu gestaltet. Bei festlichen Anlässen zeigt sich die Königliche Familie auf dem Mittelbalkon der Ostfassade, um der jubelnden Menge zuzuwinken. Die Queen und Prince Philip bewohnen inmitten dieser beinahe endlosen Zimmerflut übrigens nur eine 12-Zimmer-Suite im Nordflügel von ›Buck House‹ mit Blick auf den Green Park. Die Royals benutzen einen dem Constitution Hill zugewandten Seiteneingang, um in den Palast zu gelangen.

Lange galt: Nur wer das Glück hatte, zu den mehrmals im Sommer stattfindenden *Gartenfesten* der Königin eingeladen zu werden, durfte, von Staatsgästen und Freunden der königlichen Familie einmal abgesehen, das Gelände betreten. Im Sommer 1993 jedoch sorgte eine spektakuläre Ankündigung des Hofes weltweit für Schlagzeilen: Buckingham Palace sollte fortan Touristen zugänglich gemacht werden. Die Einnahmen aus Eintrittsgeldern und Souvenirverkauf wur-

Märchenkutsche des königlichen Fuhrparks in den Royal Mews – die Golden State Coach bringt den Monarchen zur Krönung in die Westminster Abbey

den zur Abdeckung der enormen Kosten (ca. 100 Millionen DM) für die Renovierung des bei einem Brand Ende 1992 stark in Mitleidenschaft gezogenen Windsor Castle [Nr. 135] verwendet. Rund 70% der benötigten Summe kamen auf diese Weise zusammen, die Arbeiten in Windsor Castle konnten bereits 1998 abgeschlossen werden. Erfreulich ist, dass die Säle und Galerien von Buckingham Palace während des Sommers weiterhin für das Publikum geöffnet bleiben. Zu besichtigen sind Prunk-und Zeremonienräume wie Thronsaal und Speisesaal, alle opulent geschmückt mit Meisterwerken aus der Royal Collection. Eine weitere weltberühmte Attraktion ist die von April bis Juli täglich um 11.30 Uhr vor dem Palast stattfindenden Wachablösung **Changing of the Guard** (August bis April nur jeden zweiten Tag).

Besuchern ganzjährig zugänglich ist die **Queen's Gallery** (im Südflügel des Palastes), eine renommierte Wechselausstellung mit weiteren Exponaten aus der unglaublich reichen Kunstsammlung der Königin (bis Ende 2001 wegen Renovierung geschlossen).

Im **Guards' Museum**, schräg gegenüber von Buckingham Palace, erfährt man alles über die Geschichte der fünf Regimenter der königlichen Foot Guards.

Öffnungszeiten S. 170, 171, 173

25 Royal Mews

Buckingham Palace Road, SW1
U-Bahn St. James's Park oder Victoria

Zum Buckingham Palace gehöriger königlicher Marstall.

Nicht nur 30 Kutschpferde, etwa 70 Staatslandauer, Kaleschen und andere Kutschen sind hier untergebracht, sondern auch die rund 20 Luxusautomobile der Queen.

Die Mews entstanden 1824/25 und stellen, von einem kleinen Uhrturm bekrönt und von manchen als der beste Teil der Palastanlage gepriesen, einen Rest unverfälschter John-Nash-Architektur dar. Glanzstück des **Fuhrparks** ist zweifellos die von Sir William Chambers 1762 für George III. entworfene *Golden State Coach*, eine üppig vergoldete und verzierte Staatskarosse mit Malereien des Florentiner Künstlers Cipriani. In ihr wird der Monarch zur Krönung in die Westminster Abbey gefahren. Das zur Kutsche gehörige Zaumzeug soll das schönste und kostbarste der Welt sein. Die von Königin Victoria erworbene *Irish State Coach* wird alljährlich bei der Parlamentseröffnung eingesetzt, während die *Glass State Coach* königlichen Hochzeitspaaren vorbehalten ist.

Öffnungszeiten S. 174

Tower of London, City of London und St. Paul's – Grundpfeiler der Stadtgeschichte

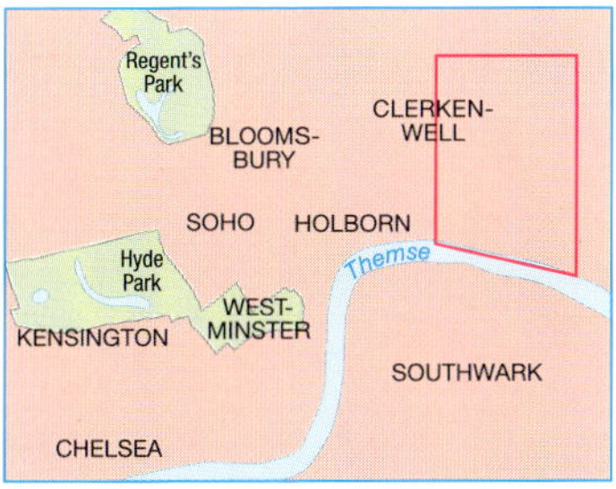

Die City of London ist der älteste Teil der Metropole und umfasst etwa eine Quadratmeile – »die reichste Quadratmeile der Welt«, wie es vielfach heißt. Sie ist das Herzstück der insgesamt 33 Londoner Stadtbezirke und erstreckt sich westlich des Tower bis hin zu den **Inns of Court**, dem Gerichtsviertel der Stadt. Im Norden wird sie vom **Barbican** begrenzt und im Süden von der Themse. Gemessen an ihrer Einwohnerzahl (ca. 5300) ist die City eher mit einem Dorf vergleichbar. Nach Feierabend ist die Quadratmeile häufig wie ausgestorben, doch tagsüber sieht alles anders aus. Zur ›rushhour‹ streben 300 000 Menschen ihren Arbeitsplätzen in der City zu, die neben New York und Tokio eines der größten Finanz- und Handelszentren der Welt darstellt. Zu den besonderen Attraktionen der City zählen die sog. **Wren-Kirchen**. Von den über 100 Gemeindekirchen, die vor dem großen Feuer von 1666 hier existierten, wurden 87 ein Raub der Flammen. 54 der Gotteshäuser wurden wieder aufgebaut, 51 davon von Sir Christopher Wren. Nach den Zerstörungen im Zweiten Weltkrieg verfügt die City heute noch über rund 40 Kirchen und einige Türme. Die berühmte **St. Paul's Cathedral** ausgenommen, sind mehr als 20 City-Kirchen Wrens und fünf Kirchtürme erhalten.

26 Tower of London

Tower Hill, EC3
U-Bahn Tower Hill

Meistbesuchte Touristenattraktion und historisch bedeutsamster Schauplatz des Landes.

Der klassische Weg, sich dem Tower zu nähern, ist die Themse. Gefangene wurden so in die trutzige Anlage transportiert, die jahrhundertelang nicht nur als Palast und Festung, sondern auch als Gefängnis und Hinrichtungsstätte fungierte. Spätestens an der London Bridge wussten sie, was ihnen blühte, denn dort waren die Köpfe ehemaliger Gefängnisinsassen zur Abschreckung aufgespießt.

Reise in die Vergangenheit – viele Tower-Geschichten weiß ein Beefeater zu erzählen

Geschichte Der Tower geht zurück auf **William the Conqueror**, den normannischen Eroberer. Er errichtete nach seinem Sieg in der berühmten Schlacht um Hastings 1066 ein Holzfort am östlichen Stadtrand, das nicht nur der eigenen Sicherheit diente, sondern ebenso eine Machtdemonstration gegenüber den neuen Untertanen war. Auch die strategisch günstige Stelle auf einem Hügel am Wasser spielte eine Rolle bei der Wahl des Standorts. Rund elf Jahre später begann William, die hölzerne Anlage in eine steinerne umzuwandeln, ein Werk, das von seinem Sohn **William Rufus** vollendet wurde. Als erster und ältester Teil entstand der heutige *White Tower*.

Was William I. begonnen hatte, wurde an der Wende vom 13. zum 14. Jh. von Edward I. zu Ende geführt. Unter ihm bekam der Tower in etwa das Aussehen, das wir heute kennen. Im 13. Jh. war **Henry III**. maßgeblich an der Erweiterung der Festung beteiligt. Er begann den Bau des *inneren Mauerrings*, legte die ersten Wassergräben an und gründete die bis 1835 bestehende *Menagerie*, aus der der London Zoo hervorging. **Edward I.** vervollständigte später den inneren Mauerring und ließ einen zweiten, *äußeren Mauerring* anlegen. Damals entstanden auch *Middle Tower* und *Byward Tower* sowie das zur Themse hin gelegene *Traitors' Gate*, durch das alle Gefangenen, die mit dem Boot gebracht wurden, den Tower betraten. Edward I. richtete die königliche *Münzstätte* im Tower ein und brachte die *Kronjuwelen* hierher. Später entstanden das *Zeughaus*, das *Museum* und die *Waterloo Barracks*.

Trotz oder vielleicht auch gerade wegen der unzähligen **Greueltaten**, die hier über die Jahrhunderte hinweg stattfanden, hat der Tower bis heute eine besondere Faszination. Hier waren Personen von Rang und Namen eingekerkert, darunter auch Prinzen, Könige und Königinnen, und viele von ihnen wurden ermordet oder hingerichtet. So ließ während der Rosenkriege Edward IV. seinen Rivalen Henry VI. umbringen; Edwards Söhne wurden noch als Kinder von (Onkel) Richard III., der den beiden Buben die Thronfolge neidete, ermordet. Henry VIII. ließ zwei seiner Ehefrauen, Anne Boleyn und Katharine Howard, im Tower hinrichten. Dasselbe Schicksal ereilte Lady Jane Grey, die sog. Neun-Tage-Königin.

Eine Attraktion des Tower ist die seit rund 700 Jahren unverändert stattfindende **›Ceremony of the Keys‹**, die allabendliche Zeremonie, mit der feierlich um Punkt 21.53 Uhr das Haupttor abgeschlossen wird. Schlag 22 Uhr hat der königliche Schlüsselbund alle Pflichten erfüllt, und der Zapfenstreich ertönt. Den für die Sicherheit der Anlage verantwortlichen **Yeomen Warders** oder **Beefeaters** in ihren stattlichen Uniformen obliegt die Schlüsselzeremonie (Teilnahme auf schriftlichen Antrag).

Besichtigung Besucher betreten das eine Fläche von 7 ha umfassende, fünf-

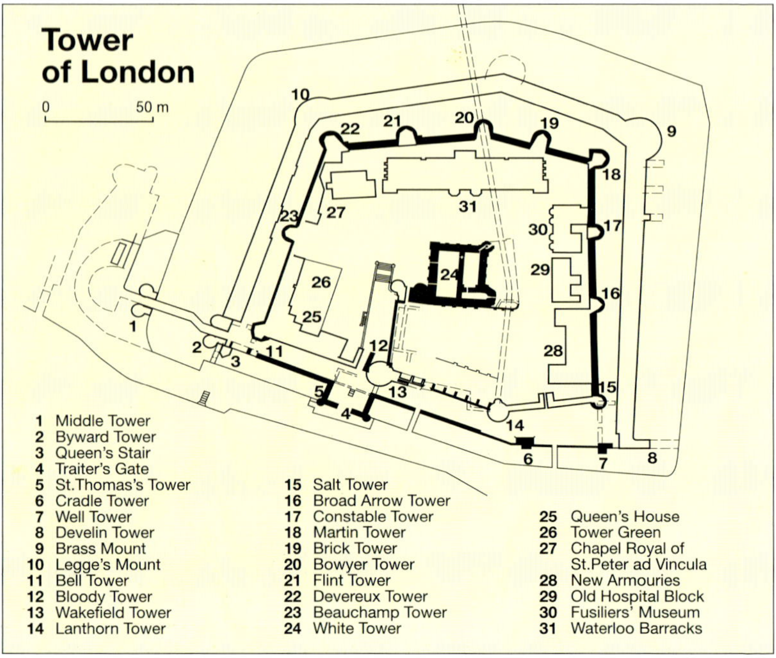

Machtzentrum am Ufer der Themse – die mit vielen Türmen bewehrte Festung Tower war seit dem 11. Jahrhundert Königsresidenz, Gefängnis, Schatzhaus und Truppenlager. Ältester Teil der Anlage ist der White Tower (rechts hinten)

eckige Gelände an der Südwestecke. Den äußersten Gürtel bildet der ehemalige Wassergraben. Es folgen die beiden Mauerringe mit ihren Türmen.

Äußerer Mauerring: Gleich hinter dem Eingang erhebt sich der trutzige **Middle Tower** [**1**], von dem aus man über eine steinerne Brücke in den nicht minder trutzigen, mit einem Fallgitter versehenen **Byward Tower** [**2**] gelangt. Früher musste man hier ein Losungswort vortragen, heute genügt eine Eintrittskarte. In der Wachstube des Turmes wurde ein religiöses Wandgemälde aus dem 14. Jh. freigelegt. Südlich des Byward Tower führt eine Treppe zum Fluss hinunter, die **Queen's Stair** [**3**], über die der jeweilige Monarch in den Tower gelangte. Weiter östlich das bereits erwähnte **Traitors' Gate** [**4**], unmittelbar am **St. Thomas's Tower** [**5**]. Dieser ist Teil des **Medieval Palace**, der Gebäudegruppe, die als Königsresidenz diente. Eine Ausstellung erläutert Baugeschichte und Wiederherstellung der Räume im Stil der Entstehungszeit unter Edward I. (13. Jh.). Über eine Galerie gelangt man in den zweiten Teil der Residenz, den älteren **Wakefield Tower** [13] mit dem Privatgemach Henrys III., das Edward I. später als Thronzimmer diente. Es folgen **Cradle Tower** [**6**], der ehemalige Wasserturm **Well Tower** [**7**] und der **Develin Tower** [**8**]; an der gegenüberliegenden Nordostseite **Brass Mount** [**9**] und im Nordwesten **Legge's Mount** [**10**], die beiden unter Henry VIII. entstandenen *Bollwerke*.

Innerer Mauerring: Wiederum in Eingangsnähe befindet sich der **Bell Tower** [**11**], in dem die als ›Bloody Mary‹ bekannte Mary I. ihre Halbschwester Elizabeth zwei Monate lang gefangen hielt. Auch Sir Thomas Moore (Thomas Morus), der sich weigerte, Henry VIII. als Kirchenoberhaupt anzuerkennen, wurde hier bis zu seiner Hinrichtung eingesperrt. Im weiter östlich gelegenen **Bloody Tower** [**12**] geschah der bereits erwähnte Mord an den beiden Söhnen Edwards IV. Sir Walter Raleigh verbrachte zwölf lange Jahre hier und schrieb seine ›History of the World‹. Im **Wakefield Tower** [**13**] waren bis 1968 die Kronjuwelen untergebracht, und auch hier ist Blut vergossen worden: Henry VI. wurde in dem Gemäuer erstochen. Es folgen **Lanthorn Tower** [**14**] und der Salzturm, **Salt Tower** [**15**], der das Südosteck der Innenmauer bildet.

An der Ostseite befinden sich **Broad Arrow Tower** [**16**] und **Constable Tower** [**17**], im Norden **Martin Tower**, **Brick Tower**, **Bowyer Tower**, **Flint Tower** und **Devereux Tower** [**18–22**].

Im Wakefield Tower, einem Teil des mittelalterlichen Königspalastes, wurde das Thronzimmer Edwards I. rekonstruiert. Bis 1968 waren die Kronjuwelen hier ausgestellt

Im Martin Tower, wo die Kronjuwelen zuallererst aufbewahrt wurden, zeigt die Ausstellung *Crowns and Diamonds* die Entwicklung der britischen Königskronen und erzählt jene Geschichten, die sich um deren berühmteste Steine ranken. Einen sog. *Wall Walk* (Mauerweg) gibt es auf der Ostmauer zwischen Martin Tower und Salt Tower. Hier hat man nicht nur eine schöne **Aussicht**, sondern auch einen hervorragenden Überblick über die mittelalterliche Festung. An der Westseite schließlich wacht der halbkreisförmige **Beauchamp Tower** [**23**], in dem nicht nur Namenspatron Thomas Beauchamp gefangen gehalten wurde, sondern auch Lady Jane Grey mit ihrem Gemahl Guildford Dudley und dessen Familie. Ihr in die Kerkerwand eingeritzter Vorname ist heute neben zahlreichen anderen Graffiti eine kleine Attraktion.

Einer Festung in der Festung gleicht der normannische White Tower

Am Bloody Tower befindet sich der Durchgang zum **Innenhof** mit dem **White Tower** [**24**] als Mittelpunkt der gesamten Anlage. Das vierstöckige, zinnenbekrönte normannische Bauwerk hat 3,5 m dicke Wände. Seine Fassade wurde im 17. Jh. von Christopher Wren restauriert. Damals kamen auch die eher verspielten kleinen Kuppeln auf die vier Ecktürme. Heute beherbergt der White Tower eine große *Waffen- und Rüstungssammlung*. Ausführlich wird die Entwicklung von allerlei Kriegsgerät dargestellt. Besonderer Beliebtheit erfreuen sich die im dritten Stock dargebotenen Stücke aus der Privatsammlung Henrys VIII., dessen überdimensionale Rüstung immer wieder für Heiterkeit bei den Besuchern sorgt.

Die Imperial State Crown der Königin zieren Tausende Diamanten und Perlen

Weltliche und kirchliche Macht symbolisieren die Königsinsignien (17. Jh.)

Im Südostturm befindet sich die um 1080 erbaute *Chapel of St. John the Evangelist*, die älteste beinah unverändert erhaltene normannische Kirche Englands. Mary Tudor ging in der schlichten Kapelle mit dem einfachen Tonnengewölbe per ›Ferntrauung‹ den Bund der Ehe mit Philipp II. von Spanien ein, und die ebenfalls hier geschlossene Ehe zwischen Elizabeth of York und Henry III. beendete die blutigen Rosenkriege.

Queen's House [**25**] am Südwestende des Innenhofes ist ein hübscher Fachwerkbau im Tudor-Stil, in dem heute die Wohnung des Kommandanten untergebracht ist. Ursprünglich war das Gebäude für Anne Boleyn gedacht, doch erlebte die zweite Frau Henrys VIII. das Ende der Bauarbeiten nicht mehr. Sie wurde gleich nebenan auf dem Rasen von **Tower Green** [**26**] hingerichtet. Das zweifelhafte ›Privileg‹ einer Hinrichtung an dieser Stelle wurde nur einigen Wenigen gewährt. Alle anderen Exekutionen fanden auf dem Tower Hill außerhalb des Tower statt.

Nördlich von Tower Green liegt die im 12. Jh. errichtete, häufig umgestaltete **Chapel Royal of St. Peter ad Vincula** [**27**], in der viele der Hingerichteten (auch Anne Boleyn und eine ihrer Nachfolgerinnen, Katharine Howard) ihre letzte Ruhestätte fanden.

An der Ostseite des Innenhofes befinden sich die **New Armouries** [**28**], das elegant wirkende ehem. Waffenmagazin des Tower, das frühere Hospital, der **Old Hospital Block** [**29**] und das **Fusiliers' Museum** [**30**]. Das Regiment der königlichen Füsiliere bewachte seit dem 17. Jh. die Kanonen des Tower, nahm jedoch auch an zahlreichen Kriegen teil, u. a. den beiden Weltkriegen. Das Museum zeigt Uniformen, Trophäen und Ehrenabzeichen.

Glanzpunkt der Tower-Besichtigung sind die **Waterloo Barracks** [**31**] mit den Kronjuwelen. Der die ganze Nordseite des Innenhofes einnehmende Komplex wurde 1845 als Kaserne für die Royal Fusiliers erbaut, die sie bis 1962 bewohnten. Im linken Flügel des Gebäudes befindet sich das **Jewel House** mit den kostbarsten Schätzen Großbritanniens. In den unterirdischen Räumen werden die **Crown Jewels** aufbewahrt. Was hier funkelt und glitzert, ist von unermesslichem Wert. Ganz alte Stücke gibt es allerdings nicht, denn die ließ Oliver Cromwell konfiszieren und einschmelzen oder verkaufen.

Die nur anlässlich einer Krönung von den Monarchen getragene *St. Edward's Crown*, die für Charles II. angefertigt wurde, ist aus purem Gold und wiegt über 2 kg. Königin Victoria war das wohl etwas zu schwer. Sie ließ sich für ihre Krönung die üppigst mit Diamanten besetzte *Imperial State Crown* fertigen, die auch heute noch zu wichtigen Staatsereignissen von Elizabeth II. getragen

Symphonie der Baustile – die viktorianische Tower Bridge mit Londoner Skyline

wird. Der große unpolierte Rubin an der Vorderseite, ursprünglich ein Geschenk an Edward, *›the Black Prince‹*, wurde schon von Henry V. als Helmschmuck bei Schlachten getragen. Ein Saphir, der das Kreuz schmückt, soll Edward the Confessor gehört haben. Prachtexemplare sind die beiden lupenreinen *›Stars of Africa‹*, die größten Diamanten, die je gefunden wurden. Der kleinere von ihnen ist ebenfalls in die Krone eingearbeitet, während sein Pendant das königliche Zepter schmückt. Weitere Glanzstücke sind die *Imperial Indian Crown*, die indische Kaiserkrone, mit einem hochkarätigen Smaragd, sowie die 1937 für die heutige Königinmutter angefertigte *Queen Elizabeth Crown* mit dem legendären indischen *›Koh-i-noor‹*-Diamanten, der sich seit der Eroberung des Punjab (1849) im Besitz der englischen Krone befindet.

Bleiben nur noch die **Raben** des Tower zu erwähnen. Sie werden gehätschelt und gepflegt, denn, so geht die Sage, solange Raben in der Festung leben, bleibt das Königreich bestehen.

Öffnungszeiten S. 174

TOP TIPP 27 Tower Bridge

SE1, U-Bahn Tower Hill oder London Bridge

Majestätisches Wahrzeichen ist die viktorianische Themsebrücke im Zuckerbäckerstil.

Eine herrliche Aussicht flussauf- und flussabwärts über City und Docklands bietet der die beiden Brückentürme verbindende verglaste **Fußgängerweg** 40 m über dem Wasserspiegel. Die Tower Bridge selbst, 1886–94 nach Plänen von Sir Horace Jones von dem Ingenieur John Wolfe Barry erbaut, gehört zu den bekanntesten Wahrzeichen Londons und ist die östlichste aller Themsebrücken. Mit

Stein verkleidet wurde die stählerne Brücke, um eine stilistische Einheit mit dem nahegelegenen Tower zu bilden. Daraus erklärt sich auch die neugotische Gestaltung. Tower Bridge ist ein technisches Meisterwerk, eine gewaltige **Zugbrücke**, bestehend aus zwei Teilen (ca. 9 m über dem Fluss), die innerhalb von nur 90 Sekunden geöffnet werden können, um großen Schiffen die Durchfahrt zu ermöglichen – ein Spektakel, das leider immer seltener zu sehen ist. Ursprünglich wurde der Mechanismus hydraulisch in Gang gehalten, doch diese Anlage wurde Mitte der siebziger Jahre durch eine elektrische ersetzt. Immerhin kann der faszinierende hydraulische *Maschinenraum* noch besichtigt werden, und zwar auf der südlichen Flussseite, am Fuß der Brücke. Im Nordturm befindet sich der Eingang zur ›**Tower Bridge Experience**‹, einer interaktiven Schau zur Geschichte der Brücke. Der verglaste Fußgängerweg ist außerdem mit Touchscreen Computern ausgestattet, die Informationen zu den einzelnen Sehenswürdigkeiten des Themse-Panoramas liefern. Wann die Brückenhälften der Tower Bridge hochgezogen werden, erfährt man unter Tel. 73 78 77 00.

Öffnungszeiten S. 174

28 All Hallows by the Tower

Byward Street, EC3
U-Bahn Tower Hill

In der Nähe des Tower gelegene, geschichtsträchtige Kirche aus dem 7. Jh.

Umgeben von nüchternen, glatten Hochhausfassaden wirkt der kantige rote Ziegelbau mit der 1959 angefügten, verspielt gestalteten grünen Spitze heute schon ein wenig verloren. Die Umgebung steht in seltsamem Kontrast zur langen Geschichte dieser Kirche, die einst auf den Fundamenten einer römischen Villa errichtet wurde. Bei Wiederaufbauarbeiten

Die Themse und ihre Brücken

Jahrhundertelang war die Themse die wichtigste **Hauptverkehrsader** *der Metropole. Erst Eisenbahnschienen, Autostraßen und ein weitläufiges U-Bahnnetz machten ihr diese Vorrangstellung streitig. Genau genommen verdankt London wohl sogar seine Existenz der Themse, denn der schnelle Zugang zum Meer sowie die Möglichkeit, rund 300 km schiffbare Wasserstraße ins Landesinnere zu nutzen, verlockten schon die* **Römer**, *sich hier niederzulassen. Sie errichteten ihr Lager an der ersten überbrückbaren Stelle in Mündungsnähe und erbauten zwischen 100 und 400 n. Chr. unweit der heutigen* **London Bridge** *die erste Themsebrücke. Kaufleute und Könige nutzten die Wasserstraße, um schnell und bequem die Stadt zu durchqueren, ohne die engen, oft hoffnungslos verstopften Straßen benutzen zu müssen.*

Wenn man es nicht eilig hat, sondern auf angenehme Weise möglichst viel von London sehen möchte, ist Father Thames (wie der Fluss liebevoll genannt wird) die richtige Adresse. **Ausflugsboote** *fahren ab Westminster Pier (Victoria Embankment) flussabwärts bis nach Greenwich und flussaufwärts bis nach Hampton Court. Dank der* **Thames Water Authority**, *einer Behörde, die für die Sauberhaltung der Themse zuständig ist, reist man heute – im Gegensatz zum 19. Jh. – tatsächlich wieder komfortabel. Damals nämlich war der Fluss zur stinkenden Kloake verkommen und trug einen anderen Beinamen: ›The Great Stink‹. Mittlerweile gilt die Themse als einer der saubersten unter den Flüssen, die vergleichbare Metropolen durchqueren. Sogar Lachse sollen sich wieder angesiedelt haben.*

Zwischen Hampton Court und Tower Bridge gibt es insgesamt **32 Brücken**. *Östlich der Tower Bridge muss man sich mit Fähren oder Tunnels behelfen. Die älteste Themsebrücke der Stadt, die London Bridge, war jahrhundertelang die einzige. Sie wurde mehrmals erneuert. Die erste Brücke aus dem 12. Jh. war entlang beider Seiten, von Ufer zu Ufer, mit zum Teil mehrstöckigen Häusern bebaut. Das Nachfolgemodell aus dem Jahr 1831 wurde von einem Amerikaner ersteigert und befindet sich heute in Arizona. Die jetzige London Bridge stammt aus dem Jahr 1973.*

Ebenfalls zu den ersten Themsebrücken gehört die **Westminster Bridge**. *Sie wurde gegen großen Widerstand der Fährschiffer erbaut und 1750 mit viel Pomp eröffnet. Sie war es, die den Romantiker William Wordsworth zu seinem berühmten Gedicht ›Composed upon Westminster Bridge, Sept. 3, 1802‹ inspirierte. Die jetzige Brücke wurde rund 100 Jahre später von Thomas Page und Sir Charles Barry erbaut. An ihrem Nordende, am Victoria Embankment, befindet sich eine Bronzestatue der legendären* **Königin Boudicca**, *die um 61 n. Chr. einen Aufstand gegen die Römer angeführt haben soll.*

Besonders malerisch sind die **Albert Bridge** *in Chelsea (1871–73), eine dreigliedrige Hängebrücke, deren Aufhängung nachts hell erleuchtet ist, und die wesentlich berühmtere* **Tower Bridge** *[Nr. 27], die zum Wahrzeichen der Themsestadt wurde.*

Zur **Jahrtausendwende** *leistet man sich nun etwas ganz Besonderes: Im Rahmen eines umfassenden städtebaulichen Gesamtkonzepts unter Federführung der Architekten Sir Norman Foster und Spencer de Grey soll das Nord-Süd-Gefälle Londons auch mit Hilfe einer engere Verbindung der Themseufer ausbalanciert werden: Die* **Millennium Bridge**, *eine filigrane Stahl- und Holzkonstruktion, ist seit April 2000 neuer Laufsteg für Fußgänger zwischen St. Paul's Cathedral und der neuen Tate Gallery of Modern Art [Nr. 110] in der Bankside Power Station. Als Element einer weiteren Nord-Süd-Achse durch die Themsemetropole ist außerdem die* **New Hungerford Footbridge** *in der Nähe von Waterloo Station vorgesehen.*

in den fünfziger Jahren entdeckte man Fragmente eines Bogens aus sächsischer Zeit sowie zwei Kreuze aus derselben Periode – die ältesten überlieferten Fundstücke einer Londoner Kirche. Das heutige All Hallows by the Tower (seit 1922 die Kirche der im Ersten Weltkrieg gegründeten christlichen Bruderschaft ›Toc H‹) ist eine Mischung verschiedener Stilepochen; die Krypta beherbergt ein **Museum**. Dort findet man verschiedene Exponate aus römischer und angelsächsischer Zeit (man beachte auch den römischen Mosaikfußboden!), u. a. ein Modell des römischen Londinium. Weiterhin sehenswert sind der *Feldaltar*, den Richard I. auf seinen Kreuzzügen mit sich führte, sowie das alte *Taufbecken*, dessen Stein (Cherubine und üppige Früchte, von einem Täubchen bekrönt) als eine Arbeit von Grinling Gibbons gilt.

Auf dem zugehörigen **Friedhof** fanden die kopflosen Leichen zahlreicher auf Tower Hill hingerichteter Sünder ihre letzte Ruhestätte. Gleich gegenüber in Seething Lane wohnte der berühmte London-Chronist des 17. Jh., Samuel Pepys, der von diesem Kirchturm aus den großen Brand von 1666 beobachtete. Ein Übergreifen der Flammen auf All Hallows konnte durch das beherzte Handeln Admiral Sir William Penns verhindert werden, der kurzerhand die umliegenden Häuser sprengen ließ und so das Feuer aufhalten konnte.

Öffnungszeiten S. 170

29 The Monument

Monument Street/Fish Street Hill, EC3, U-Bahn Monument

Die höchste frei stehende Steinsäule der Welt erinnert an den Großen Brand von London.

Ein Monument zum Gedenken an das größte und verheerendste Feuer, das jemals in London wütete, schlicht The Monument genannt, ist diese Steinsäule. Vier Fünftel der City wurden in dem Großbrand vernichtet, der am 2. September 1666 ausbrach und sich vier Tage und vier Nächte durch die Stadt fraß. Mehr als 13 000 Häuser wurden vernichtet. Nur ›The Blitz‹, die Bombardierung Londons während des Zweiten Weltkriegs, stellte eine vergleichbare Katastrophe dar. Der Entwurf für die 1671–77 errichtete dorische **Säule** aus weißem Portland-Stein stammt von Sir Christopher Wren, dem königlichen Architekten. Er baute die in Schutt und Asche liegende City quasi im Alleingang wieder auf. Die Höhe des Monument (61,5 m), immerhin handelt es sich um die höchste frei stehende Steinsäule der Welt, entspricht genau der Entfernung zu der Stelle (eine Bäckerei in der nahegelegenen Pudding Lane), an der das Feuer ausbrach. Heute wirkt die Säule von den umliegenden Gebäuden arg eingezwängt. Über eine Wendeltreppe mit 311 Stufen gelangt man zur **Aussichtsplattform**, die einen großartigen Blick über die City bietet. Den Abschluss der Säule bildet eine 14 m hohe Urne, aus der ein goldener Flammenball züngelt.

Leuchtendes Mahnmal – die Monument genannte Säule erinnert an den Großen Brand von 1666

Öffnungszeiten S. 173

30 Fishmongers' Hall

London Bridge, EC3
U-Bahn Monument

Dieses Zunfthaus der Fischhändlergilde ist nur eines aus einer ganzen Reihe von Zunfthäusern in der City, die zum Teil über bedeutende Sammlungen verfügen.

Blickte man früher vom Monument zur London Bridge hinunter, so konnte man das lebhafte Treiben auf dem *Billingsgate Fish Market*, dem einst größten Fischmarkt der Welt, beobachten. Noch heute steht dort zwar das von Richard Rogers preiswürdig restaurierte Marktgebäude des 19. Jh. (es gehört jetzt einer amerikanischen Bank), doch der Großmarkt selbst ist seit 1982 auf der Isle of Dogs in den Docklands angesiedelt.

Die *Fishmongers' Hall*, das Zunfthaus der einst so bedeutenden Gilde der Fischhändler, liegt auf der gegenüberliegenden Seite der Auffahrt zur London Bridge. Es existieren annähernd 100 verschiedene ›City Livery Companies‹, also Handwerksgilden. Nur knapp ein Drittel verfügt über eigene Zunfthäuser, und davon wiederum zeichnen sich einige wenige, die *Twelve Great Livery Companies*, durch besonderen Wohlstand (und meist auch durch eigene Kunstsammlungen) aus. Die altehrwürdige Fischhändlergilde aus dem 13. Jh. ist eine von ihnen. Ihr eindrucksvolles klassizistisches **Zunfthaus** im ›Greek Revival‹-Stil wurde 1834 fertig gestellt. Zu den Besitztümern der Gilde zählt der *Dolch*, mit dem der ehemalige Gildenvorstand und Bürgermeister William Walworth im 14. Jh. den Anführer aufständischer Bauern Wat Tyler tötete – außerdem verschiedene wertvolle Gemälde, darunter ein Porträt des heutigen Königspaares aus den fünfziger Jahren, gemalt von Pietro Annigoni. Seine Darstellung der Queen wurde auf Briefmarken und Banknoten millionenfach abgedruckt.

Etwas weiter themseaufwärts (auf Höhe der Southwark Bridge) steht die *Vintners' Hall* (Upper Thames Street), das aus dem 17. Jh. stammende Zunfthaus der Weinhändler, das mit kunstvollen Schnitzereien ausgestattet ist. Diese Gilde hat sich zusammen mit den Färbern ein kurioses Privileg erhalten: Sie dürfen Schwäne auf der Themse halten, die einmal jährlich beim sog. Swan Upping (3. Woche im Juli) mit viel Hallo beringt und durchgezählt werden. Zu den großen Livery Company Halls zählen weiterhin die *Merchant Taylors' Hall* (30 Threadneedle Street, EC2) und die *Ironmongers' Hall* (Barbican, EC2).

Die **Besichtigung** der Zunfthäuser ist schwierig, doch nicht unmöglich. Wenige Karten werden einmal pro Jahr verlost. Informationen bei City of London Information Centre, St. Paul's Churchyard, EC4, Tel. 73 32 14 56.

31 London Stone und Temple of Mithras

111 Cannon Street und
11 Queen Victoria Street, EC4
U-Bahn Bank und Mansion House

Mit der Eisenbahn in die Römerzeit. Von geheimnisvollen Steinen, Plätzen und vom Erlöserkult.

Unter dem Bahnhof Cannon Street befinden sich die Überreste einer römischen Palastanlage, des sog. *Governor's Palace* aus dem 1. Jh. n. Chr. Erste Hinweise darauf wurden schon nach dem Großen Brand entdeckt. Beim Bau des Bahnhofs dann gewann man Klarheit: Empfangsräume, Privatgemächer mit kunstvoll bemalten Wänden, eine Gartenanlage mit Zierteich – all das hat sich hier einmal befunden. Dieser Anlage entstammt auch der geheimnisvolle **London Stone**, ein rauer, ungleichmäßig geformter Steinblock, der sich heute in No. 111 Cannon Street befindet: hinter einem Eisengitter versteckt, in der Außenmauer der dort ansässigen Overseas Chinese Banking Corporation.

Etwas weiter nördlich, in der Queen Victoria Street, befindet sich ein weiterer Ausgrabungsort: der 1954 entdeckte römische **Temple of Mithras** (um 250 n. Chr.). Zu den Fundstücken zählen verschiedene Marmorbüsten, darunter Darstellungen der Gottheiten Mithras, Minerva und Serapis sowie einige Statuen. Sie können zusammen mit einer Modellkonstruktion des Mithräums im Museum of London [Nr. 41] besichtigt werden. Eine Rekonstruktion des Tempelfundaments ist am Ausgrabungsort zu sehen.

32 Guildhall

Gresham Street, EC2
U-Bahn Bank oder St. Paul's

Rathaus der City of London.

›Domine dirige nos‹ – ›Führe uns, Herr‹ – so lautet der Wahlspruch der City-Bür-

Prunkstück des modernen Rathauses der Londoner City ist Guildhall, die Festhalle der Zwölf Großen Zünfte aus dem 15. Jahrhundert

ger, wie das Stadtwappen über dem Portal der Guildhall verrät. Die Ursprünge dieses Verwaltungszentrums gehen zurück auf das Jahr 1411, doch von dem damaligen Gebäude, das sowohl bei dem Großen Brand als auch im Zweiten Weltkrieg schwer beschädigt wurde, sind nur noch Teile der Great Hall, der Krypta und der Außenmauer erhalten. Die nach Kriegsschäden restaurierte **Fassade**, die gotische und klassizistische Stilelemente harmonisch vereint, wurde 1788/89 von George Dance geschaffen.

Prunkstück des Gebäudes ist die an die Säulenvorhalle mit gotischem Kreuzgewölbe anschließende **Great Hall**, ein 50 m langer Festsaal mit steinverzierten Wänden und einer nach dem Zweiten Weltkrieg von Sir Giles Gilbert Scott neu konstruierten Decke. Nur ein paar rote und blaue Farbtupfer setzen Akzente in der ansonsten von den Wappen der Twelve Great Livery Companies (Zwölf Großen Zünfte) geschmückten Halle mit kunstvoll gefertigter Eichenbalustrade. Folgende *Zünfte* sind hier vertreten: Mercers (Seidenwarenhändler), Fishmongers (Fischhändler), Skinners (Kürschner), Haberdashers (Kurzwarenhändler), Ironmongers (Eisenwarenhändler), Clothworkers (Tuchmacher), Vintners (Weinhändler), Salters (Salzhändler), Merchant Taylors (Schneider), Goldsmiths (Goldschmiede), Drapers (Tuchhändler) und Grocers (Krämer).

Weiterhin gibt es zu sehen: Statuen von William Pitt und William Pitt d. J., von Winston Churchill, Admiral Nelson und dem Duke of Wellington; außerdem ein Denkmal für die Royal Fusiliers, das Stadtschwert und Stadtzepter und die berühmten hölzernen Riesen und mythischen Fabelwesen Gog und Magog. Sehenswert ist auch die unter der Halle befindliche, hervorragend restaurierte **Krypta** aus dem 15. Jh. mit einem großartigen mittelalterlichen Kreuzgewölbe.

Seit dem 15. Jh. war der Guildhall auch eine Bibliothek angeschlossen. Diese **Old Library** wurde in der benachbarten gotischen Halle untergebracht. Ihr Gründer war der berühmteste aller Lord Mayors, Dick Whittington, der 1379–1419 viermal ins Amt gewählt wurde. Die *neue Bibliothek* mit 150 000 Bänden zur Stadtgeschichte befindet sich seit 1974 im Westflügel.

Im *Guildhall Clock Museum* gibt es rund 700 tickende Exponate zu besichtigen. Die **Guildhall Art Gallery** im neuen Ostflügel zeigt Werke des 17.–20. Jh. von Constable, Millais, Copley etc.

Die jeden dritten Donnerstag um 13 Uhr in der Great Hall stattfindenden Versammlungen des *Court of Common Council* – eine Art Gemeinderatssitzung – stehen jedermann offen. Ein Besuch lohnt, da die anwesenden Aldermen und Councilmen in ihren historischen Kostümen erscheinen. Ebenfalls beiwohnen können Besucher der Amtseinführung des Lord Mayor am zweiten Freitag im November (der feierlichen Zeremonie folgt am Tag darauf die mit viel Pomp durchgeführte *Lord Mayor's Parade*) sowie der Wahl seiner beiden Sheriffs am 24. Juni (Infos bzw. Erlaubnis, Tel. 76 06 30 30).

Öffnungszeiten S. 171

33 Mansion House

Mansion House Place, EC4
U-Bahn Bank

Der offizielle Wohnsitz des Lord Mayor.

Seinen Amts- und Wohnsitz kann der Lord Mayor bequem zu Fuß erreichen. Er ist von Guildhall nur ein paar Straßenecken entfernt, gegenüber der Bank of England gelegen. Besichtigen kann man das Gebäude nur nach vorheriger schriftlicher Anmeldung [s. S. 173].

Im ersten Stock befinden sich die privaten Wohnräume des Lord Mayor. Dem dürfte es allerdings schwer fallen, sich hier so richtig gemütlich niederzulassen. Seine Amtszeit ist nämlich stets auf ein Jahr begrenzt. Während dieser Zeit allerdings ist er – gleich nach dem Monarchen – die zweitwichtigste Person der City. Er verfügt über eigene Gerichtsbarkeit und Polizei. Auch das aktuelle ›password‹, die geheime Tagesparole für den Tower, wird dem Lord Mayor mitgeteilt.

Den einer solch einflussreichen Person angemessenen Amts- und Wohnsitz schuf 1739–53 George Dance d.Ä. im palladianischen Stil. An der **Schauseite** führen zwei Freitreppen hinauf zur korinthischen Säulenvorhalle, dem Platz des Lord Mayor bei offiziellen Veranstaltungen und Paraden. Die Skulpturengruppe am darüber liegenden Giebel weist allegorisch auf Reichtum und Würde der City hin. Sehenswert sind im **Inneren** des Gebäudes der Empfangssaal, der nicht ganz stilechte, 30 m lange Bankettsaal ›Egyptian Hall‹ sowie verschiedene Parlours und Drawing Rooms – Gesellschaftsräume von geradezu überwältigender Pracht. Nur einmal zog bislang übrigens eine Frau als Lord Mayor in Mansion House ein. Das war 1983, ein Jahr, in dem London – mit Premierministerin und Königin – fest in weiblicher Hand war.

Raumharmonie mit Kuppel – St. Stephen Walbrook ist ein Meisterwerk des Baumeisters Christopher Wren

34 St. Stephen Walbrook

Walbrook, EC4
U-Bahn Bank

Vielfach wird sie als schönste City-Kirche Sir Christopher Wrens gepriesen.

Von außen wirkt diese Kirche eher unscheinbar – um so überwältigender ist der erste Eindruck beim Betreten des Inneren: Hinter der schlichten Fassade verbirgt sich ein Meisterwerk Wrenscher Baukunst. In der Tat diente ihm St. Stephen Walbrook, erbaut 1672–79, quasi als Modell für sein Lebenswerk, St. Paul's Cathedral.

Ein einzigartiges Spiel mit Licht und Schatten prägt den von korinthischen Säulen gegliederten **Innenraum** des fast quadratischen Baus, in dem alles auf einen einzigen Punkt zuzustreben scheint: die riesige **Kuppel**, das Herzstück der Kirche, das umgeben wird von einem geschickt angeordneten Fenstergeschoss.

Der feingliedrige **Barockturm** wurde etwas später, im Jahr 1717, angefügt. Im Zuge der Restaurierungsarbeiten nach dem Zweiten Weltkrieg erhielt die Kirche einen kreisrunden steinernen **Altar**. Diese Arbeit des berühmten Bildhauers Henry Moore wurde wegen ihrer ungewöhnlichen Form bald schon als ›The Camembert‹ bezeichnet.

St. Stephen Walbrook ist die Gemeindekirche des Lord Mayor.

Fassadeninszenierung für den Tempel des Geldes – die Bank of England erhielt im 19. Jahrhundert einen beeindruckenden Rahmen für die in ihren Räumen verwalteten Reichtümer

35 Bank of England

Threadneedle Street, EC2
U-Bahn Bank

Die Britische Zentralbank hütet die Goldvorräte des Landes.

Eine britische Institution, so wie Teepausen, Fish & Chips und die Monarchie. In den Augen der Engländer ist und bleibt die Bank of England eine knorrige alte Dame, seit sie der Karikaturist James Gillray Ende des 18. Jh. in einem Cartoon als »Old Lady of Threadneedle Street« bezeichnete. Die Idee für eine Zentralbank stammte von einem Schotten, dem Kaufmann William Paterson, ursprünglich in der Absicht, Geld aufzubringen zur Finanzierung des Kriegs mit Frankreich. So wurde 1694 durch eine königliche Charta die Bank of England als zunächst private Gesellschaft gegründet. Erst 1946 wurde sie der öffentlichen Kontrolle unterstellt, obwohl ihr schon seit 1928 die Überwachung der Notendruckerei für England und Wales oblag. (Die schottische Bank gibt eigene Banknoten heraus.) Die Bank of England ist außerdem zuständig für die Festsetzung des jeweiligen Leitzinses und beherbergt in ihren streng gesicherten Kellergewölben die nationalen Goldreserven.

Die Geschäftsräume hatten sich zunächst in den Mercers' und Grocers' Halls – den Zunfthäusern der Seidenwarenhändler und Krämer – befunden, doch da wurde es bald zu eng. 1734 zog die Bank an ihren jetzigen Standort. Um mehr Platz zu schaffen für diesen Tempel des Geldes riss man die Wren-Kirche St. Christopher le Stocks ab. Das heutige Gebäude stammt in Teilen noch von Sir John Soane. Es wurde 1833 fertig gestellt. Ein knappes Jahrhundert später bereits drohte der einstöckige Bau aus allen Nähten zu platzen. Sir Herbert Baker wurde mit der Umgestaltung beauftragt, und so entstand 1923–39 ein siebenstöckiges Gebäude, wobei jedoch die Soanesche Fassade so weit wie möglich erhalten blieb. Soanes **Stock Office**, also der Schalterraum, wurde in späteren Jahren originalgetreu rekonstruiert und kann heute besichtigt werden. An der der Threadneedle Street zugewandten **Fassade** befindet sich über Soanes korinthischen Säulen eine von Charles Wheeler geschaffene Skulpturengruppe, während hoch oben am Giebel des Gebäudes eine steinerne Britannia thront.

Seit 1988 gibt es hier ein originell gestaltetes **Museum** (Eingang: Bartholomew Lane), das nicht nur über Gründung

Blick ins Tagesgeschäft der Londoner City: links die Bank of England, dahinter die Wertpapierbörse Stock Exchange und in der Mitte die Warenbörse Royal Exchange

und Baugeschichte der Bank informiert, sondern auch über die Anfänge des englischen Bankwesens. Die Sammlung umfasst Goldbarren, Banknoten, interaktive Videosysteme und den modernen Arbeitsplatz eines Bankers.

Öffnungszeiten S. 170

36 Royal Exchange und Stock Exchange

Threadneedle Street, EC2
U-Bahn Bank

Ehemaliger Umschlagplatz für Waren, heute nur noch für abstrakte Börsentermingeschäfte zuständig.

Im 16. Jh. wurden in den Handelszentren Europas Geschäfte von Angesicht zu Angesicht abgeschlossen. In der Regel trafen sich zwei Handelspartner an einem neutralen Ort, und genau das stellte damals in London ein Problem dar. Die Stadt hatte keinen solchen Treffpunkt zu bieten. Sir Thomas Gresham, wohlhabender Kaufmann und einflussreicher Finanzexperte, beschloss, dies zu ändern. Auf sein Betreiben hin wurde 1566 die **Royal Exchange**, die Königliche Börse, gegründet. Noch heute schmückt das Wappentier der Greshams, ein Grashüpfer, die Flagge über dem Giebel der Royal Exchange. Genau 100 Jahre nach der Gründung wurde das Gebäude beim Großen Brand ein Raub der Flammen. Der Neubau der Börse wiederum brannte 1838 ab. Die jetzige, dritte Royal Exchange stammt aus dem Jahr 1844. Sir William Tite schuf das Gebäude mit einer von acht korinthischen Säulen getragenen *Vorhalle* im klassizistischen Stil. Das breite Giebelfeld zeigt ein *Relief* von Richard Westmacott d. J., eine allegorische Darstellung des Handels, der die Charta der Börse dem Lord Mayor und Kaufleuten verschiedenster Nationen präsentiert.

Seit 1982 ist hier LIFFE untergebracht, die London International Financial Futures Exchange, die einen weltweiten Markt bietet für Termingeschäfte und Optionen. Eine beliebte Attraktion: Alle drei Stunden zwischen 9 und 18 Uhr ertönt ein **Turm-Glockenspiel** mit volkstümlichen Melodien aus dem Commonwealth.

Und sollte etwas ganz Wichtiges passieren, z. B. die Ernennung eines neuen Monarchen, so erfährt man es hier, denn große Neuigkeiten werden von der Treppe vor dem Haupteingang aus proklamiert.

Die 1773 gegründete Wertpapierbörse, **Stock Exchange**, befindet sich gleich übers Eck in der Old Broad Street. Seit Beginn der siebziger Jahre des 20. Jh. ist sie in einem modernen, über 100 m hohen Erweiterungsbau untergebracht. Dieser wird mittlerweile allerdings nur noch in begrenztem Umfang genutzt, denn seit der Börsenreform, dem sog. Big Bang im Jahre 1986, ist es für die Börsianer nicht mehr zwingend, ihre Geschäfte hier am Ort abzuwickeln. Computer und Telefon ersetzen nun den persönlichen Handel. Die ehemals hier umherhastenden Broker und Jobber können jetzt ihre Millionengeschäfte vom Schreibtisch aus dirigieren. (Die Börsen sind nicht öffentlich zugänglich.)

37 Lloyd's of London

Lime Street, EC3
U-Bahn Bank oder Monument

Postmodernes Geschäftszentrum der berühmten Versicherungsgesellschaft.

Wenige moderne Gebäude machten so viele Schlagzeilen wie dieses: ein Palast aus Glas und Stahl, ein architektonisches Abenteuer im **High-Tech-Stil**, 1986 von der Queen persönlich eingeweiht. Architekt *Richard Rogers*, der schon am Bau des Pariser Centre Pompidou beteiligt war, blieb seiner Linie treu und kehrte bei Lloyd's of London wieder einmal das Innere nach außen: Alle Versorgungsleitungen, Treppen, Fahrstühle etc. befinden sich in den sechs an der Fassade des Gebäudes angebrachten Türmen. Das spart Platz und sieht originell aus. Leider muss man sich auf die Außenansicht beschränken, aus Sicherheitsgründen ist das Gebäude nicht mehr öffentlich zugänglich.

Das Unternehmen, das jahrhundertelang als Synonym für Zuverlässigkeit und Vertrauenswürdigkeit gegolten hatte, ist in den vergangenen Jahren u. a. durch nicht ausreichend abgedeckte Risikogeschäfte an den Rand des finanziellen Ruins geraten. Zu oft hatte man Anlass, die traditionsreiche *Lutine Bell* zu läuten – eine aus dem 18. Jh. stammende Schiffsglocke, die im Erdgeschoss des Glaspalastes ihren Platz hat. Beim Eintreffen schlechter Nachrichten erklingt sie einmal (bei guten Neuigkeiten hingegen zweimal).

Hoffentlich bei Lloyd's versichert – das spektakulärste Bürogebäude der Londoner City errichtete Richard Rogers für das berühmte Versicherungsunternehmen

In der rund 300-jährigen Geschichte des Versicherungsunternehmens ist dies sein achtes und mit 163 Mio. Pfund wohl auch teuerstes Domizil. Bei Lloyd's ist ein Heer von Versicherungsträgern (Brokers) und Versicherungsnehmern (Underwriters) beschäftigt. Angefangen hat alles in einem kleinen Kaffeehaus in der Nähe des Tower, das sich bald einen Ruf als zuverlässige Informationsquelle für Schifffahrtsnachrichten aller Art erwarb.

Der Besitzer **Edward Lloyd** wurde zum Begründer des später weltweit tätigen Versicherungsimperiums. Versichert wurde so ziemlich alles – von den Beinen Marlene Dietrichs bis hin zur Ölplattform Piper Alpha. Deren Explosion sowie eine ganze Serie weiterer Umweltkatastrophen und -skandale Ende der achtziger Jahre markierten einen Wendepunkt in der Geschichte der renommierten Versicherung.

In unmittelbarer Nachbarschaft des Architekturriesen befindet sich der **Leadenhall Market**, eine schöne Passage des 19. Jh. mit Pubs, Fisch- und Lebensmittelständen und Sandwichshops. Hier treffen sich Banker und Angestellte zum Lunch.

38 Barbican Centre

Barbican, EC2
U-Bahn Barbican

Kunst- und Kulturzentrum inmitten eines Wohnviertels der Nachkriegszeit.

Wer vom Barbican spricht, meint häufig allein das Barbican Centre, ein gigantisches Kunst- und Kulturzentrum. Streng genommen handelt es sich dabei jedoch um ein viel umfassenderes, zwischen Aldersgate Street und Moorgate gelegenes Gelände, das im Zweiten Weltkrieg fast völlig zerstört und daraufhin als größtes (und modernstes) **Wohngebiet** der City wieder aufgebaut wurde. Ursprünglich wurde mit dem Namen Barbican ein Wachtturm des London Wall, also der Londoner Stadtmauer, bezeichnet. Den gibt es längst nicht mehr, stattdessen erheben sich die drei riesigen *Hochhausblocks* Shakespeare, Cromwell und Lauderdale Tower als weithin sichtbare Landmarken über dem Viertel, das allerdings nicht unbedingt als Renommierbeispiel für moderne Architektur und Städteplanung gilt.

Sich in dieser Beton-, Glas- und Stahlwüste zurechtzufinden ist nicht gerade einfach, und so ist es nicht verwunderlich, dass sogar viele Londoner im Taxi zum **Barbican Centre** fahren und sich unmittelbar am Haupteingang absetzen lassen. Der befindet sich an der Ecke Whitecross Street/Silk Street. Aufgrund seiner Neugestaltung ist er jetzt auch besser zu finden: sieben goldene Musen schmücken die Fassade.

Das **Innere** des 1981 eröffneten Kultur-Molochs, offiziell übrigens ›Barbican Centre for Arts and Conferences‹, bietet auf insgesamt zehn Ebenen (vier davon unterirdisch) tatsächlich für jeden etwas. Hier sind das *London Symphony Orchestra* beheimatet und die *Royal Shakespeare Company*, die im Barbican ihren

Hier bekommt der Geschäftsmann den letzten Schliff – Leadenhall Market bietet Einkaufs- und Entspannungsmöglichkeiten mitten in der City

Räume für die Kunst – im Barbican Centre wird nicht nur moderne Malerei gezeigt. Auch Theater sowie klassische und moderne Musik gehören zum Repertoire

Londoner Sitz hat. Es gibt das Studiotheater ›The Pit‹, das Barbican Theatre und den Konzert- und Konferenzsaal Barbican Hall; außerdem drei Kinos, eine Kunstgalerie (Wechselausstellungen), eine Leihbibliothek, einen Wintergarten, diverse Läden, Coffee bars und Restaurants sowie zwei weitere große Ausstellungshallen. Über Mittag und am Wochenende finden im Foyer oft kostenlose Jazz- oder Klassikkonzerte statt.

Öffnungszeiten S. 167, 170

39 Wesley's House and Chapel

City Road, EC1
U-Bahn Old Street

Wohnhaus des Begründers der Methodistenbewegung mit kleinem Museum.

Den letzten Abschnitt seines langen Lebens verbrachte er hier: John Wesley (1703–1792), Erweckungsprediger und Missionar, der die methodistische Glaubensbewegung ins Leben gerufen hat. In dem der Öffentlichkeit zugänglichen **Haus** kann man seine schlichten Möbel und andere Einrichtungsgegenstände sowie Erinnerungsstücke besichtigen. Die benachbarte **Kapelle** ließ Wesley im Jahr 1778 errichten. Hier wurde die frühere Premierministerin Margaret Thatcher getraut, die später zum anglikanischen Glauben übertrat. Die Säulen der Kapelle sind aus den Masten eines alten Kriegsschiffs gefertigt, ein Geschenk von George III. In der Krypta ist das **Museum of Methodism** untergebracht. Dort kann man so kuriose Ausstellungsstücke wie z. B. einen Packen Spielkarten mit biblischen Texten bewundern. Eine Statue im Kirchhof erinnert an Wesley, dessen Grab sich auf dem Friedhof hinter der Kapelle befindet.

Öffnungszeiten S. 175

40 Geffrye Museum

Kingsland Road, E2
U-Bahn Liverpool Street oder Old Street

Sammlung zur Geschichte des englischen Wohnzimmers.

In einer idyllischen Gebäudegruppe aus dem frühen 18. Jh. im East End ist die anschaulich präsentierte und äußerst lehrreiche Sammlung des Geffrye Museum untergebracht.

Sir Robert Geffrye, ehemaliger Lord Mayor und zweimaliger Vorstand der Gilde der Eisenwarenhändler, ließ die schmucken Reihenhäuser zusammen mit einer kleinen Kapelle 1712–15 erbauen und stiftete sie anschließend als Armenhäuser für bedürftige Mitglieder seiner Gilde. Erst zu Beginn des 20. Jh. richtete das London County Council in den Gebäuden ein Museum ein, das 1914 eröffnet wurde.

Die **Ausstellung** umfasst neben einer Häuserzeile mit verschiedenen Ladenfronten und einer Küche aus dem 18. Jh. eine chronologisch angeordnete Reihe englischer Wohnzimmer ab etwa 1600 bis in die fünfziger Jahre des 20. Jh. Man gewinnt ein hervorragendes Bild von Alltagskultur und Zeitgeschmack im Wandel der Epochen. Insbesondere die Räume des 20. Jh. erfreuen sich großer Beliebtheit. Im Geffrye Museum finden auch Wechselausstellungen statt.

Öffnungszeiten S. 171

TOP TIPP 41 Museum of London

150 London Wall, EC2
U-Bahn Barbican oder
St. Paul's

Sehr lebendiges Museum zur Londoner Stadtgeschichte.

Zufällig hineinstolpern wird man ganz gewiss nicht, denn das äußerst interessante Museum liegt ziemlich versteckt am Rande des Barbican-Viertels. Der Haupteingang befindet sich direkt an einem Fußgängerüberweg der verkehrsreichen Hauptstraße London Wall. Den Grundstock der 1976 eröffneten *Sammlung* bildeten zwei ältere Museen: das auf die City spezialisierte Guildhall Museum, gegründet 1826, und das früher im Kensington Palace untergebrachte, kulturgeschichtlich orientierte London Museum aus dem Jahr 1912. Mittlerweile allerdings ist der Bestand enorm gewachsen.

Die chronologisch angeordnete Ausstellung beginnt im Prähistorischen und führt weiter durch Römerzeit und Mittelalter, durch die Epochen der Tudors und Stuarts, der Hannoveraner und Viktorianer bis hinein ins 20. Jh. Da gibt es neben den City-Fundstücken aus der Römerzeit den Nachbau eines römischen Hauswirtschaftsraums. Außerdem zu sehen sind Rekonstruktionen einer Kaufmannsvilla aus dem 17. Jh., eines viktorianischen Lebensmittelladens und eines Pfandhauses sowie eine schaurige Gefängniszelle aus dem alten Newgate Prison. Eine *Multimediashow* lässt die Besucher den Großen Brand von 1666 nacherleben, während der wunderschöne Art-déco-Fahrstuhl, der in den zwanziger Jahren Kunden im Kaufhaus Selfridges auf und ab beförderte, Wehmut aufkommen lässt ob der Schönheit von Gebrauchsgegenständen vergangener Tage.

Reise in die Vergangenheit – das Museum of London zeigt inmitten modernsten Ambientes seine umfassende Sammlung zur Geschichte der Themsestadt

Londinium nannten die Römer ihre britische Provinz. Auch dieser Abschnitt der Stadtgeschichte ist im Museum of London durch interessante Exponate dokumentiert

Zu den **Highlights** der Ausstellung zählen die Ausgrabungsstücke des 1954 bei Bauarbeiten in der City entdeckten *Temple of Mithras* [s. S. 56] und die prunkvoll vergoldete *Kutsche* des Lord Mayor. Sie verschwindet einmal im Jahr anlässlich der Amtseinführung des neuen City-Oberhauptes von ihrem angestammten Platz, um den neuen Chef auf seiner ersten offiziellen Fahrt durch die Stadt zu befördern. Ein Amtsinhaber des frühen 15. Jh. übrigens, der sehr populäre und insgesamt viermal zum Mayor of London gewählte Dick Whittington, ist die Symbolfigur des Museums. Wechselausstellungen zu bestimmten Aspekten des Londoner Lebens, regelmäßige Vorträge und Filmvorführungen sowie eine umfassende Bibliothek machen das Museum of London zu *dem* Anlaufpunkt für jeden, der sich für die Geschichte der Metropole interessiert.

Öffnungszeiten S. 173

42 Charterhouse

Charterhouse Square, EC1
U-Bahn Barbican

Ehemaliges Kartäuserkloster und eine der großen Public Schools Englands.

Angefangen hat alles mit dem ›Black Death‹, dem schwarzen Tod, wie die Pest in England genannt wurde. Sir Walter de Manny, ein tapferer Ritter und großherziger Mensch, pachtete 1348 ein Stück Land von St. Bartholomew's Hospital, um einen Friedhof für Pesttote anzulegen. Kurz vor seinem Tod im Jahr 1371 beschloss der fromme Mann, an derselben Stelle ein Kartäuserkloster zu gründen, das den Namen Charterhouse erhielt, die englische Version von Chartreuse, dem 1084 entstandenen Stammkloster dieses Ordens. Henry Yevele, Baumeister von Westminster Abbey, errichtete die Anlage mit den 24 Mönchszellen, in denen die Glaubensbrüder des strengen Ordens ihr karges Dasein fristeten. Nach der Auflösung der Klöster unter Henry VIII. ging der Besitz zunächst an Edward North über, der in einem neu angelegten Hof (Master's Court) die imposante Great Hall erbauen ließ. 1611 wurde das ehemalige Kloster an den steinreichen (kinderlosen) Bergwerksbesitzer Thomas Sutton verkauft. Dieser richtete eine Stiftung ein, die in Charterhouse ein Spital oder Altenheim für 80 Junggesellen oder Witwer sowie eine Schule für 40 Buben aus mittellosen Familien finanzieren sollte. Letztere entwickelte sich zu einer ausgezeichneten Public School, die von späteren Berühmtheiten wie den Herausgebern moralischer Wochenschriften, Richard Steele und Joseph Addison, dem Gründer der Pfadfinderbewegung Robert Baden-Powell und dem Romancier William Thackeray besucht wurde. Das Internat zog 1872 nach Godalming, Surrey, um, während einige Pensionäre heute immer noch in Charterhouse leben.

Zu besichtigen gibt es hier den **Master's Court**, dessen Steinwände an der Ostseite noch von der ursprünglichen Klosterkirche stammen. Auch für die im 16. Jh. errichtete **Great Hall** an der Nordseite des Hofes wurden die Steine der alten Klosterkirche verwendet. Sie dient heute den Pensionären als Speisesaal. In der **Kapelle** erinnert ein reich verziertes Grabmonument aus Alabaster und schwarzem Marmor – das Relief zeigt dankbare Schüler und Pensionäre – an den Wohltäter Thomas Sutton, dessen lebensgroße Statue von Nicholas Stone gefertigt wurde. In der aus dem 17. Jh. stammenden **Bibliothek** schließlich findet man großartige flämische Wandteppiche. Bei den unter Leitung von Lord Mottistone ausgeführten Restaurierungsarbeiten nach 1945 wurden Reste des mittelalterlichen Klosters sowie der Sarg Sir Walter de Mannys entdeckt.

Öffnungszeiten S. 170

43 St. Bartholomew-the-Great

West Smithfield, EC1
U-Bahn Barbican

Eine der besterhaltenen normannischen Kirchen Londons.

Ursprünglich befand sich hier eine Klosteranlage mit dazugehörigem Krankenhaus. Letzteres besteht nach wie vor, doch das Kloster wurde unter Henry VIII. aufgelöst und das Hauptschiff der Kirche zerstört. Übrig blieb der frühere Chor, der zur Gemeindekirche gemacht wurde. Seine Entstehung verdankt St. Bartholomew-the-Great einem Höfling Henrys I., Thomas Rahere, der auf einer Pilgerreise erkrankte und daraufhin nicht nur gelobte, bei gesunder Rückkehr ein Krankenhaus errichten zu lassen, sondern, nachdem er eine Vision des hl. Bartholomäus gehabt hatte, auch noch eine Klosterkirche versprach. 1123 wurde beides in die Tat umgesetzt. Rahere selbst wurde der erste Prior des neu entstandenen Augustinerklosters. Im 18. Jh. wurde der nach der Säkularisation verbliebene Teil zweckentfremdet, ›gewerblich genutzt‹, und zwar u. a. als Schmiede, Zimmermannswerkstatt, Hopfenlager und Druckerei. Erst die Viktorianer retteten das Gebäude, führten es in den Kirchenbesitz zurück und unterzogen es einer gründlichen Restaurierung.

Wer heute die etwas versteckt liegende **Kirche** besucht (ein Torbogen unter einem hübschen elisabethanischen Fachwerkhaus führt in den Kirchhof), findet erstaunlich viel von der ursprünglichen normannischen Bausubstanz erhalten: massive Rundpfeiler, hufeisenförmige Bögen, umlaufende Galerien sowie das Kreuzgewölbe des Wandelganges. All dies stammt noch aus den Gründertagen des Gotteshauses. Das *Grabmal* des Kirchengründers Rahere mit einer Liegefigur aus dem 12. Jh. gehört ebenso zu den Kostbarkeiten wie das achteckige *Taufbecken* aus dem frühen 15. Jh.: William Hogarth wurde hier getauft. Sehenswert ist auch die *Marienkapelle* aus dem Jahr 1335.

Um den ständigen Machtrangeleien ein Ende zu bereiten, wurde das Krankenhaus 1420 vom Kloster getrennt und später von Henry VIII. der City of London übereignet. Es besitzt eine eigene kleine Kirche, St. Bartholomew-the-Less.

TOP TIPP 44 St. Paul's Cathedral

St. Paul's Churchyard, EC4
U-Bahn St. Paul's

Christopher Wrens Meisterwerk.

Die Kathedrale, heute umringt, überragt und fast erdrückt von den umliegenden Bürohochhäusern, prägte früher als höchster Punkt der ›Square Mile‹ die City-Silhouette. Sie ist, wie auch ihre vier Vorgänger an dieser Stelle, dem Schutzheiligen Londons, dem hl. Paulus, geweiht und ist die einzige englische Kirche mit einer Kuppel – das charakteristische Merkmal von St. Paul's. Die Kathedrale ist Sitz des Bishop of London – doch sie ist nicht nur zuständig für die Diözese London, sondern für den gesamten Commonwealth, als dessen Pfarrkirche sie fungiert.

Geschichte Der heutige Kirchenbau wurde nach dem Großen Brand von 1666 errichtet. Schon seit dem Jahr 604 war hier eine Gebetsstätte, zunächst der Sachsen und später der Normannen. Letztere begannen im 11. Jh. mit dem Bau von **Old St. Paul's**, einst eine der schönsten

Noch immer behauptet sich die imperiale Architektur der St. Paul's Cathedral im Stadtbild. Vorbild für Christopher Wrens Meisterwerk war die Peterskirche in Rom

und größten Kirchen Europas. Sie verfiel jedoch im 16. und 17. Jh. zusehends, und so wurden zunächst Inigo Jones und Jahre später Christopher Wren mit Renovierungsarbeiten betraut. Noch wenige Tage bevor Old St. Paul's ein Raub der Flammen wurde, hatte Christopher Wren Pläne für die Restaurierung vorgelegt. Nach dem Großen Brand jedoch fasste er einen kühnen Entschluss: St. Paul's sollte in Anlehnung an den römischen Petersdom ein **Kuppelbau** werden, mit einem Grundriss in der Form eines griechischen Kreuzes. Die Kirchenfürsten konnten sich mit diesem nach ihrem Geschmack zu unkonventionellen ›Great Model‹ nicht anfreunden. Mehrere Entwürfe wurden abgelehnt, ehe man sich schließlich auf das sog. Warrant Design einigte, eine Verquickung Wrens früherer Ideen mit den Vorgaben der Kirchenoberen: Die Kuppel blieb, das griechische Kreuz als Grundriss wich einem lateinischen, und ansonsten veränderte Wren die Pläne während der 36-jährigen Bauzeit der Kathedrale (1675 – 1711) so häufig, dass das

Endergebnis von seinem ursprünglichen Plan nicht mehr allzu weit entfernt war. Wren schuf nicht nur eine der schönsten und bedeutendsten Kirchen Englands, sondern auch ganz Europas, ein Meisterwerk im klassisch-barocken Stil; mitfinanziert übrigens durch eine Kohlensteuer, die man auf jede Ladung erhob, die über Londoner Häfen eingeführt wurde.

Besichtigung Das **Hauptportal** [**1**] der gut 170 m langen und in der Kuppel 111 m hohen Kathedrale befindet sich an der Westseite. Eine auf halber Höhe unterteilte Freitreppe führt hinauf zu einer Säulenvorhalle mit sechs korinthischen Säulenpaaren, über der sich eine zweite, schmälere und von einem Giebel bekrönte Vorhalle befindet. Das *Giebelrelief*, eine Arbeit von Francis Bird, zeigt die Bekehrung des Saulus zum Apostel Paulus. Die über dem Relief befindlichen Statuen (rechts und links die Apostel Petrus und Jakobus, auf der Giebelspitze der hl. Paulus) stammen von demselben Künstler. Die Vorhalle wird flankiert von zwei weitgehend identischen *Barocktürmen*. Am Südturm befindet sich die Turmuhr, in dessen Innerem die Turmglocke ›Great Paul‹. Zwischen den Türmen erhebt sich die von korinthischen Säulen getragene riesige **Kuppel** [**2**], die ihren Abschluss in einer von einem goldenen Kreuz bekrönten Laterne findet. Beim Bau der Kuppel galt es, ein ästhetisches und statisches Problem zu lösen: Äußerlich war eine gewisse Höhe nötig, um die Proportionen zu wahren und um die Kathedrale abzuheben von den zahlreichen anderen City-Kirchen. Im Inneren jedoch war diese Höhe unangebracht. Wren entschloss sich daher, insgesamt drei Kuppelschalen ineinanderzufügen, wobei die unsichtbare Mittelschale, eine metallverstärkte konische Ziegelkonstruktion, von der relativ leichten hölzernen Außenkuppel überwölbt wird und diese zugleich stützt.

Die unterste Kuppelschale bildet den Bereich, auf den der gesamte **Innenraum** der Kathedrale zuzustreben scheint. Sie zeigt acht Szenen aus dem Leben des Apostels Paulus, ein Werk des ehemaligen Hofmalers Sir James Thornhill, sowie Mosaiken von Salviati. Ehe man jedoch den Kuppelraum erreicht, sollte man, vom Westportal kommend, zunächst einmal den hellen, kühlen Innenraum auf sich wirken lassen.

Im *nördlichen Seitenschiff* befindet sich **All Souls Chapel** [**3**], die Allerheiligenkapelle mit einem weißen Marmordenkmal für den 1916 verstorbenen großen britischen Feldmarschall Lord Kitchener, als dessen Gedenkkapelle All Souls seit 1925 fungiert. Daneben **St. Dunstan's Chapel** [**4**], die privaten Gebeten vorbehalten ist. Denkmäler und Monumente wurden in St. Paul's – im

St. Paul's Cathedral

1 Hauptportal
2 Kuppel
3 All Souls Chapel
4 St. Dunstan's Chapel
5 Chapel of the Order of St. Michael and St. George
6 Wellington-Monument
7 The Light of the World
8 Nelson-Monument
9 Chorraum
10 Hochaltar
11 Chorgitter
12 American Memorial Chapel (Jesus Chapel)
13 John Donne
14 Zugang zur Krypta
15 Aufstieg zur Kuppel

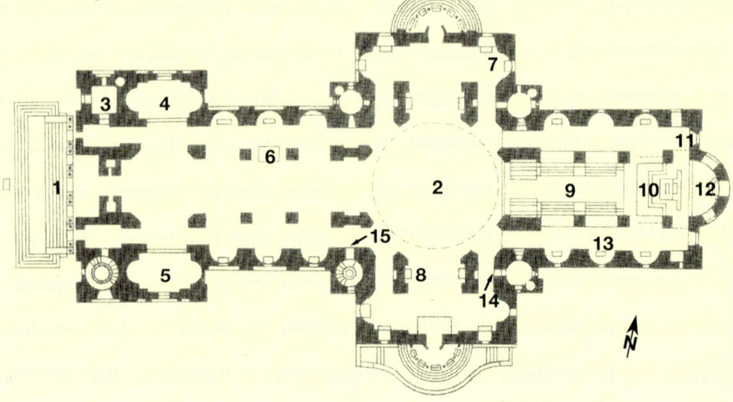

Kühner Kuppelbau – die gewaltigen Raumproportionen der St. Paul's Cathedral offenbart dieser Blick aus der Vierung in den Chor

Gegensatz zu Westminster Abbey – erst 1790 gestattet. Damals wurden *Statuen* für den Maler Sir Joshua Reynolds und den Autor Samuel Johnson sowie für den Gefängnisreformer John Howard und den Juristen Sir William Jones errichtet, der sich um das indische Empire verdient gemacht hatte. Sie befinden sich heute in der Vierung. Von da an gab es immer mehr nationale Helden zu berücksichtigen, so dass auch St. Paul's mittlerweile eine ganz stattliche Anzahl von Grabdenkmälern aufzuweisen hat.

Im *südlichen Seitenschiff* befindet sich die **Chapel of the Order of St. Michael and St. George** [**5**]. Sie ist den Mitgliedern des gleichnamigen, im Jahr 1818 gegründeten Ordens geweiht. Auszeichnungen werden an jene Personen verliehen, die sich in besonderer Weise um die Angelegenheiten des Commonwealth verdient gemacht haben. Die *Schnitzarbeiten* in der Kapelle stammen von Jonathan Maine.

Drei weitere Grabmäler für den Maler John Leighton, für den General Charles George Gordon und für Premierminister William Melbourne, befinden sich wiederum im *nördlichen Seitenschiff*. An dessen Südende das ungleich bombastischere, marmorne **Wellington-Monument** [**6**] von Alfred Stevens (1877). Der Baldachin über dem Bronzesarkophag ist geschmückt mit zwei allegorischen Figurengruppen, die Mut und Feigheit, Wahrheit und Lüge darstellen. Über allem

Christus der Weltenherrscher – Christopher Wren lieferte die Vorlagen für die prächtigen goldgrundigen Mosaiken im Chorraum von St. Paul's Cathedral

thront triumphierend die 1922 angefügte Reiterstatue des Duke of Wellington, der für den siegreichen Ausgang der Schlacht bei Waterloo verantwortlich war.

Im *nördlichen Querschiff* dann **The Light of the World** [7], die Kopie eines Gemäldes des Präraffaeliten William Holman Hunt, die der Künstler selbst im Jahr 1900 angefertigt hat. Das Original – es handelt sich um die Darstellung Christi, der als Licht der Welt an eine einfache Hütte klopft – hängt in der Kapelle des Keble College in Oxford. Außerdem werden dort die Helden der Napoleonischen Kriege mit einer Anzahl von Monumenten geehrt.

Von den Denkmälern im *südlichen Querschiff* ist das **Nelson-Monument** [**8**] besonders hervorzuheben. Das Werk von John Flaxman zeigt den größten Seehelden der Nation, umgeben von Darstellungen der Nord- und Ostsee, des Mittelmeers und des Nils. Eine unter der Kuppel in den Boden eingelassene Steinplatte mit der Inschrift ›Si monumentum requiris, circumspice‹ (›Wenn Du mein Denkmal suchst, schau Dich um‹) erinnert wieder an Christopher Wren. Dieselbe Inschrift finden wir auf Wrens Grab. Sie stammt von seinem Sohn.

Hinter der Vierung öffnet sich der **Chorraum** [**9**] mit Deckenbildern aus dem 20. Jh. (sie entstanden nach Originalvorlagen Wrens). Die Schnitzarbeiten an Orgel und *Chorgestühl* stammen aus dem 17. Jh. von Grinling Gibbons. Hier pflegen der Lord Mayor und der Bishop of London zu sitzen, wenn sie St. Paul's besuchen. Auch der marmorne **Hochaltar** [**10**], eine Arbeit aus dem Jahr 1958, entstand nach Skizzen von Christopher Wren. An beiden Seiten des Altars befinden sich vergoldete Holzsäulen. Sie tragen einen ebenfalls hölzernen Baldachin, über dem eine Christus-Statue wacht. Bemerkenswert auch die schmiedeeisernen **Chorgitter** [**11**] von Jean Tijou. In der Apsis hinter dem Hochaltar findet sich schließlich die Jesuskapelle, seit 1958 **American Memorial Chapel** [**12**] zum Gedenken an rund 25 000 amerikanische Soldaten, die im Zweiten Weltkrieg zusammen mit den Engländern kämpften und dabei ihr Leben lassen mussten. Ihre Namen sind auf einer Ehrenrolle verzeichnet. Die Buntglasfenster zeigen Szenen aus dem Leben Christi, die Aufopferung und Verherrlichung symbolisieren. Ein schlichter Altar im nördlichen Chorumgang markiert die **Chapel of Modern Martyrs**, die Gedenkkapelle für all diejenigen, die in neuerer Zeit, genauer gesagt nach 1851, für den anglikanischen Glauben gestorben sind. Im gegenüberliegenden südlichen Chorumgang befindet sich die **Marienkapelle** und in einer Nische die Skulptur des Dichters und ehemaligen Dekans von St. Paul's, **John Donne** [**13**]. Die Figur, ein Werk des berühmten elisabethanischen Bildhauers Nicholas Stone, ist das einzige, was aus Old St. Paul's gerettet werden konnte. Als Vorlage für die auf einer Urne stehende Figur diente Stone ein Bildnis Donnes, für welches dieser, eigens in ein Leichentuch gehüllt, Modell gesessen hatte.

Zurück zur *Vierung*. An deren Südende befindet sich der **Zugang zur Krypta** [**14**], die sich über das gesamte Untergeschoss der Kathedrale erstreckt und die für sich in Anspruch nimmt, weltweit die größte ihrer Art zu sein. Hier unten ist die *Schatzkammer der Diözese* untergebracht, und hier liegen einige der bedeutendsten Männer der Nation begraben: Der Erbauer von St. Paul's, *Sir Christopher Wren*, fand unter einer schlichten Grabplatte seine letzte Ruhestätte. Die Büste und Totenmaske des großen Architekten sind ebenfalls in der Krypta zu sehen. Wrens Grab befindet sich in der ›Künstlerecke‹ von St. Paul's, quasi dem Gegenstück zur ›Poets' Corner‹ (Dichterecke) in Westminster Abbey.

Die Maler Sir Joshua Reynolds und William Turner liegen hier ebenso begraben wie der Schriftsteller, Abenteurer und Orientalist T. E. Lawrence, die Präraffaeliten William Holman Hunt und John Everett Millais und viele andere. Abermals stoßen wir hier auf *Admiral Nelson,* dessen eleganter schwarzer Marmorsarkophag unter einer eigenen kleinen, cremefarbenen Kuppel ruht. Der Sarg war ursprünglich von einem italienischen Steinmetz für Kardinal Wolsey gefertigt und später von Henry VIII. konfisziert worden, ehe man ihn als geeignete Ruhestätte für Nelsons Leichnam in Betracht zog. Der eigentliche, innere Holzsarg des Admirals wurde übrigens aus dem Mast eines in die Luft gesprengten französischen Flaggschiffes gefertigt. Auf einem Granitsockel gleich daneben der imposante Sarkophag *Wellingtons,* umgeben von Gedenksteinen für zahlreiche weitere Feldmarschälle, die im Zweiten Weltkrieg gekämpft haben.

Die *St. Faith Chapel*, heute die Kapelle des ›Order of the British Empire‹ (OBE Chapel), befindet sich am Ostende der Krypta. Sie wurde 1957–63 von Lord Mottistone umgestaltet und ist seither – in zartem Grau und Rosé gehalten – offizielle Kapelle für die Träger des 1917 geschaffenen Verdienstordens, der an Personen verliehen wird, die Herausragendes für das britische Empire geleistet haben. Auch Wrens von den Verantwortlichen als zu modern abgelehnter erster Entwurf für St. Paul's, sein sog. ›Great Model‹, ist zusammen mit anderen Arbeiten des großen Meisters hier unten in der Krypta ausgestellt.

Für viele Besucher ist und bleibt die Hauptattraktion der **Aufstieg zur Kuppel** [**15**] und zu den Galerien und , wenngleich nicht jeder genügend Puste für die über 600 Stufen bis ganz oben zur Golden Gallery mitbringt. Der erste Abschnitt hinauf zur **Whispering Gallery**, der Flüstergalerie, ist noch relativ harmlos. Ihren Namen verdankt sie einem verblüffenden akustischen Phänomen: Jedes Wort, und sei es nur geflüstert, ist im Rund der Galerie, deren Durchmesser über 30 m beträgt, hörbar. Thornhills bereits erwähnte Kuppelmalerei ist von hier aus am besten zu betrachten. Wesentlich enger und steiler ist der Aufstieg zur **Stone Gallery**, die in bereits sehr luftiger Höhe den unteren Teil der Kuppel an der Außenseite umläuft. Der Blick über London ist von hier bereits grandios, weshalb dann nur wirklich durchtrainierte, schwindelfreie Besucher die letzten 166 Stufen hinauf zur **Golden Gallery** klettern, die lediglich von der Laterne überragt wird. Wer immer noch nicht genug hat: Auch die goldene Kugel über der Laterne bietet bis zu zehn Besuchern gleichzeitig Platz. Dort ist man dem Himmel sehr nah …

Öffnungszeiten S. 174

In der Krypta von St. Paul's ruht Admiral Nelson in einem beeindruckenden schwarzen Marmorsarkophag

Holborn bis Fleet Street – wo die Gerechtigkeit regiert

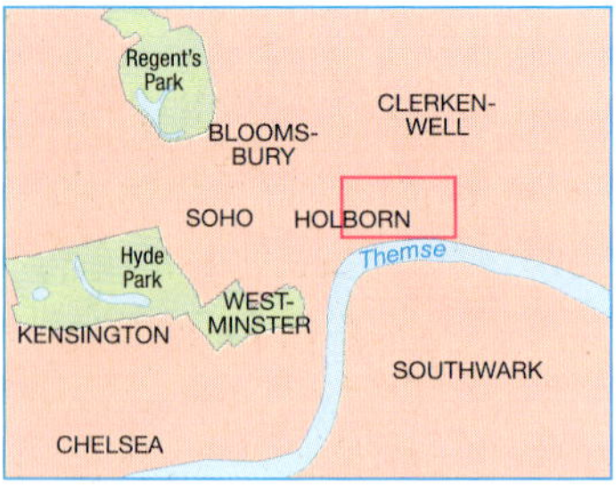

Hier befindet sich ›Legal London‹ – das Zentrum der englischen Gerichtsbarkeit. Die **Inns of Court** blicken auf eine lange Tradition zurück. Viele Absolventen dieser Rechtsschulen werden an den beiden Gerichten tätig, dem Zivilgericht **Royal Courts of Justice** und dem Kriminalgericht **Central Criminal Court** – oder sie gehen wie z. B. Margaret Thatcher in die Politik. Berühmt ist auch die **Fleet Street**, das ehemalige Zentrum der Zeitungswelt. Es war sicherlich von Vorteil, dass die Journalisten als kritische Berichterstatter schnell von den Gerichtssälen in ihre Büros gelangen konnten.

45 Central Criminal Court

Newgate Street, EC1
U-Bahn St. Paul's

Londons Kriminalgericht, besser bekannt als ›Old Bailey‹.

Neben St. Paul's gibt es in der City noch einen weiteren, ungleich bescheideneren Kuppelbau: den Strafgerichtshof **Old Bailey**, 1902–07 nach Plänen von Edward Mountford erbaut. An dieser Stelle hatte sich seit dem 13. Jh. das berühmt-berüchtigte **Newgate Prison** befunden, Londons Hauptgefängnis, das für seine menschenunwürdigen Zustände weithin bekannt war. Hier fanden auch Hinrichtungen statt, denen stets eine große Anzahl Neugieriger beiwohnte – trotz übler Gerüche und Seuchengefahr. Von John Gays ›Bettleroper‹ bis hin zu Dickens' Kurzgeschichten und Romanen war Newgate Prison ein beliebter Literaturschauplatz. Der heutige, durchaus respektgebietende Bau hat mit den schaurigen Zuständen von damals natürlich längst nichts mehr gemein. Vom Giebel über dem Hauptportal grüßt ein würdevoller Engel. Daneben ›Wahrheit‹ und

Das beinah sakrale Erscheinungsbild des neogotischen Gebäudes kann nicht darüber hinwegtäuschen: im Zivilgericht Royal Courts of Justice finden Sünder keine Gnade

Hier werden Richter und Anwälte ausgebildet. Ein idyllisches Bild vermittelt die renommierte, seit dem 14. Jahrhundert bestehende Juristenschule The Temple

›Gerechtigkeit‹, zwei Steinskulpturen von William Pommeroy, der auch die vergoldete Justitia schuf, die hoch oben über der Kuppel des Gerichtshofes wacht. Die Waagschale in der Linken, das erhobene Schwert in der Rechten, den Blick verhüllt, ist sie die weithin sichtbare Garantin für alles, was eine unabhängige Rechtsprechung ausmacht. Wer mehr vom Geist des englischen Rechtswesens kennen lernen will, der kann an Werktagen ab 10 Uhr morgens den öffentlichen Prozessen beiwohnen. Nach altem Brauch haben die Richter im Frühling und Sommer an jeweils zwei Tagen im Monat Blumensträuße bei sich. Das erinnert an frühere Newgate-Tage, als man versuchte, mit Blumen und Kräutern üble Gerüche und Infektionen abzuwehren.

Öffnungszeiten S. 170

46 Royal Courts of Justice

Strand, WC2
U-Bahn Aldwych oder Temple

Gegenstück zum Old Bailey als Zivilgericht und gleichzeitig zuständig für die höheren Instanzen des Zivil-, Verwaltungs- und Strafrechts.

Dass die Law Courts, wie der Gerichtshof kurz genannt wird, in viktorianischen Tagen erbaut wurden, lässt sich unschwer erkennen. Sie sind das letzte bedeutende Beispiel der damals so beliebten neogotischen Architektur im Zuckerbäckerstil, auch ›Gothic Revival‹ genannt. Erstaunlich, wie ein einzelner Baumeister sich so viele Türme und Türmchen, Giebel, Winkel und Zinnen ausdenken kann, so meinte man schon damals. Und es war in der Tat erschöpfend. George Edmund Street, einer der bekanntesten Architekten seiner Zeit, baute sich schier zu Tode. Ehe das Gebäude nach achtjähriger Bauzeit (1874–82) fertig gestellt werden konnte, traf ihn der Schlag, nachdem er in über 3000 Entwürfen jedes noch so kleine Detail selbst entworfen und ausgearbeitet hatte. Das Ergebnis war ein riesiger Komplex mit über 1000 Räumen, zahlreichen Innenhöfen und einer 80 m langen Eingangshalle – ein **Justizpalast** im wahrsten Sinne des Wortes. Streets Denkmal – es zeigt den Architekten, wie er Berge von Entwürfen wälzt, während entlang des Frieses fleißige Handwerker seine Pläne in die Tat umsetzen – befindet sich in der Halle. Hier besprechen sich auch die Anwälte mit ihren Klienten. Die Juristen treten stets in voller Amtstracht auf, mit Robe und Perücke ausgestattet. Auch hier kann man den Prozessen beiwohnen. Die Pförtner wissen für gewöhnlich, welche Gerichtsverhandlungen besonders interessant zu werden versprechen.

47 Inns of Court

U-Bahn Temple, Chancery Lane oder Holborn

Die insgesamt vier altehrwürdigen Rechtsschulen sind: der zweigeteilte Temple, Lincoln's Inn und Gray's Inn.

Das englische Rechtssystem ist ebenso alt wie verwirrend und mit dem kontinentalen kaum vergleichbar. Nur wenig ist festgelegt und vorgeschrieben. Tradition und Überlieferung stehen im Vordergrund. Die Rechtsprechung erfolgt nach dem sog. Case Law, also nicht anhand eines Strafgesetzbuches, sondern anhand von Präzedenzfällen. Es gibt zwei Gruppen von Juristen, *Barristers* und *Solicitors*, wobei allein die angeseheneren Barristers ihre Klienten vor Gericht vertreten. Nur sie können in den Richterstand erhoben werden. Ihre Standesorganisation sind die vier (gleich gestellten) Inns of Court, denen alle Barristers angehören müssen. Die Inns sind gleichzeitig höchste Ausbildungsinstanz und allein prüfungsbefugt. Sie werden von einem Ausschuss sog. Benchers geleitet, dessen ältestes Mitglied die jeweilige Zulassung zur ›bar‹ für jeden einzelnen Anwärter zum Barrister ausspricht.

Die äußerst wohlhabenden Inns of Court besitzen jeweils ein Areal mit vermieteten Büroräumen, Unterrichtsräumen, sog. Halls (Speisesälen), Gartenanlagen und einer Kirche.

Eindrucksvolle Grabfiguren von Rittern schmücken die ehemalige Ordenskirche Temple Church

The Temple

Seinen Namen, The Temple, erhielt das Gelände vom Orden der Tempelritter, die hier im 12. und 13. Jh. ihren Sitz hatten. Nach der Auflösung des Ordens im Jahr 1312 ging der ganze Besitz an den Earl of Pembroke und fiel nach dessen Tod dem Orden der ›Knights of Jerusalem‹ zu. Der verpachtete das Areal mit Kirche und Great Hall Mitte des 14. Jh. an eine Gruppe von Rechtsgelehrten und Studenten – der Beginn des Temple als juristische Niederlassung. Heute sind hier die beiden *Rechtsanwaltschulen* Inner Temple und Middle Temple (getrennt von der Middle Temple Lane) untergebracht.

Temple Church: Von der Fleet Street gelangt man durch den Torbogen des Inner oder Middle Temple in diese verschachtelte Oase der Ruhe inmitten der geschäftigen City. Die Temple Church wird von beiden Einrichtungen genutzt. Heute als Royal Peculiar ebenso wie Westminster Abbey der Queen direkt unterstellt, wurde sie ursprünglich (1185) von den Tempelrittern erbaut. Von ihnen stammt das kreisrunde Schiff (The Round), das in Anlehnung an die Grabeskirche in Jerusalem im normannischen Stil entstand. Der längliche Altarraum (The Oblong) wurde 1240 im Early English Style angefügt. Dem normannischen Rundbogen über dem Westeingang folgen im Schiff elegante Spitzbögen. Hier befinden sich, in den Boden eingelassen, die kostbaren Grabplatten der Tempelritter mit den interessanten *Liegefiguren*. Sie stammen aus dem 12. und 13. Jh.; nicht alle konnten zweifelsfrei identifiziert werden. William Marshall, Earl of Pembroke, und seine beiden Söhne liegen vermutlich auf der Südseite, während der zu Lebzeiten verhasste Geoffrey de Mandeville, Earl of Essex, auf der gegenüberliegenden Nordseite seine letzte Ruhestätte fand. Die Kirche wurde 1682 von Christopher Wren quasi generalüberholt und nach schweren Bombenschlägen des Zweiten Weltkrieges sorgfältig restauriert.

Middle Temple: Unter den zu dieser Society gehörenden Gebäuden ist **Middle Temple Hall**, der 1572 von Elizabeth I. eingeweihte Speise- und Versammlungssaal, besonders eindrucksvoll. Die Königin selbst pflegte gelegentlich hier zu tafeln. Sie wohnte der Uraufführung von Shakespeares ›As You Like It‹ bei und stiftete den aus einer einzigen Eiche aus dem Wald von Windsor gefertigten langen Tisch der Benchers. Ein weiterer Tisch wurde aus dem Holz von Sir Francis Drakes Schiff ›The Golden Hind‹ geschnitzt. Auch hier musste nach dem Krieg gewaltig restauriert werden. Die wunderschöne *Wandvertäfelung*, die kunstvoll geschnitzte *Zierschranke* und die mächtige doppelte *Stichbalkendecke* erscheinen heute wieder in ihrem alten Glanz.

Jeder Student muss während seiner gesamten Studienzeit mindestens dreimal pro Semester ein förmliches Dinner in seiner Hall einnehmen. Zur langen Liste ehemaliger Studenten und Ehrenmitglieder der Rechtsschule zählen viele bedeutende Persönlichkeiten, z. B. Sir Walter Raleigh, Henry Fielding, Charles Dickens oder William Thackeray.

Vom Fountain Court aus hat man – ebenso wie vom Embankment – einen schönen Blick über die Gärten, die Besuchern leider verschlossen sind. Die auf amerikanisches Recht spezialisierte **Bibliothek** besitzt die größte Sammlung amerikanischer Gesetzestexte außerhalb der Vereinigten Staaten.

Inner Temple: Die in den fünfziger Jahren neu erbaute **Inner Temple Hall** ist eine möglichst originalgetreue Rekonstruktion des Vorgängerbaus aus dem Jahr 1870. Die dazugehörige *Krypta* stammt aus dem 14. Jh. Wappen früherer Mitglieder schmücken wie in Middle Temple Hall die *Glasfenster*. Die Wetterfahne der Hall zeigt einen Pegasus, das Wahrzeichen des Inner Temple.

Im **Garten** des Inner Temple soll der Streit zwischen Richard Plantagenet und dem Earl of Somerset stattgefunden haben, der zu den blutigen Rosenkriegen führte. Die weiße und die rote Rosenblüte, die fortan die beiden Kriegsparteien symbolisierten, wurden angeblich hier gepflückt.

Die Gebäude **1–6 King's Bench Walk** wurden von Christopher Wren entworfen. In Nummer 4 hatten 1930–45 die Schriftstellerin Vita Sackville-West und ihr Mann Harold Nicholson ihren Stadtwohnsitz. Durch den Inner Temple Gateway gelangt man zurück zur **Fleet Street**. Im ersten Stock des darüber befindlichen, hübsch renovierten Fachwerkgebäudes aus dem Jahr 1611 befindet sich **Prince Henry's Room**. Benannt nach dem ältesten Sohn von James I., steht der holzgetäfelte Raum, auch *Samuel Pepys Club* genannt, heute Besuchern offen. Hier werden allerlei Gegenstände aufbewahrt, die an den berühmten Chronisten erinnern.

Die Besichtigung der Londoner Rechtsschulen lässt sich durchaus als Spaziergang absolvieren

Öffnungszeiten S. 172

Lincoln's Inn: Unter den vier Rechtsschulen ist Lincoln's Inn die mit der längsten Vergangenheit. Bereits 1422 wurde die vermutlich von Henry Lacy, Earl of Lincoln, gegründete Schule erstmals urkundlich erwähnt.

Ältestes noch bestehendes Gebäude ist die Ende des 15. Jh. erbaute eichengetäfelte **Old Hall**. Sie diente bis 1883 als Gerichtssaal und wurde als einer der wichtigen Schauplätze in Dickens' ›Bleak House‹ mehrmals erwähnt. (Ihr Gegenstück, die New Hall mit einer 15 m hohen Wandmalerei, wurde 1859 erbaut.) Ob die **Kapelle** (1620–23) tatsächlich von Inigo Jones stammt, steht nicht zweifelsfrei fest. Sie wurde später von Christopher Wren renoviert und verfügt über ein eindrucksvolles altes *Kirchengestühl* sowie über ein in gedämpftem Rot gehaltenes Tonnengewölbe. Die flämische Glasmalerei der Fenster stammt aus dem 17. Jh. Die offene *Krypta* diente jahrhundertelang den Studenten als Wandelgang bei Studien und Gesprächen. Auch hier tauchen illustre Namen im Register der Ehemaligen auf: Thomas More, Benjamin Disraeli und William Gladstone oder Margaret Thatcher. Die über 80 000 Bän-

Theke frei zur nächsten Runde

Was vereint alt und jung, arm und reich, Akademiker und Arbeiter gleichermaßen? Eine überaus demokratische Einrichtung, ein Stückchen Kultur, das zum Selbstverständnis aller Briten gehört: das **Public House** *oder* **Pub**, *das englische Wirtshaus also, in dem vieles ein bisschen anders ist als auf dem Kontinent. Zwar wurden die rigiden Öffnungszeiten, nach denen Pubs niemals ganztags und auch nicht am Sonntag geöffnet haben durften, 1988 endlich abgeschafft, an den Sitten und Bräuchen im Pub hat sich aber nicht viel geändert.*

Wer hier einen Drink nehmen möchte, muss ihn sich selbst an der Bar besorgen und auch gleich bezahlen, ein Trinkgeld ist nicht üblich. Es gilt als selbstverständlich, dass in einer Gruppe derjenige bestellt, der auch für die jeweilige Runde bezahlt. Eingeschenkt wird bislang noch bis zum oberen Glasrand – die Einführung von größeren Gläsern, in denen über dem Pint-Eichstrich ausreichend Platz für eine Schaumkrone ist, lässt auf sich warten.

Ein traditionelles englisches Bier ist das eher süßliche, obergärige **Ale** *oder Real Ale, während das untergärige britische* **Lager** *dem deutschen Hellen geschmacklich noch am nächsten kommt.*

In den Pubs [s. S. 175] kann man jede Menge Atmosphäre tanken und echte Londoner kennen lernen. Szenen der Geselligkeit sind an warmen Sommertagen nach Büroschluss zu beobachten. In Gruppen stehen die Londoner dann vor ihrem Lieblingspub und genießen ihr wohlverdientes Feierabendbier.

de umfassende **Bibliothek** ist eine der ältesten in London. Im Gegensatz zum Temple stehen die **Gärten** hier jedermann offen (ebenso die Kapelle), während für eine Besichtigung der Halls um schriftliche Erlaubnis (The Porter's Lodge) ersucht werden muss.

Gray's Inn (Gray's Inn Road, WC1): Die nach ihren früheren Besitzern, der Familie de Grays, benannte Rechtsanwaltschule (sie soll schon im 14. Jh. bestanden haben) ist die vierte im Bunde der Inns of Court. Die **Great Hall** wurde ebenso wie Kapelle und Bibliothek im Zweiten Weltkrieg schwer beschädigt und wieder aufgebaut. Die Gebäude können nur mit besonderer Erlaubnis (Under Treasurer oder Bibliothek, Tel. 74 58 78 00) besichtigt werden.

Besuchern offen stehen dagegen die herrlichen **Gärten**. Sie wurden von Sir Francis Bacon, Philosoph, Jurist und Naturwissenschaftler, angelegt. Er verbrachte hier den Großteil seines Lebens. Im 17. Jh. bekannt als ›The Walks‹, waren sie ein beliebter Promenadeweg der Londoner ›Society‹. Bacons *Statue* steht am South Square von Gray's Inn.

Öffnungszeiten S. 172

48 Staple Inn

High Holborn, WC1
U-Bahn Chancery Lane

Eines der wenigen City-Gebäude, die den Großen Brand von 1666 überstanden haben.

Das ehemals kleine, unabhängige Inn of Court gehörte später zu Gray's Inn. Das Gebäude aus dem Jahr 1586 mit schiefem Dach, überhängenden Giebeln und Erkerfenstern ist das einzige erhaltene elisabethanische Fachwerkhaus in London.

Öffnungszeiten S. 174

49 Fleet Street

EC4
U-Bahn Aldwych, Temple, Blackfriars, St.Paul's

Dies war einst der Dreh- und Angelpunkt der englischen Zeitungswelt.

Fast 500 Jahre lang hatte der donnernde Lärm von Druckerpressen die Fleet Street erfüllt, ehe Mitte der achtziger Jahre ein Verlag nach dem anderen in moderne Gebäude in den Docklands umzog. Die Einführung neuer Drucktechniken hatte den Anstoß dazu gegeben. Begonnen hatte alles um 1500, als ein gewisser Wynkyn de Worde seinen Druckereibetrieb hierher in die nach dem kleinen Flüsschen Fleet benannte Straße verlegte. 1702 erschien die erste Tageszeitung, der Daily Courant, bald gefolgt von weiteren Publikationen, bis die Straße schließlich zum Synonym für das britische Zeitungswesen wurde.

Wer noch ein wenig in Erinnerungen schwelgen möchte: Die Krypta der nahegelegenen **St. Bride's Church** (die Kirche der Presse) bietet ein kleines *Museum*, das die Geschichte des Druckwesens in der Fleet Street anschaulich dokumentiert.

Wo die Fleet Street auf den Strand trifft, markiert Horace Jones' **Temple Bar Memorial** – ein von einer Drachenfigur gekrönter, imposanter Steinsockel – die Grenze zwischen Westminster und der City. Hier befand sich ursprünglich Christopher Wrens Temple Bar, ein Torbogen, an dem früher die Köpfe hingerichteter Verbrecher zur Abschreckung angebracht wurden. Noch heute muss die Königin vor offiziellen Besuchen in der City an dieser Stelle anhalten und nach uraltem Zeremoniell die Erlaubnis des Lord Mayor einholen, ohne die sie die City nicht betreten darf.

50 Dr. Johnson's House

17 Gough Square, EC4
U-Bahn Temple, Blackfriars oder Chancery Lane

Der Verfasser des ersten englischen Wörterbuches stellte fest: »The man who is tired of London is tired of life.«

Dr. Samuel Johnson jedenfalls, von dem dieses Zitat stammt, wurde seiner Heimatstadt niemals müde – und er wurde schließlich immerhin 75 Jahre alt. Gut zehn Jahre (1748–59) lebte der berühmte Publizist und Literaturkritiker in dem schmucken Haus am Gough Square, das er gewählt hatte, um in der Nähe seines Druckers zu sein. Am Gough Square entstand der Hauptteil von Johnsons Lebenswerk: **Dr. Johnson's Dictionary,** das erste umfassende Wörterbuch der englischen Sprache, herausgegeben 1755. Sechs Schreiber hatte er beschäftigt, die tagaus, tagein in dem kleinen Speicherzimmer des Hauses an ihren Pulten standen und Eintragungen machten, während Dr. Johnson selbst Literatur wälzte und neue Wortlisten zusammenstellte. Lord Harmsworth rettete das Haus 1911 vor dem Abbruch und veranlasste, dass es renoviert und im Stil der Zeit (das jetzige Inventar stammt zum Teil von Freunden des ehemaligen Bewohners) möbliert wurde. James Boswell, der in seiner Biographie ›Life of Dr. Johnson‹ das Leben hier detailliert beschrieb, war ein häufiger Gast. Zusammen besuchten die beiden Literaten auch das nahe gelegene Pub **›Ye Olde Cheshire Cheese‹** (145 Fleet Street, s. S. 175), eines der berühmtesten Londoner Gasthäuser aus dem Jahr 1667. Mit seiner altenglischen Atmosphäre erinnert das Pub

Das hohe Pfeilermonument Temple Bar Memorial markiert auf der ehemaligen Pressestraße Fleet Street die Grenze zwischen City of London und Westminster

an jene Zeiten, als Charles Dickens hier zu Gast war.

Öffnungszeiten S. 172

51 Sir John Soane's Museum

13 Lincoln's Inn Fields, WC2
U-Bahn Holborn

Eigenwillig zusammengestellte, sehenswerte Kunst- und Kuriositätensammlung.

Für manche ein unüberschaubares, überladenes Durcheinander. Für die meisten jedoch ein geniales Arrangement und sicherlich eines der lebendigsten Museen Londons. Sir John Soane (1753–1837), einer der bekanntesten und begabtesten Architekten seiner Zeit, hat all diese Schätze über Jahrzehnte hinweg zusammengetragen. Er vermachte das Haus der Nation mit der Auflage, die Räume unverändert zu lassen und die Ausstellung der Öffentlichkeit zugänglich zu machen.

Wer vor der Haustür des bürgerlichen Gebäudes ankommt, kann nicht ahnen, welch kuriose Fantasiewelt sich dahinter verbirgt: Kunst und Nippes – Büsten, Skulpturen, Gemälde, Urnen, Vasen und Sarkophage – in so außerordentlicher Vielfalt und Menge, dass sie einen schier zu erschlagen drohen. Doch bei näherem Hinsehen ist alles wohl überlegt platziert und miteinander verbunden, sorgen Bögen für Übergänge, kleine Nischen für Abgeschiedenheit und geschickte Spiegelkonstruktionen für optische Weite.

Zum Sehenswertesten zählen die Deckengemälde von Henry Howard in Esszimmer und Bibliothek. Im Speisezimmer steht außerdem ein Schreibtisch von Robert Walpole mit einer raffiniert konstruierten astronomischen Uhr. Soanes Porträt von Thomas Lawrence hängt über dem Kamin. Gegenüber: ›Liebe und Schönheit‹, ein Gemälde von Joshua Reynolds. Zwei Bilderzyklen von Hogarth, ›The Rake's Progress‹ und ›The Election‹, findet man im Gemäldezimmer. Außerdem gibt es Werke von Canaletto, Piranesi, Thornhill, Turner und Watteau. Soanes eigene Architekturzeichnungen – sein größter Auftrag waren die Entwürfe für die Bank of England – kann man hintereinander gestaffelt aus der Wand klappen.

Die größte Attraktion des Museums ist wohl die Grabkammer mit dem **Alabaster-Sarkophag** von Sethos I. aus dem Tal der Könige. Soane erstand das Grabmonument für 2000 £, nachdem das British Museum den Kauf abgelehnt hatte, und gab schließlich ein dreitägiges Fest, um dessen Ankunft gebührend zu feiern.

Öffnungszeiten S. 174

Lange bevor die Präsentation von Kunst geordnet nach Epochen und Stilen selbst zur Kunst avancierte, herrschte in Privatsammlungen wie der des Architekten Sir John Soane kreatives Durcheinander

Strand, Embankment und Covent Garden – unterhaltsame Mixtur aus Kultur, Luxus und Kommerz

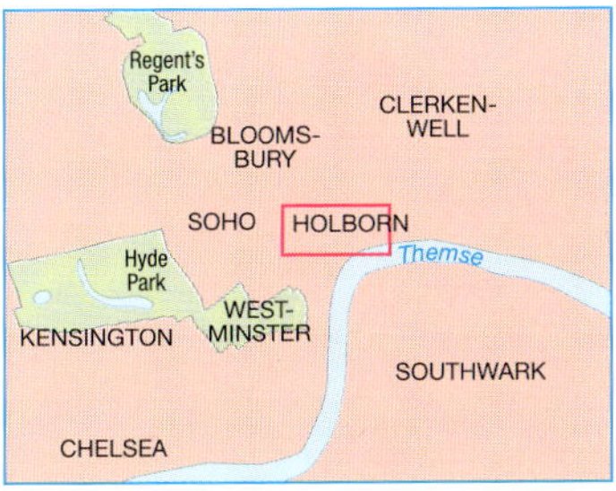

Die bevorzugten Wohngegenden von Bischöfen und Höflingen, **Strand** und **Embankment**, haben sich längst gewandelt. Heute bieten diese Viertel neben kulturellen Highlights wie den Courtauld Institute Galleries vor allem traditionsreiche Luxushotels und Restaurants. Einen Steinwurf entfernt kann man sich in **Covent Garden** ins Vergnügen stürzen. Scharen von Besuchern bevölkern die Markthallen und Straßencafés. Begleitet von Darbietungen der Straßenmusikanten prüft man das Angebot von Kunsthandwerkständen und Geschäften mit Klamotten – solchen, die besonders in oder total ausgefallen sind.

52 St. Clement Danes

The Strand, WC2
U-Bahn Temple

Durch einen Kinderreim berühmt gewordene Wren-Kirche.

Der Überlieferung nach soll die erste Kirche hier im 9. Jh. von Dänen gebaut worden sein, die mit ihren englischen Frauen in der Gegend lebten. Sie gaben ihr den Namen des Schutzpatrons der Seefahrer. Über die Jahrhunderte mehrmals erneuert, wurde St. Clement Danes, wie wir es heute kennen, 1682 von Wren neu erbaut und der Turm an der Westseite 1719 von James Gibbs angefügt. Nach dem Zweiten Weltkrieg konnte die Kirche in den fünfziger Jahren durch Spenden der englischen Luftwaffe wieder aufgebaut werden. Seither ist St. Clement Danes die Kirche der Royal Air Force. Sie wurde berühmt durch einen Kinderreim, der sich auf ihr Glockenspiel bezieht und folgendermaßen beginnt: »Oranges and lemons say the bells of St. Clement's ...« Dieses *Glockenspiel* kann man von 9 bis 18 Uhr alle drei Stunden hören. Jedes Jahr im März findet außerdem ein besonderer Kindergottesdienst statt, bei dem jedes Kind eine Orange und eine Zitrone bekommt.

Das **Denkmal** auf einer Verkehrsinsel vor der Westfassade zeigt den viktorianischen Politiker William Gladstone (1905 von Sir Hamo Thornycroft geschaffen), umgeben von vier allegorischen Frauenfiguren, die Mut, Strebsamkeit, Brüderlichkeit und Bildung symbolisieren. Nur ein paar Schritte weiter westlich, hinter Mackenzies Australia House, befindet sich **Bush House**, die Hörfunkzentrale des BBC World Service.

53 Courtauld Institute Galleries und Gilbert Collection

Somerset House, The Strand, WC2
U-Bahn Temple oder Covent Garden

Eine äußerst qualitätvolle Gemäldesammlung und interessante kunsthandwerkliche Exponate in grandiosem Interieur.

Samuel Courtauld, Kunstmäzen und Industrieller, war es, der 1932 seine Sammlung und sein Wohnhaus der Londoner Universität anbot, damit sie ein kunsthistorisches Institut nebst sehenswerten Exponaten einrichten könne. Weitere Schenkungen u. a. aus den Nachlässen von Lord Lee of Fareham, Count Antoine Seilerne (Prince's Collection) und Roger Fry kamen dazu, so dass die Courtauld Galleries neben Werken der Impressionisten auch die Alter Meister und englischer Künstler des 19./20. Jh. bieten.

Im Sommer 1990 siedelten das Kunsthistorische Institut und die Kunstsammlung in den Nordflügel des neoklassizistischen **Somerset House** um. Letzteres, 1776–80 von dem königlichen Hofarchitekten Sir William Chambers für die Royal Society, die Royal Academy of Arts und die Society of Antiquaries erbaut

In den Courtauld Instiute Galleries sind berühmte Gemälde Manets, Cézannes, Renoirs und van Goghs versammelt (v.r.n.l.)

und ab 1850 gut 120 Jahre lang als Verwaltungsgebäude genutzt, bietet in den ›Fine Rooms‹ einen idealen Rahmen für die Kunstausstellung.

Während die **Schauseite** des fast 200 m langen Gebäudes zur Themse hin ausgerichtet ist, liegt der Haupteingang am Strand. Geschmückt ist er mit weißem Portland-Stein und prächtigen Steinmetzarbeiten, dahinter öffnet sich eine elegante Eingangshalle. Über eine Wendeltreppe – die sog. Rowlandson Stair Case, benannt nach einem Bild des gleichnamigen Künstlers – gelangt man in die Säle. Die Exponate der verschiedenen Sammlungen wurden gemeinsam in chronologischer Reihenfolge gehängt. Stilvolles Mobiliar und Accessoires verfeinern das Ambiente. Zu den wichtigsten Werken zählen die der **Impressionisten** und **Postimpressionisten** aus der *Courtauld Collection* (die bedeutendste Sammlung außerhalb Frankreichs): van Gogh, Renoir, Monet, Toulouse-Lautrec, Gauguin und Manet mit der berühmten ›Bar in den Folies-Bergères‹. Die *Prince's Collection* zeichnet sich durch Barock- und Renaissance-Malerei aus, während aus der *Lee Collection* wertvolle Alte Meister, insbesondere der italienischen Renaissance, stammen. Die *Roger Fry Collection* schließlich umfasst Werke des Künstlers, dem sie ihren Namen verdankt, sowie Arbeiten der Bloomsbury Group und des von Fry gegründeten Omega Workshop.

Im Mai 2000 im Südteil des Somerset House eröffnet, präsentiert die **Gilbert Collection** in großem Rahmen Exponate des europäischen Kunsthandwerks des 16.–19. Jh., exquisite Gold- und Silberarbeiten, Poträtminiaturen, florentinische Pietra-dura- und römische Mikromosaike sowie Möbel und Uhren. Sir Arthur Gilbert, ein in Kalifonien ansässiger Brite, hat diese Preziosen zusammengetragen.

Der Museenreigen im Somerset House erhielt ein weiteres Prachtstück, die Dependance der **Eremitage** von St. Petersburg. Seit Herbst 2000 können hier Meisterwerke aus einem der bedeutendsten Museen der Welt bewundert werden.

Zum Ausgleich nach so viel Kunstgenuss locken die **River Terrace** mit Restaurant, Museumsshop und Café, sowie Fußwege zur Waterloo Bridge und nach Covent Garden.

Öffnungszeiten S. 170, 171

54 The Strand

WC2
U-Bahn Charing Cross oder Temple

Verbindungsstraße zwischen City und Westminster mit Nobelhotels und Theatern.

Vor langer Zeit, als die Themse noch viel breiter war, gab es hier einen Reitpfad am Themse-Strand. Ihm verdankt The Strand den Namen, heute eine **Hauptverkehrsstraße** in einiger Entfernung vom Fluss. Von den grandiosen Herrenhäusern und Palästen, die während der Tudor- und Stuart-Zeit die Straße säumten und deren

Gärten bis zum Wasser reichten, ist kaum etwas geblieben. Längst hat The Strand sich zur Geschäftsstraße gewandelt: Läden, Büros und Banken findet man hier, wohnen kann man bestenfalls im Hotel.

Besonders vornehm logiert man in **The Savoy** [s. S. 179], das sich auf dem Gelände des Savoy Palace, des 1245 errichteten Stadtpalasts Peters von Savoyen befindet, der im 14. Jh. von Wat Tylers Rebellen zerstört wurde. Im Jahr 1889 ließ Richard D'Oyly Carte zusammen mit dem durch denselben Eingang erreichbaren Savoy Theatre (berühmt für seine Gilbert-and-Sullivan-Produktionen) das damals spektakuläre Savoy Hotel errichten: elektrisches Licht, Fahrstühle und alle Zimmer mit Bad – damit wurden neue Standards gesetzt. In einem dieser Zimmer mit großartigem Ausblick über den Fluss malte Whistler seine Themsebilder. Die Hotelleitung schreibt übrigens für die zum Hotel gehörige kleine Privatstraße Rechtsverkehr vor.

Gleich ums Eck mit der Hausnummer 100: **Simpson's-in-the-Strand**, eine Institution in puncto traditionsreiche britische Küche [s. S. 163]. Legendär ist das unter funkelnden Silberhauben servierte Roastbeef. Vis-à-vis befindet sich das gediegene Strand Palace Hotel und nahebei das erstklassige **The Waldorf Meridien**, wo man seinen ›afternoon tea‹ im Palmengarten einnehmen kann [s. S. 179]. Das Waldorf wird flankiert von den beiden von W.G.R. Sprague erbauten West-End-Theatern *Aldwych* (1960–82 Heimstatt der Royal Shakespeare Company) und *Strand* (früher ›The Waldorf‹).

55 Cleopatra's Needle

Victoria Embankment, WC2
U-Bahn Embankment

Das älteste Monument Londons.

Weder mit Näharbeiten noch mit der berühmten ägyptischen Königin hat dieser 180 t schwere und rund 20 m hohe **Obelisk** aus rosafarbenem Granit zu tun. Er wurde um 1500 v. Chr. in den Steinbrüchen von Assuan gehauen und von Thutmosis III. bei Heliopolis aufgestellt. Die Römer brachten ihn von dort nach

Ein Stück Ägypten in London – am Ufer der Themse steht der uralte Obelisk Cleopatra's Needle, flankiert von Sphingen aus dem 19. Jh.

Die alten Markthallen von Covent Garden locken heute mit Kunsthandwerk und Mode

Die wahren ›Warenhäuser‹ der Weltstadt

Selbstverständlich zieht es viele London-Besucher zuerst in die berühmten Kaufhäuser Harrods, Fortnum & Mason und Liberty. Wer sich an der frischen Luft vom Prunk dieser Shopping-Tempel erholen möchte, der legt einige schöne Markttage ein [s. S. 160 f.]. **Covent Garden** *bietet dieses Vergnügen zwischen Cafés und Kunsthandwerk-Ständen täglich. Doch das ist nicht mehr als eine Einstimmung auf die großen* **Londoner Märkte**, *die am Wochenende ihre ganze Pracht entfalten.*

TOP TIPP

Zu den bekanntesten gehört der **Portobello Road Market** *in ›trendy‹ Notting Hill. Tausende von Antiquitätenhändlern bieten hier samstags ihre Kostbarkeiten an. Am Sonntag öffnet der* **Petticoat Lane Market** *mit einem breiten Angebot an Kleidung, Lederwaren und Massen an Unterwäsche seine Schatzkisten.*

Kaum zu überbieten sind die **Camden Markets**, *die mit ihren verschiedenen Abteilungen inzwischen weite Teile von Camden Town durchziehen. Ob Kunsthandwerk, Möbel, Elektrogeräte oder aktuelle Mode, das Angebot auch dieses Freiluft-Warenhauses kann sich an Umfang mit den Londoner Kaufhäusern messen.*

Alexandria, wo er blieb, bis ihn der damalige Vizekönig von Ägypten im Jahr 1819 den Engländern schenkte. Erst 1877 konnte der steinerne Koloss schließlich unter großen Schwierigkeiten mit einem Schleppboot nach London transportiert werden. Er wurde am Victoria Embankment (in der Nähe von Charing Cross) aufgestellt, nachdem sich der Boden am ursprünglich vorgesehenen Standort (vor den Houses of Parliament) als zu weich erwiesen hatte. Das Pendant zu diesem Obelisken wurde einige Jahre später in den New Yorker Central Park gebracht. Eine Hieroglypheninschrift an Cleopatra's Needle preist die Taten von Ramses dem Großen und Thutmosis III. Die beiden **Bronze-Sphingen** von George John Vulliamy wurden 1882 am Fuß des Monuments aufgestellt. Zur Überlieferung an die Nachwelt wurden einige zeitgenössische ›Fundstücke‹ unter Cleopatra's Needle begraben: ein kurioses Sammelsurium, darunter eine Ausgabe der ›Times‹, eine Abbildung von Queen Victoria, ein Zugfahrplan, Münzen, Spielzeug und Haarnadeln sowie Photos der (damals) zwölf bestaussehenden Engländerinnen.

56 Covent Garden

WC2
U-Bahn Covent Garden

Ein Treffpunkt für young people und Touristen ist dieses Markt- und Theaterviertel.

Zwischen Shaftesbury Avenue und Strand bzw. Charing Cross Road und Kingsway erstreckt sich Covent Garden. Ursprünglich befand sich hier ein Klostergarten (convent garden), der den Benediktinern gehörte, doch bald nach der Säkularisation ging das Areal in den Besitz der Familie Russell über, die jeweils den Earl of Bedford stellte. Über 400 Jahre gehörte das Gelände den Russells. Erst 1945 verkauften sie das letzte Stück Covent Garden.

1630 beauftragte der 4. Earl of Bedford den italophilen Architekten **Inigo Jones** mit der Gestaltung eines Teils des Geländes. Es sollte das erste städtebaulich konzipierte Stadtviertel Londons werden. Jones, von Palladio geprägt, entwarf großzügige Gebäude mit klassischen italienischen Arkaden, eine Piazza und eine Kirche – ebenfalls nach italienischem Vorbild. Der Architekt war gehalten, Häuser entstehen zu lassen, die sich als Wohnstätten für ›gentlemen‹ und ›men of ability‹ eignen sollten. Die Russells legten Wert auf Nachbarn aus der gehobenen Schicht, und tatsächlich ist die Liste berühmter Persönlichkeiten, die sich hier niederließen, lang. 1670 erwarb der 5. Earl of Bedford die Lizenz für einen **Obst-** und **Gemüsemarkt** auf der

Konzerte zum Kaffee – die Piazza von Covent Garden ist Bühne für junge Musiker und Sänger, die vielleicht von einer Karriere in der nahe gelegen Royal Opera träumen

Central Piazza. Der wuchs und wuchs – und hatte sich Ende des 18. Jh. zum größten Markt seiner Art in ganz England entwickelt. Bald ließen sich allerhand finstere Gestalten in der Gegend nieder. Der Romancier und Dramatiker Henry Fielding zog als Friedensrichter für Westminster in der Bow Street ein und gründete eine gut ausgebildete Ordnungstruppe, die ›Bow Street Runners‹. Auf Dauer war der Niedergang dieses Viertels jedoch nicht aufzuhalten. Das Gelände wurde schließlich verkauft und der Markt 1974 nach Nine Elms, südlich der Themse, umgesiedelt.

Nicht zuletzt einer engagierten Bürgerinitiative ist es zu verdanken, dass die 1828 von Charles Fowler auf der Central Piazza erbaute **Markthalle** schließlich aufwendig restauriert wurde. Seitdem erstrahlt der luftige viktorianische Bau in neuem Glanz: eine elegante Konstruktion aus Eisen und Glas, umgeben von steinernen Kolonnaden. Die Arkaden im Inneren des Marktgebäudes beherbergen heute eine Vielzahl pittoresker kleiner Geschäfte für Mode, Kunsthandwerk, Bücher etc., aber auch kleine Galerien, Museen und Cafés, die mitten im Trubel zum Verweilen einladen.

Sehenswert ist das *Cabaret Mechanical Theatre* [s. S. 170] mit liebevoll gearbeiteten Figuren aus Holz und Blech, deren teils überraschende Mechanismen der Besucher per Knopfdruck auslösen kann. Auf der Piazza selbst tummelt sich vor allem am Abend ein unternehmungslustiges Publikum. Vor der Kirche St. Paul's Covent Garden lassen dann Straßenkünstler das ursprünglich intendierte südländische Flair des Viertels wieder aufleben.

57 St. Paul's Covent Garden

Bedford Street, Covent Garden, WC2
U-Bahn Covent Garden

Die Kirche der Schauspieler.

Für Inigo Jones war St. Paul's Covent Garden Dreh- und Angelpunkt seines städtebaulichen Entwurfs, wenngleich der sparsame Bauherr, der Earl of Bedford, sich offenbar lieber ein bescheideneres Gotteshaus gewünscht hätte. Er hatte »eine Kapelle, nicht viel aufwendiger als eine Scheune« in Auftrag gegeben, und Jones versprach ihm die »eleganteste Scheune« in England. Billig wurde das Ganze nicht, obgleich die einfache Gestaltung und solide Bauweise der Kirche, die nach einem Brand im Jahr 1796 von Thomas Hardwick nach Jones' Originalplänen wieder aufgebaut wurde, das Vorbild Scheune durchaus erkennen lässt: auf einen Turm wurde verzichtet; die Dachsparren sind unverkleidet, Ost- und Westseite weitgehend identisch. Allerdings befindet sich an der der Piazza zugewandten Ostfassade eine von vier schlichten Steinsäulen getragene Vorhalle. Die Chorseite der Kirche ist somit aufwendiger gestaltet als die Eingangshalle. Jones' ursprünglicher Plan, den Altar nach Westen auszurichten – eine unkonventionelle Idee –, wurde von der anglikanischen Kirche abgelehnt.

St. Paul's Covent Garden ist die Kirche der Schauspieler. Ellen Terry liegt hier begraben, und eine ganze Reihe einfacher Holztafeln wurde an der Westseite der Kirche zum Gedenken an so großartige Künstler wie Charlie Chaplin, Noël Coward und Vivien Leigh angebracht.

Öffnungszeiten S. 174

58 London Transport Museum

The Piazza, Covent Garden, WC2
U-Bahn Covent Garden

Anschauliches Verkehrsmuseum.

Der frühere Blumenmarkt von Covent Garden an der Ostseite der Piazza kam als Museumsgelände zu neuen Ehren. Die Ausstellungsfläche teilen sich das London Transport Museum und das Theatre Museum.

Das Verkehrsmuseum bietet einen hervorragenden Überblick zur Geschichte des öffentlichen Nahverkehrs in London. Unter hohen gusseisernen, teils verglasten Arkaden findet man alte Kutschen, Straßenbahnen und rote Doppeldecker, aber auch moderne U-Bahn-Abteile und Omnibusse mit Computer-Kontrollsystemen. Das Museum ist zu Recht stolz auf seine graphische Kunst – die alten *Art-déco-Werbeplakate*, die in den Londoner U-Bahnhöfen wohl ein

Was wäre London ohne sie? Rote Doppeldeckerbusse haben einen Ehrenplatz im London Transport Museum. An ihrem Aussehen hat sich über die Jahre wenig verändert

Maskenspiele – das Theatre Museum dokumentiert Londoner Bühnengeschichte

größeres Publikum fanden als so manche gutbesuchte Kunstausstellung. Seit Mitte der achtziger Jahre erlebt diese Kunstform ›im Untergrund‹ eine zeitgemäße Renaissance. Alte und neue Werbeplakate kann man heute im Museum bewundern und dort auch als Poster und Postkarten erwerben.

Öffnungszeiten S. 172

59 Theatre Museum

1e Tavistock Street, WC2
U-Bahn Covent Garden

Bühnenkunst aller Art hat man sich hier zum Thema gemacht.

Für das Theatermuseum, eine Zweigstelle des Victoria & Albert Museum, hätte man wohl kaum einen besseren Standort finden können, denn Covent Garden ist das Viertel der Schauspieler und der großen Bühnen. Kostüme, Requisiten, Photos, Programmhefte und vieles mehr findet man hier. Theater und Puppentheater, Pantomime, Oper, Ballett, Music Hall, Zirkus sowie Rock und Pop – alle Sparten der Bühnenkunst werden berücksichtigt. Sehenswert sind das Modell von Shakespeare's Globe Theatre [Nr. 109] und die Original-Bühnenausstattung von Peter Shaffers Stück ›Equus‹, wie sie für die gleichnamige Aufführung im National Theatre verwendet wurde. In den Irving and Gielgud Galleries finden Wechselausstellungen statt.

Öffnungszeiten S. 174

60 Royal Opera House

Ecke Bow Street/Floral Street, WC2
U-Bahn Covent Garden

Ein Schmuckstück unter den großen Londoner Theaterhäusern.

Mitte des 19. Jh. wurde das berühmte Opernhaus von E. M. Barry im klassizistischen Stil erbaut. Schon von weitem grüßen die sechs mächtigen korinthischen Säulen vor der Eingangshalle den Besucher. Zu beiden Seiten der Vorhalle wachen die Musen des Theaters, Melpomene (Tragödie) und Thalia (Komödie). Der Fries von John Flaxman an der Innenseite des Portikus stellt die beiden wichtigsten dramatischen Gattungsformen nochmals dar.

Warten auf den großen Auftritt – Bronzeplastik einer Balletttänzerin vor dem Royal Opera House

Auch hier regiert das moderne Musical – im Theatre Royal Drury Lane, dem Pendant zum Königlichen Opernhaus, hat Miss Saigon längst die Nachfolge von My Fair Lady angetreten

Nicht nur das königliche **Opern-Ensemble** ist hier beheimatet, sondern auch das königliche **Ballett**. Seit der Wiedereröffnung im Dezember 1999 erstrahlt auch die **Floral Hall** in frischem Glanz. Es finden Mittagskonzerte, Führungen und Ausstellungen statt, das Box Office befindet sich in der neuen Opernpassage. Da die 2000 Sitzplätze meist schnell ausverkauft sind, werden einige Karten für den Verkauf am Tag der Vorführung zurückgehalten [s. S. 167].

61 Theatre Royal Drury Lane

Catherine Street, WC2
U-Bahn Covent Garden

Im heutigen Musical-Theater gab die legendäre Nell Gwynne ihr Bühnendebüt.

Zwei Straßenecken weiter, in der Catherine Street, befindet sich das ›Gegenstück‹ zum Royal Opera House, das Theatre Royal Drury Lane. Bis ins Jahr 1843, als ein Theatergesetz erlassen wurde, genossen diese beiden Häuser das Privileg einer königlichen Charta und hatten so eine Art Monopolstellung in der Londoner Theaterwelt. Insgesamt drei Schauspielhäuser fielen hier den Flammen zum Opfer. Das jetzige, vierte Gebäude stammt aus dem Jahr 1812, nach einem Entwurf von Benjamin Wyatt. Ganz im klassischen Stil gehalten, wird es von kaum einem Londoner Theater an Eleganz übertroffen.

Die Namen vieler großer Schauspieler sind untrennbar mit dem **›Old Drury‹**, wie es früher im Volksmund hieß, verbunden. Die romantisch verklärte Nell Gwynne beispielsweise, eine der ersten Frauen auf der Bühne und Mätresse von Charles II., feierte hier ihre großen Erfolge. Im 18. Jh. leitete der Schauspieler David Garrick mehr als 30 Jahre lang die Geschicke des Theaters, ehe er 1775 von dem Dramatiker Richard Brinsley Sheridan abgelöst wurde. Heute werden hier vor allem **Musicals** gegeben [s. S. 169]. Diese Ära wurde Ende der fünfziger Jahre mit ›My Fair Lady‹ eingeleitet, das hier über 2000 Mal zur Aufführung kam.

62 Seven Dials

Ecke Monmouth Street/Earlham Street, WC2
U-Bahn Covent Garden oder Tottenham Court Road

Kurioses Monument mit 300-jähriger Geschichte.

1693 entwarf der königliche Münzprägemeister Sir Thomas Neale einen Verkehrsknotenpunkt, der sieben Straßen sternförmig zusammenführt. Seinen Namen verdankt dieser Platz der **Säule**, die Neale dort aufstellen ließ: einer Sonnenuhr, nach deren Schatten man die Zeit ablesen kann, ihre Spitze besetzt mit sechs weiteren kleinen Sonnenuhren, die nach den umliegenden Straßen ausgerichtet sind. Die Säule kehrte erst vor einigen Jahren wieder hierher zurück, nachdem sie 1773 vom Zentrum des Sterns entfernt worden war, weil man im Sockel der Säule einen Schatz vermutete. Dem war jedoch nicht so. Seven Dials, einst elegant und vielbewundert, galt im 19. Jh. als Synonym für Armut und Kriminalität. Charles Dickens beschrieb den Schauplatz vielfach, William Hogarth diente er als Vorbild für seine Milieustudie ›Gin Lane‹. Mittlerweile jedoch hat man hier aufgeräumt. Die Gegend verfügt heute über einen fast kleinstädtischen Charme.

TOP TIPP Besonders attraktiv sind die **Neal Street**, eine kleine Einkaufsstraße für ungewöhnliches Allerlei, und der benachbarte **Neal's Yard,** ein liebevoll begrünter Innenhof, dessen Health Food Shops und alternativ-medizinische Behandlungsräume Kunden aus ganz London anziehen.

Nachts keine Zeit – im Mittelpunkt des Straßensterns Seven Dials steht eine säulenförmige Sonnenuhr

Opern für Jedermann – im Coliseum sorgt die English National Opera für Volkstümlichkeit

63 Coliseum

St. Martin's Lane, WC2
U-Bahn Covent Garden

Volkstümlichere Ausgabe des Royal Opera House und größtes Londoner Theater überhaupt.

Von Kritikern vielfach als überladen und aufgeblasen empfunden, ist das Coliseum in jedem Fall augenfällig: Säulen, Pilaster und Terrakottastuck satt, das Ganze gekrönt von einem blinkenden Erdball. Ein Beispiel edwardianischer Baukunst, 1904 von Frank Matcham entworfen. Hier wird jede Oper in Englisch gegeben, was das Coliseum, Heimstatt des nationalen Opernensembles **English National Opera**, für ein breites Publikum attraktiv macht. Deutlich niedrigere Preise als in Covent Garden und eine Bar, die nicht nur Champagner und Räucherlachs, sondern auch Kaffee und Sandwiches anbietet, tun ein übriges. Während der Sommermonate zieht hier das **Tanztheater** ein [s. S. 167].

West End – Paradies der Shopper und Nachtschwärmer

Mit dem Begriff ›The West End‹ werden gemeinhin Londons Haupteinkaufs-, Ausgeh- und Vergnügungsviertel im Herzen der Metropole bezeichnet. Dabei handelt es sich im Wesentlichen um das Gebiet zwischen Park Lane im Westen, Charing Cross Road im Osten, Oxford Street im Norden und The Mall im Süden. Innerhalb dieser geographischen Grenzen befinden sich Stadtteile unterschiedlichster Prägung wie das bunt gemischte, turbulente **Soho** oder das noble, elegante **Mayfair**, und auch **Piccadilly** mit seinen großen Kinos und Nachtlokalen und **St. James's** gehören mit dazu.

64 Soho

W1
U-Bahn Piccadilly Circus, Tottenham Court Road oder Leicester Square

Multinationales Viertel mit zahlreichen guten Restaurants.

»Not of London, but in London« – kein Londoner Viertel, aber trotzdem in London, so wurde Soho, das Gebiet zwischen Regent Street, New Oxford Street, Charing Cross Road und Shaftesbury Avenue, einmal treffend charakterisiert. Seit der Mitte des 18. Jh. haben sich verschiedene Gruppen von Einwanderern hier niedergelassen: französische Hugenotten und griechische Christen, Juden, Italiener, Inder und Chinesen – sie alle tragen heute zum **exotischen Flair** Sohos bei. Sie eröffneten Läden und Restaurants, prägten auf diese Weise Handel, Handwerk und Küche. Daran hat sich nicht viel geändert. Vor allem die Chine-

Empire mal ganz anders – ein Magnet des Nachtlebens von Soho ist dieser Kinokomplex mit der In-Disco Equinox am Leicester Square

Genießer sind sich einig – die Restaurants der Londoner Chinatown bieten asiatische Gaumenfreuden von höchstem Rang

sen sind mit einem eigenen **Chinatown** in und um *Lisle Street* und **Gerrard Street** besonders stark vertreten. Die Gerrard Street wird zu beiden Seiten von rot-goldenen chinesischen Torbögen flankiert, und auch die Holzbänke und Telefonzellen sind im asiatischen Stil gehalten. In den Läden werden Papierdrachen, -blumen und -schirme, chinesische Masken und Akupunktur-Ausrüstungen feilgeboten, und natürlich finden Feinschmecker allerlei Restaurants sowie Lebensmittel- und Delikatessläden.

In der **Wardour Street** hat sich die Medienindustrie mit Filmgesellschaften, Künstleragenturen und Musikverlagen angesiedelt. Wie aus einer anderen Welt wirkt hier das Gebäude No. 152–160, das offensichtlich dem Bremer Rathaus, einem Bau im Renaissance-Stil, nachempfunden wurde.

Die einst so berühmte *Carnaby Street*, Inbegriff der ›swinging sixties‹, ist übrigens heute nurmehr eine wenig attraktive Fußgängerzone.

Das **Nachtleben** in Soho ist legendär. Nicht nur zahlreiche West-End-Theater, Kinos, Bars, Diskotheken und Nachtrevuen sind geboten. Soho ist immer noch Londons ›red light district‹ mit Pornoläden, Striptease-Lokalen und Prostitution. The Vice, die Sünde, so nennt man die Gegend um die *Windmill Street*, in der sich besonders viele dieser Etablissements niedergelassen haben. Allerdings ging ihre Anzahl deutlich zurück, seit der Westminster Council 1986 beschloss, keine neuen Lizenzen auszugeben und abgelaufene nicht mehr zu verlängern.

65 Leicester Square

WC2
U-Bahn Leicester Square

Orientierungspunkt inmitten der Londoner Theater- und Kinowelt.

Der Name des Platzes, einer der bekanntesten in London, geht zurück auf Robert Sidney, den 2. Earl of Leicester, der hier 1631–35 eines der größten und vornehmsten Häuser der Stuart-Epoche errichten ließ. Er feierte gern und ausgiebig, stets in bester Gesellschaft, und ließ bald schon einen **Platz** anlegen, dessen gesamte Nordseite Leicester House einnahm. Das Haus wurde 1791 abgerissen, nachdem dort zwischenzeitlich der Prince of Wales und spätere König George II. residiert hatte, doch Leicester Square blieb bestehen. Mitte des 19. Jh. entstanden hier vier große viktorianische Unterhaltungstheater: das Alhambra, das Empire, das Daly's und das Hippodrome. Leicester Square avancierte zum Syn-

Ein Roboter fürs Kinderzimmer!? Ein cooler Automatenmensch am Leicester Square

onym für West-End-Entertainment. 1874 wurde der Platz auf Initiative des Spekulanten Albert Grant von Landschaftsgärtnern neu angelegt und der Öffentlichkeit übereignet. William Hogarth und Joshua Reynolds hatten in der Nähe gelebt; ebenso die Wissenschaftler John Hunter und Isaac Newton. Ihnen allen wurden Büsten gewidmet, die noch heute die Ecken von Leicester Square schmücken. In der Mitte des Platzes steht eine *Shakespeare-Statue*. Auch der Leinwandheld *Charlie Chaplin* hat hier, in Bronze gegossen, seinen Platz – Londons Beitrag zur glitzernden Kinowelt, die mittlerweile zum Teil die großen viktorianischen Theatersäle übernommen hat. Nach einer Verjüngungskur zu Beginn der neunziger Jahre bietet Leicester Square bessere Möglichkeiten für Straßenkünstler und andere Vorführungen. Wichtig ist auch **The Half Price Ticket Booth**, wo man verbilligte Theaterkarten für Matineen und Abendvorstellungen des gleichen Tages kaufen kann [s. S. 167].

66 Photographer's Gallery

5 – 8 Great Newport Street, WC2
U-Bahn Leicester Square

Ein Muss für Freunde zeitgenössischer Fotografie.

Die hervorragende Galerie ist in zwei verschiedenen Gebäuden untergebracht und bietet Wechselausstellungen bekannter und weniger bekannter Fotografen aus der ganzen Welt. Angeschlossen sind eine umfassende Sammlung (mit über 15 000 Dias) und eine Bibliothek sowie ein Buchladen, eine Verkaufsgalerie und ein Café.

Öffnungszeiten S. 173

67 Shaftesbury Avenue

W1
U-Bahn Leicester Square oder Piccadilly Circus

Londons ›Theatre World‹.

Erst 1886 eröffnet, verdankt die Straße ihren Namen dem als Philanthrop bekannten 7. Earl of Shaftesbury (dessen Eros-Denkmal wir am Piccadilly Circus [Nr. 69] begegnen werden). Als Verbindungsstraße zwischen Piccadilly Circus und New Oxford Street kreuzt sie am Cambridge Circus die *Charing Cross Road,* die mit unzähligen Buchläden (Foyles) und Antiquariaten das Paradies für Bibliophile in London ist. Shaftesbury Avenue dagegen war seit viktorianischer Zeit ein Magnet für die **Theaterwelt** [s. S. 168]. Seite an Seite stehen das *Lyric* (1888), das *Apollo* (1901) und das *Globe* (1903), dessen wunderschönes Louis-XVI.-Interieur schon für sich eine kleine Attraktion ist. Das *Shaftesbury* (1911) hieß früher New Prince's; hier wurde das umstrittene Musical ›Hair‹ aufgeführt. Heute gibt es dort Populäres: Komödien, Kabarett und weiterhin Musicals, die sich großer Beliebtheit beim Publikum erfreuen.

Niemand weiß dies besser als Andrew Lloyd Webber, dem das **Palace** am Cambridge Circus gehört, das eindrucksvollste unter den hier angesiedelten Theatern. 1888–91 wurde es für D'Oyly Carte erbaut und war ursprünglich als Royal English Opera House vorgesehen – doch schon im Jahr nach der Eröffnung wurden in dem üppigst mit grünen Marmorsäulen, vergoldeten Kapitellen, Doulton-Terrakotta und William-Morris-Teppichen ausgestatteten Theater stattdessen Varieté-Vorführungen gegeben. Das berühmte Musical ›Jesus Christ Superstar‹ begann vom Palace aus seinen Siegeszug um die Welt.

Wer keine Karten für die meist ausverkauften Vorstellungen in dem von Andrew Lloyd Webber aufwendig renovier-

Ja wo laufen sie denn hin !? Fußgängerparade an der geschäftigen Shaftesbury Avenue, der Theaterstraße Londons

ten Theater bekommt, hat die Möglichkeit, das großartige Ambiente des Palace beim Lunch (tgl. 11–15 Uhr) ausgiebig zu genießen.

68 House of St. Barnabas

1 Greek Street, W1
U-Bahn Tottenham Court Road oder Leicester Square

Von außen eher unauffälliges Haus mit sehenswertem Interieur.

Im Jahr 1746 wurde das Gebäude von Joseph Pearce als Stadtpalais für Robert Beckford im Georgian Style erbaut. Das Innere wurde mit großartigen *Rokoko-Stuckarbeiten* an Wänden und Decken und kunstvollen *Holzschnitzereien* versehen. Das Ergebnis: eine Fülle tanzender Putten, Früchte und Blumen. – Ein Besuch ist schon deshalb lohnend, weil man einen Eindruck vom eleganten Soho längst vergangener Tage bekommt. St. Barnabas-in-Soho gehört seit 1846 einer wohltätigen Organisation, die sich um obdachlose Frauen kümmert, und kann daher nur zu bestimmten Zeiten besichtigt werden.

Gegenüber befindet sich **Soho Square**, wo einst das Haus des Duke of Monmouth stand. Heute ist der Platz von Bürohäusern umgeben. An alte Zeiten erinnern nur ein Geräteschuppen im Tudor-Fachwerkstil und eine wettergegerbte Statue von Charles II., dem heute meist erschöpfte Shopper aus der nahe gelegenen Oxford Street und ruhebedürftige Fahrradkuriere Gesellschaft leisten. Etwas weiter die Greek Street hinunter (No. 48), erfreut sich das 1900 gegründete, nicht ganz billige Restaurant **›L'Escargot‹** (Motto des Hauses: »slow but sure«) wieder großer Beliebtheit [s. S. 164].

Öffnungszeiten S. 172

Zum Londoner Lifestyle gehört Lunchtime im Park – wie hier am Soho Square

69 Piccadilly Circus

W1
U-Bahn Piccadilly Circus

Dreh- und Angelpunkt der Weltstadt.

Im Verkehrszirkus am Piccadilly Circus bietet der Brunnen mit dem Eros genannten Engel der Nächstenliebe (rechts) einen Fluchtpunkt nicht nur für London-Neulinge

Umgeben von grellen Leuchtreklamen, rastlos und laut, ist dieser Verkehrsknotenpunkt im Herzen der Stadt keinesfalls auf den ersten Blick attraktiv. Dennoch übt er eine so magische Anziehungskraft auf viele Besucher aus, dass kaum einer London verlassen würde, ohne zumindest einmal am Piccadilly Circus gewesen zu sein. Seine zentrale Lage und die Tatsache, dass es hier immer etwas zu sehen gibt, machen den Platz trotz des tosenden Verkehrs zu einem der beliebtesten Treffpunkte. Geplant war jedoch alles ganz anders.

Ursprünglich (1819/20) war Piccadilly Circus Teil des von John Nash zu Beginn des 19. Jh. für den Prinzregenten und späteren König George IV. entworfenen und zum Teil auch ausgeführten größten städtebaulichen Modernisierungsplans seiner Zeit. So sollte z. B. eine spektakuläre Nord-Süd-Achse vom damaligen Carlton House über Piccadilly Circus und Oxford Circus zum Regent's Park führen. Die Regent Street wurde gebaut und auch die beiden kreisrunden Plätze, wobei die Geschlossenheit des Piccadilly Circus bald schon durch den Bau der Shaftesbury Avenue (1886) aufgebrochen wurde. »Ruhig und würdevoll«, wie von Nash geplant, war der Platz fortan nicht mehr, was seiner Popularität jedoch keinen Abbruch tat. 1893 wurde der **Brunnen** mit der berühmten *Eros-Statue* enthüllt, einer Aluminiumfigur von Alfred Gilbert, die mit Eros gar nichts zu tun hat, sondern eigentlich den Engel der Nächstenliebe

darstellt. Sie wurde zum Gedenken an den 7. Earl of Shaftesbury errichtet, einen Philanthropen und Vorkämpfer für die Rechte der Arbeiterschaft.

Ebenfalls am Piccadilly Circus befinden sich das *Criterion Theatre* und der **London Pavilion**, der mit wächsernen Rockstars an der Außenfassade (sie stammen aus dem Hause Madame Tussauds) für *Rock Circus*, eine Ausstellung zur Geschichte der Rock-Musik wirbt [s. S. 174]. Außerdem erhebt sich hier **Pepsi Trocadero**, ein großer Einkaufs- und Unterhaltungskomplex.

Auch die elegante Geschäfts- und Einkaufsstraße, die von hier aus schnurgerade Richtung Südwesten bis zu Hyde Park Corner verläuft, heißt **Piccadilly**. Ihren Namen verdankt sie dem erfolgreichen Schneidermeister Robert Baker, der im 17. Jh. mit der Herstellung steifer Krägen, den sog. picadils, so viel Geld verdiente, dass er sich ein großes Haus in dieser Gegend leisten konnte. – Seine Neider nannten dieses eindrucksvolle Anwesen spöttisch ›Picadilly Hall‹.

TOP TIPP 70 Fortnum & Mason

181 Piccadilly, W1
U-Bahn Piccadilly Circus
oder Green Park

Mehr als ein Warenhaus, eine elegante Institution, die man nicht nur besucht, um dort zu kaufen.

Geschmackvoll die Auslagen, luxuriös das Warenangebot, kunstvoll die Verpackungen und elegant die Verkäufer, die den Kunden im Cut zur Seite stehen und meist viel vornehmer gekleidet sind als diese. Stil ist einfach alles bei Fortnum & Mason, einem Kaufhaus, das vor allem berühmt ist wegen seiner hervorragenden Lebensmittel- und Delikatessenabteilung: köstliche Konfitüren, Kekse, Konfekt, wohlschmeckende Tees und viele andere Leckereien gibt es dort. Die Ge-

Very British – in der vornehmen Einkaufspassage Burlington Arcades legt man großen Wert auf das würdige Betragen der Kundschaft

schichte des Hauses geht zurück auf das Jahr 1707, als ein gewisser Hugh Mason in St. James's einen Lebensmittelladen eröffnete. Bald schon tat er sich mit seinem Freund William Fortnum zusammen, der als Page am Hof von Queen Anne das gemeinsame Geschäft mit ›Resten‹ aus dem königlichen Haushalt versorgte. Der Laden lief gut, und so kündigte Fortnum seine Position bei Hof, wurde königlicher Hoflieferant und Partner von Mason. 1797 wurden die Geschäftsräume in Piccadilly eröffnet, wo sich noch heute die beiden Herren an der Uhr über dem Hauptportal zu jeder vollen Stunde voreinander verbeugen. Nach wie vor ist das vornehme Geschäft, das heute dem Kanadier Garry Weston gehört, Hoflieferant. Wer beim Shopping eine kleine Pause einlegen will: Im hauseigenen *Fountain Restaurant* kann man stilvoll den ›afternoon tea‹ einnehmen. Ebenfalls in Piccadilly befinden sich die traditionsreiche *Buchhandlung Hatchards* (No. 187) und die elegante Einkaufspassage *Burlington Arcade*, wo man in kleinen, teuren Läden typisch Englisches – vom Wollpullover über altes Silber bis zum Maßanzug – erstehen kann. Sog. Beadles wachen dort über die Einhaltung eines strengen Verhaltenskodexes: So ist es verboten, in den Arkaden zu rennen, zu singen, große Pakete zu tragen oder seinen Regenschirm aufzuspannen.

71 Royal Academy of Arts

Burlington House, Piccadilly, W1
U-Bahn Piccadilly Circus oder Green Park

Die Königliche Kunstakademie ist bekannt für ihre Ausstellung zeitgenössischer Kunst.

Unter der Schirmherrschaft von George II. im Jahr 1768 mit Sir Joshua Reynolds als erstem Präsidenten gegründet, hat sich die Akademie die Förderung der gestaltenden Künste zur Aufgabe gemacht. Sie ist dem Monarchen direkt unterstellt und hat jeweils 50 Mitglieder, die sich Royal Academicians nennen dürfen und durch diese Mitgliedschaft großes berufliches Ansehen gewinnen. In Frage kommen dabei nicht nur Maler und Bildhauer, sondern auch Architekten und Grafiker, die sich mit ihrer Arbeit um die britische Kunst verdient gemacht haben. In Zusammenhang mit ihrer Mitgliedschaft sind sie verpflichtet, der Akademie eines ihrer Werke zu überlassen – eine Regelung, die erwartungsgemäß über die Jahrhunderte eine großartige **Sammlung** entstehen ließ. Gegenwärtig zählen u .a. David Hockney, Sir Hugh Casson, Richard Rogers und Norman Foster zum illustren Kreis der Fünfzig.

Zur Royal Academy gehört natürlich auch eine eigene **Kunstschule**, die sich rühmen kann, so renommierte Künstler wie Constable, Lawrence und Turner unterrichtet zu haben.

1837 zog die Akademie von ihren früheren Räumen in Somerset House nach Burlington House um, einem baugeschichtlich interessanten Gebäude mit Renaissance-Fassade, das als Prototyp für den englischen Palladian Style gilt.

Alljährlich zwischen Mai und August bilden sich regelmäßig Warteschlangen für Tickets zur berühmten **Summer Exhibition**, bei der Werke junger sowie bereits etablierter Künstler präsentiert werden. Die Ausstellung, die seit 1769 ohne Unterbrechung durchgeführt wurde, findet heute in den *Galerien* statt, die die Royal Academy im Garten von Burlington House eigens zu diesem Zweck errichten ließ.

Regelmäßig zeigt die Akademie außerdem bedeutende *Ausstellungen* zu den verschiedensten Themenkreisen. In den im Rahmen von Sonderausstellungen zugänglichen Privaträumen der Royal Academy befindet sich auch das kostbarste Stück der hauseigenen Sammlung: ein **Tondo** von **Michelangelo** aus weißem Carrara-Marmor, ein Werk des großen Meisters, das er 1505 für den Patrizier Taddeo Taddei geschaffen hatte. Auf Wunsch des späteren Besitzers Sir George Beaumont ging der Tondo aus seinem Nachlass 1830 in den Besitz der Royal Academy über.

Im **Innenhof** von Burlington House steht die Statue des Malers und ersten Präsidenten der Akademie, Sir Joshua Reynolds. In den **Seitenflügeln** des Gebäudes sind verschiedene akademische Gesellschaften untergebracht, darunter die Society of Antiquaries sowie die Astronomical, Chemical und Geological Societies.

Öffnungszeiten S. 174

Vielleicht wird einer von ihnen als großer Meister des 21. Jahrhunderts entdeckt – Exponate der beliebten Sommerausstellung junger Künstler in der Royal Academy of Arts

Diamonds are a girl's best friend: schmuckes Schaufenster in der Bond Street

72 Mayfair

W1
U-Bahn Bond Street oder
Green Park

Schauplatz von Oscar Wildes Gesellschaftskomödien.

Mayfair, das ist das Rechteck zwischen Piccadilly, Hyde Park, Oxford Street und Regent Street – einst das Zentrum des Londoner Gesellschaftslebens und noch heute eines der vornehmeren Wohnviertel. Der Name geht zurück auf einen Jahrmarkt, den Lord St. Albans im Jahr 1686 vom Haymarket hierher verlegt hatte. Alljährlich fanden damals am heutigen Shepherd Market die beim Volk überaus beliebten ›May Fairs‹ statt, ehe sie 1764 abgeschafft wurden, da sie der mittlerweile sehr vornehmen Klientel von Mayfair ein Dorn im Auge waren.

Der Aufschwung des Viertels begann in den sechziger Jahren des 17. Jh., als die Nähe zum St. James's Palace die Reichen und Einflussreichen von Covent Garden hierher zog. Rund 100 Jahre später hatte sich Mayfair zu einer vornehmen *Wohngegend* entwickelt. Zahlreiche Angehörige der britischen Aristokratie hatten hier ihre Stadthäuser. Die Familie Grosvenor spielte – ebenso wie im weiter südlich gelegenen Belgravia und Pimlico – eine nicht unwesentliche Rolle bei der Entwicklung von Mayfair. Der Grosvenor Estate, der wohl stattlichste Londoner Immobilienbesitz in privater Hand, gilt als besonders gepflegt und beherbergt eine Vielzahl ausländischer Botschaften. Am **Grosvenor Square** (entstanden 1720–75), dem angeblich größten öffentlichen Platz in London, hat die *US-Botschaft* ihren Sitz. Das von den Londonern wenig geschätzte, bombastische Gebäude beherrscht die gesamte Westseite von Grosvenor Square. Es wurde 1956–59 nach einem Entwurf des Architekten Eero Saarinen erbaut. Auf dem Platz befindet sich das *Roosevelt Memorial*, eine Bronzestatue von William Reid Dick.

Obwohl viele alte Gebäude Neubauten weichen mussten, findet man in Mayfair immer noch eine Menge originaler Bausubstanz, so z. B. einige schöne *georgianische Häuser* in der **Chesterfield Street**, wo in No. 4 Beau Brummell lebte, der Prototyp des Großstadt-Dandys, und eine Reihe ungewöhnlicher *Ziegelhäuser* in der **Mount Row**. Interessant sind auch No. 93–100 Park Lane (19. Jh.) und No. 33–36 **Upper Brook Street** (Gebäude aus dem Grosvenor Estate, wie sie ursprünglich erbaut worden waren). Am **Shepherd Market** gibt es noch enge Gassen und schöne alte Häuser mit Cafés, Pubs und kleinen Geschäften. Der lang gezogene **Berkeley Square** ist, wie schon vor 200 Jahren, dicht bestanden mit alten Platanen, doch die viel zitierten Nachtigallen hat man hier lange nicht mehr gehört. No. 17 **Bruton Street**, an der Ost-

Wer bietet mehr? Kunst zu Schleuderpreisen ist im weltberühmten Auktionshaus Sotheby's in der New Bond Street eher eine Seltenheit

seite des Platzes, ist das Geburtshaus von Königin Elizabeth II., heute Berkeley Square House. Ebenfalls in der Bruton Street findet man den königlichen Modeschöpfer *Hartnell* (No. 26), den Büchsenmacher des Duke of Edinburgh, *Holland and Holland* (No. 33), und den Floristen der Königinmutter, *Moyses Stevens* (No. 6). Schick einkaufen kann man natürlich auch in der **Bond Street**, schon seit georgianischer Zeit berühmt für luxuriöse Geschäfte. Mayfair ist bekannt für seine vornehmen **Hotels**, darunter so berühmte Häuser wie das Art-déco-Hotel *Dorchester* in der Park Lane (1928 –31) und das *Claridge's* in der Brook Street (gegründet 1855, umgestaltet 1895–99 und in den letzten Jahren von Englands Designerelite auf den neuesten technischen und ästhetischen Stand gebracht) [s. S. 179]. Wer nicht dort absteigt, aber dennoch einmal einen Blick in diese Häuser werfen möchte: Man kann hier wie in fast allen großen Londoner Hotels stilvoll seinen ›afternoon tea‹ einnehmen.

73 Regent Street

W 1
U-Bahn Piccadilly Circus oder Oxford Circus

Repräsentative Einkaufsstraße, die in der Weihnachtszeit aufwendig illuminiert wird.

Die großzügig angelegte Straße führt von Carlton House Terrace in elegantem Bogen über Piccadilly Circus und Oxford Circus hinauf zum Langham Place, mündet dort zunächst in ihre Verlängerung,

Shopping non-stop – exklusive Regentin im Einkaufstrubel ist die schöne Regent Street

Portland Place, und erreicht schließlich den Regent's Park.

Mit dem Bau von Regent Street (1816–24) nach Entwürfen des stets im großen Stil denkenden *John Nash* wurde das wohl kühnste und umfassendste städteplanerische Konzept Londons verwirklicht. Sie wurde als eine **Via triumphalis** für den Prinzregenten und späteren George IV. konzipiert. Sie diente zugleich als adäquate Zufahrtsstraße zum neu angelegten Regent's Park und als deutliche Trennlinie zwischen dem eleganten Mayfair und dem bescheidenen Soho. Von den ursprünglichen Gebäuden, die die Prachtstraße säumten, mit ihren für Nashs Architekturstil so typischen Stuckfassaden ist leider kaum etwas geblieben. Diese gediegenen Kulissen wurden in den zwanziger Jahren des 20. Jh. durch Gebäude mit Steinfronten ersetzt. Gleichwohl zählt die noble Einkaufsstraße noch heute zu den schönsten Londons. Die elegante Straßenführung blieb bestehen, und einige der wahrhaft britischen Geschäfte der Regent Street zählen noch heute zu den bekanntesten der Stadt. Darunter *Hamley's* für Spielwaren, *Aquascutum* für Modeklassiker, *Mappin & Webb* für luxuriösen Nippes oder *Dickins & Jones* für ›fashion and beauty‹. Nicht zu vergessen natürlich *Liberty*, das berühmte Kaufhaus.

Mit viel Mut für Muster – unverwechselbar ist das gediegene Ambiente im Kaufhaus Liberty an der Regent Street

74 Liberty

210–220 Regent Street, W1
U-Bahn Oxford Circus

In dieser Shopping-Oase wird Orientalisches und Englisches stilvoll präsentiert.

Noch heute spürt man den Geist des Gründervaters Arthur Lazenby Liberty, der 1875 ein kleines *Warenhaus* in der Regent Street eröffnete. Dort bot er orientalische Möbel und Porzellan feil, wofür er selbst ein Faible hatte. Mit geschäftlichem Geschick und gutem Geschmack gelang es ihm, wohlhabende Kundschaft anzuziehen, darunter auch die Präraffaeliten Rossetti und Burne-Jones. Bald schon begann Liberty eigene **Stoffe** in unverwechselbarem Design zu entwerfen, die in hauseigenen Fabriken hergestellt wurden.

Das berühmte *Pfauenmuster* ist ein Klassiker dieses Programms! 1925 wurden unter Captain Stewart Liberty, dem Neffen des Gründers, große Umbau- und Erweiterungsarbeiten in Angriff genommen. Es entstanden die klassizistische *Regent-Street-Fassade* und ein *Fachwerkanbau* im Tudor-Stil in der Great Marlborough Street. An der Uhr, die das Verbindungsstück zwischen beiden Gebäuden schmückt, ist die Figur des Nationalheiligen *St. George* angebracht, der zur vollen Stunde den Drachen mit einer Lanze niedersticht. Für die Vertäfelung im **Inneren** des Kaufhauses wurde das Material der beiden letzten hölzernen Schiffe der Royal Navy verwendet.

Immer noch berühmt für seine exquisiten Stoffe und orientalischen Einrichtungsgegenstände, bietet Liberty heute auch **klassische Mode**, Schreibwaren im typischen Design etc. Der Begriff ›Liberty style‹ wird im Englischen übrigens häufig für Jugendstil oder Art Nouveau verwendet.

75 Oxford Street

W1
U-Bahn Oxford Circus

Londons Einkaufsmeile mit einschlägigen Warenhäusern.

Als Ost-West-Verbindung parallel zur Themse trug die Straße verschiedenste Namen, ehe sie schließlich im 18. Jh. nach Edward Harley, dem 2. Earl of Oxford, benannt wurde, der sie selbst und das Land nördlich davon 1713 gekauft hatte. Nachfolgend wurde die Oxford Street als Wohngegend ausgebaut, und bald schon hielten hier Theater und andere Unterhaltungsstätten Einzug, ehe sie sich schließlich gegen Ende des 19. Jh. zur reinen *Geschäfts- und Einkaufsstraße* wandelte. Begrenzt wird sie vom St. Giles Circus im Osten (jenseits davon heißt die Straße New Oxford Street) und von Marble Arch im Westen. An Werktagen schieben sich hier nicht enden wollende Menschentrauben auf und ab, kriechen Doppeldeckerbusse und Taxis – Oxford Street ist montags bis samstags für den Privatverkehr gesperrt – oft nur im Schritttempo die Straße hinauf und hinunter. Hier gibt es Marks & Spencer, Debenham's und natürlich **Selfridges**: den Einkaufstempel des Amerikaners Gordon Selfridge, viel bestaunt seit seiner Eröffnung im Jahr 1928. Dieses edwardianische Kaufhaus bietet ausgezeichnet sortierte ›Food Halls‹ und eine Kosmetikabteilung, die die größte der Welt sein soll. Eine Initiative alteingesessener Geschäfte wehrt sich gegen die in letzter Zeit überhand nehmenden Buden und Verkaufsstände, die die Straßenszenerie empfindlich stören.

76 Pollock's Toy Museum

1 Scala Street, W1
U-Bahn Goodge Street

Eine Schatztruhe voller Spielzeug, nicht nur für Kinder.

Zwei kleine Häuschen, Mitte des 18. Jh. errichtet, bieten ein würdiges Ambiente:

Ein prächtiger Jugendstilengel bewacht das Tor zum Einkaufsparadies, dem Kaufhaus Selfridges an der Oxford Street

winzige Räume, schmale Treppen, alles erscheint eine Nummer zu klein, ganz so, als wollten sich die Häuser dem Spielzeug anpassen. Und davon gibt es, was das Herz begehrt: Eisenbahnen und Puppentheater, Kasperles, Puppenhäuser, ausgefallene Spiele und alte Teddybären in Hülle und Fülle.

Besonders sehenswert ist die Puppensammlung mit Exemplaren aus Wachs, Holz, Stoff oder Zelluloid. Den Grundstock der Sammlung hat Benjamin Pollock (1856–1937), Hersteller von Puppentheatern, zusammengetragen. Da sein alter Laden im Londoner East End aus allen Nähten zu platzen drohte, zog das Museum in diese Seitenstraße der *Tottenham Court Road* um. Nachbildungen von Pollocks Papier- und Puppentheatern sowie anderes Spielzeug und Puppen werden zum Verkauf angeboten. Gelegentlich finden auch Puppentheater-Vorstellungen statt.

Öffnungszeiten S. 173

Bloomsbury – das London der Intellektuellen

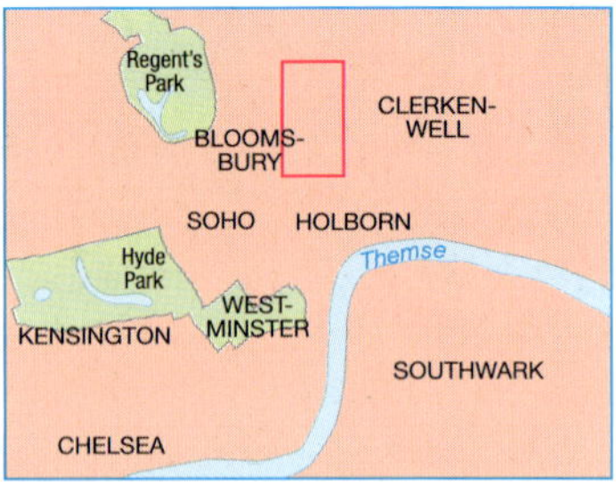

Berühmtheiten wie Virginia Woolf, Thomas Stearns Eliot, Charles Dickens, Edward Morgan Forster und Bertrand Russell lebten einst in Bloomsbury, wo sich auch das gigantische **British Museum** und die **London University** befinden. Studenten und Professoren, Schriftsteller, Verleger und Buchhändler kennzeichnen heute das Straßenbild des ruhigen und gediegenen Viertels. Seinen Namen erhielt Bloomsbury von dem Landbesitzer William Blemond, der *Blemondisbury* zu Beginn des 13. Jh. aufkaufte. Später von den Charterhouse-Mönchen genutzt, wurde der Besitz unter Henry VIII. dem damaligen Earl of Southampton übereignet, der bald darauf ein stattliches Wohnhaus an der Nordseite des heutigen Bloomsbury Square errichten ließ. Diesem Beispiel folgend wurden zahlreiche weitere Squares, umgeben von eleganten Häuserzeilen, angelegt, die noch heute charakteristisch sind für das Gebiet zwischen New Oxford Street und Euston Road, Southampton Row und Tottenham Court Road. Bis Ende des 19. Jh. waren viele dieser Squares mit Gitterzäunen und Toren eingegrenzt. Diese kleinen Gartenanlagen wurden nachts abgeschlossen, um ›Gesindel‹ aus den Bahnhöfen an der nahe gelegenen Euston Road fernzuhalten. Die spektakuläre Eheschließung zwischen der Erbin des Southampton Estate und Lord William Russell, dem späteren Earl of Bedford, gegen Ende des 17. Jh. hat ganz wesentlich zur Entwicklung von Bloomsbury beigetragen. Die Bedfords hatten schon bei der Entstehung von Covent Garden von sich reden gemacht und nahmen auch hier eine Reihe größerer Bauprojekte in die Hand. Auch wenn nicht alles erhalten ist, verdankt das Viertel ihnen, insbesondere am **Bloomsbury** und am **Bedford Square**, einige ausgezeichnete Beispiele georgianischer Architektur.

TOP TIPP 77 British Museum

Great Russell Street, WC1
U-Bahn Holborn, Russell Square oder Tottenham Court Road

Eines der größten Museen der Welt, das zu erschließen Wochen, wenn nicht gar Monate in Anspruch nehmen würde.

Eigentlich ist die Bezeichnung Britisches Museum irreführend, denn hier werden großartige Schätze aus aller Welt zur Schau gestellt, insbesondere aus Griechenland, Ägypten und dem einstigen Römischen Reich, aus Assyrien und Babylonien, Südostasien und China.

Die Ursprünge des Museums gehen zurück auf das Jahr 1753, als die Regierung mit Lotterieeinnahmen eine wertvolle kunst- und naturgeschichtliche Sammlung aus dem Nachlass des Naturwissenschaftlers *Sir Hans Sloane* sowie eine Kunstsammlung der Familie Harley erwarb. Zu Beginn des Jahrhunderts hatte Sir Robert Cotton dem Staat seine Bibliothek vermacht, der 1756 rund 17 000 Bände aus der königlichen Bibliothek von George II. hinzugefügt wurden. All das bildete den Grundstock des Britischen Museums, das Besucher ab 1759 nach vorheriger schriftlicher Anmeldung in Montague House besichtigen konnten. Das Museum wuchs und wuchs. Chronischer Platzmangel begleitete es fast von Anfang an. Schließlich wurde Montague House abgerissen und an dessen Stelle 1823–57 von *Robert* und *Sydney Smirke* ein gigantischer Neubau im klassizistischen Stil errichtet. Die von ionischen Säulen gegliederte, tempelartige **Hauptfassade** ist rund 125 m lang. Den Dreiecksgiebel über dem

Weltkunst total – das British Museum präsentiert eine enzyklopädische Sammlung von Kunstschätzen, darunter zahlreiche antike Meisterwerke aus Europa und Asien

Hauptportal schmückt eine Skulpturengruppe von Sir Richard Westmacott, die bezeichnenderweise den Fortschritt der Zivilisation darstellt.

Eine Auswahl zu treffen unter den Ausstellungsstücken ist für den Besucher des Museums unerlässlich. Auch an dieser Stelle können nur einige der berühmtesten und kostbarsten Stücke Erwähnung finden.

Zu den berühmtesten Exponaten im **Erdgeschoss** (Westflügel) zählen: noch in Eingangsnähe (Saal 25) der *Rosetta Stone*, ein 1799 im Nildelta von dem Franzosen Jean-François Champollion entdeckter Basaltstein, dessen dreisprachige Inschrift zum Schlüssel für die Entzifferung der Hieroglyphen wurde. Etwas weiter laufen muss man zu den berühmten *Elgin Marbles* (Saal 8), einer Reihe von Skulpturen, die sich ursprünglich am Parthenon in Athen befanden und als Meisterwerke ihrer Art gelten. Sie wurden vom britischen Botschafter in Konstantinopel, Thomas Bruce, Earl of Elgin, zu Beginn des 19. Jh. nach England gebracht.

Herausragend ist auch die assyrische Sammlung mit dem viel bestaunten *Löwenjagdrelief* (Saal 17) und weiteren Reliefs von den Palästen in Nimrod und Ninive in den umliegenden Sälen. Die British Library übrigens, deren Räume sich früher ebenfalls im Erdgeschoss des Museums befanden, ist seit Januar 1999 im eigenen Neubau an der St. Pancras Station [Nr. 83] zu finden.

Die römische Abteilung zu den Themenkreisen *Rom, Stadt und Weltreich*

Kampftechniken griechischer Götter demonstriert ein asiatischer Gelehrter seinen Studenten vor den Elgin Marbles, den Skulpturen vom Athener Parthenon

Kopflastig – die ägyptischen Pharaonen-Skulpturen im British Museum beeindrucken schon allein durch ihre Monumentalität

(Saal 70) und *Italien vor dem Römischen Reich* (Saal 71) befindet sich in der **1. Etage**. Dort hat auch die berühmte *Portland-Vase* aus der Zeit von Kaiser Augustus einen Ehrenplatz. Benannt nach dem Duke of Portland, gilt das aus zweifarbigem Glas gefertigte Henkelgefäß als eines der kostbarsten erhaltenen Beispiele antiker Glaskunst.

Ebenfalls im Obergeschoss gibt es endlich Britisches zu betrachten: der *Sutton Hoo Treasure* (Saal 41), aus einem Ort in Suffolk stammend, wo 1939 ein angelsächsisches Königsgrab aus dem 7. Jh. mit kostbaren Grabbeigaben gefunden wurde. In einer benachbarten Galerie (Saal 49) gilt es weitere Highlights des Museums zu bewundern. Es sind Gold- und Silberpreziosen aus römisch-britischer Zeit, darunter auch der sog. *Mildenhall Treasure*, ein aus 34 Geschirrteilen bestehender Silberschatz, der 1942 von einem Bauern in Mildenhall, Suffolk, entdeckt wurde.

Der sog. *Lindow Man* (Saal 50), eine 2000 Jahre alte Moorleiche aus Cheshire, ist der britische ›Beitrag‹ in puncto Mumifizierung. Wesentlich mehr Aufmerksamkeit allerdings genießen die echten *Mumien* in der ägyptischen Abteilung (Saal 62 und 63), die erschreckend gut erhalten und eine Hauptattraktion des Museums sind.

Weiterhin viel besucht sind die *Uhrensammlung* (Saal 44) und besonders die *Oriental Collections* mit der umfassendsten japanischen Kunst- und Antiquitätensammlung Europas (Saal 92–94). Über den Eingang Montague Place an der Nordseite erreicht man weitere Teile der Oriental Collections (Saal 33) mit großartigen Kunstschätzen aus China und Indien.

Während das *Natural History Museum* [Nr. 94] mit der naturgeschichtlichen Kollektion des British Museum aus Platzgründen schon 1881 ausgegliedert wurde, kehrte das *Museum of Mankind* ins Mutterhaus zurück. Als *Sainsbury African Galleries* zeigt es hier eine der bedeutendsten ethnographischen Sammlungen der Welt mit afrikanischen Skulpturen, Masken, Textilen und Gefäßen von der Frühzeit bis zur Gegenwart. Die Säle grenzen nördlich an den Innenhof des British Museum und sind wie dieser ab Herbst 2000 zugänglich. Dieser **Great Court**, von Stararchitekt *Sir Norman Foster* in eine glasüberkuppelte Piazza mit Ausstellungsräumen, Studienzentrum, Theater, Vortrags- und Konzertsälen verwandelt, birgt als weitere Sensation den restaurierten kreisrunden *Reading Room* (1857), den berühmten Lesesaal der British Library, in dem sich jetzt neben einer Referenzbibliothek ein hochmodernes Recherchezentrum und *Compass*, ein Computer- und Videoprogramm mit Dokumentationen zu den Exponaten des British Museum, befinden.

Öffnungszeiten S. 170

78 University of London

Gower Street, WC1
U-Bahn Euston Square oder Goodge Street

Die für eine Metropole relativ spät gegründete Londoner Universität (1826), deren Colleges Bloomsbury weitläufig durchziehen.

Angefangen hat alles in Gower Street mit William Wilkins' klassizistischem University College (1827–29). Zwei Ziele wurden mit dieser Neugründung verfolgt. Zum einen sollte eine Hochschule entstehen, die nicht dem Einfluss der Church of England unterstand (in Oxford und Cambridge war es damals üblich, Nicht-Kirchenmitglieder von vornherein abzulehnen), und zum anderen sollten hier auch neue Studiengänge mit modernen Lehrplänen nach deutschem Vorbild angeboten werden. Obwohl von Kritikern als gottlos gescholten, wuchs die Universität beständig und ist heute mit rund 50 Colleges Großbritanniens größte Hochschule. Das repräsentative **University College** mit seinem von korinthischen Säulen gestützten Portikus beherbergt heute die berühmte Slade School of Fine Arts.

Die dazugehörige **Flaxman Gallery** zeigt neoklassizistische Skulpturen des Bildhauers John Flaxman (1755–1826). Im Strang Print Room gibt es Wechselausstellungen während des Semesters. Vom Südeingang des Colleges am Malet Place gelangt man ins Ägyptologische Institut, wo sich das **Petrie Museum of Egyptian Archaeology** mit Ausgrabungsstücken von Sir Flinders Petrie (1853–1942), Großbritanniens erstem Professor der Archäologie, präsentiert.

Öffnungszeiten S. 171, 173

79 Percival David Foundation of Chinese Art

53 Gordon Square, WC1
U-Bahn Russell Square oder Euston Square

Chinesische Keramik und Porzellan.

Wer sich für chinesische Kunst interessiert, ist hier genau richtig: 1500 Exponate der Keramik und des Porzellans sowie eine Bibliothek vermachte der Wissenschaftler Sir Percival David 1950 der London University. Die ältesten Stücke – viele davon in den typischen kräftigen Farben – stammen aus dem 10. Jh., darunter einige, die sich während der Ming-Dynastie im Besitz des chinesischen Kaiserhauses befanden.

Öffnungszeiten S. 173

80 Jewish Museum

129 Albert Street, Camden Town, NW1
U-Bahn Camden Town

Die Geschichte des englischen Judentums.

Knapp eine halbe Million Juden lebt in Großbritannien, die Hälfte davon in London, vor allem im Norden und Nordwesten, wo man in Gegenden wie Golders Green, Edgware und Stamford Hill häufig auf Gruppen traditionell gekleideter Herren mit langem Haar und wallenden Bärten trifft und sich – wie so oft in London – in ein völlig anderes Land versetzt fühlt. Gegründet 1932 von Wilfried Samuel, zeigt das Museum rituelle Gegenstände aus Londoner Synagogen sowie Exponate jüdischer Alltagskultur. Videos liefern Hintergrundinformationen zur Geschichte der Juden in England.

Öffnungszeiten S. 172

81 Thomas Coram Foundation for Children

49 Mecklenburgh, WC1
U-Bahn Russell Square

Kunstsammlung aus dem Besitz des Thomas-Coram-Waisenhauses.

Die Anzahl von Findelkindern, die von ihren verzweifelten Müttern an Krankenhauspforten, in Kirchen oder anderswo in der riesigen Metropole ausgesetzt wurden, nahm im 18. Jh. alarmierende Ausmaße an. Captain Coram, ein herzensguter Mensch und großer Kinderfreund, war entsetzt, als er, der seit seinem 11. Lebensjahr zur See gefahren war, 1732 nach London zurückkehrte, um sich zur Ruhe zu setzen. Mit Unterstützung seines Freundes William Hogarth, der Bilder spendete und andere Künstler dazu anhielt, zu helfen (darunter Reynolds,

Sachlicher Aufmacher – das interessante Jewish Museum in Camden Town

Gainsborough, Millais und Rysbrack), gründete er ein Findlingsheim, das 1732 per königlicher Charta dauerhaft etabliert wurde. Das Siegel der Charta hält der Captain stolz umfasst auf einem Hogarth-Porträt, das neben Gemälden der erwähnten Künstler in der **Galerie** der Stiftung (das Waisenhaus zog 1926 nach Berkhamstead um) zu besichtigen ist. Weiterhin zu sehen gibt es eine Partitur aus Händels ›Messias‹ (auch er war mit Coram befreundet) sowie zahlreiche Andenken an das Findelheim. Ein Teil der baumbestandenen Rasenflächen, Coram's Fields, wurde in Spielplätze umgewandelt, die Erwachsene nur in Begleitung eines Kindes betreten dürfen.

Öffnungszeiten S. 174

82 Dickens' House

48 Doughty Street, WC1
U-Bahn Russell Square oder Chancery Lane

Pilgerstätte für Dickens-Bewunderer aus aller Welt.

Der Umzug in die Doughty Street markierte einen Wendepunkt im Leben des 25-jährigen Charles Dickens: Von nun an ging es mit seiner Karriere steil bergauf. Endlich konnte der aus ärmlichen Verhältnissen stammende Schriftsteller am Wohlstand der Mittelklasse teilhaben. In diesem Haus, das Dickens 1837–39 mit seiner Familie bewohnte, schrieb er so berühmte Romane wie die ›Pickwick Papers‹, ›Oliver Twist‹ und ›Nicholas Nickleby‹. Hier begann er die Arbeit an ›Barnaby Rudge‹, wurde Vater zweier Töchter und erlebte den Tod seiner Schwägerin Mary Hogarth.

In den zwanziger Jahren des 20. Jh. von der **Dickens Fellowship** erworben, wurde das Gebäude liebevoll restauriert und zeigt heute eine Vielzahl von Möbeln und persönlichen Gegenständen des Romanciers, darunter seinen Schreibtisch, Bilder, Briefe, Manuskripte sowie zahlreiche Erstausgaben seiner Werke. Die berühmte **Dickens Library**, eine der umfassendsten Forschungsbibliotheken zum Werk des großen Dichters, befindet sich im Keller.

Öffnungszeiten S. 171

Hier erblickte Oliver Twist das Licht der Romanwelt – Charles Dickens' Wohnhaus

83 British Library

96 Euston Road, NW 1
U-Bahn Euston oder King's Cross St. Pancras

Eine der größten Bibliotheken der Welt.

Die Nationalbibliothek ist eine der umfassendsten Bibliotheken der Welt und war seit ihrer Gründung 1972 im British Museum zu Gast. Dem Grundstock (man besitzt seit 1757 das Pflichtexemplarrecht für Großbritannien) wurde dabei eine ganze Reihe weiterer bedeutender Bibliotheken angegliedert. Da der ständig wachsende Bestand längst über das Fassungsvermögen der Räume im British Museum hinausging, zog die gesamte Bibliothek in das neue Gebäude neben St. Pancras Station. Seit 1999 sind alle Abteilungen der riesigen Sammlung hier vereint. Die wertvollen literarischen, historischen und politischen Texte aus dem Handschriftenraum des British Museum finden in der neuen Nationalbibliothek eine dauerhafte, geräumige Heimat: so z. B. zwei der insgesamt vier *Magna-Charta-Originale*, Grundlage der englischen Demokratie, sowie Manuskripte zahlreicher englischer Schriftsteller und anderer Berühmtheiten, Shakespeares erste Folio-Ausgabe, Handschriften von Charles Dickens, Jane Austen, Virginia Woolf, der romantischen Poeten, ein Songtext von John Lennon oder aber Nelsons Logbuchaufzeichnungen zur Seeschlacht von Trafalgar. Auch die berühmten *Lindisfarne Gospels*, wertvolle Bibeln aus dem 8. Jh., können hier bewundert werden.

Öffnungszeiten S. 170

Hyde Park und Kensington bis Chelsea, Belgravia und Pimlico – königliche Museen und edle Wohnviertel

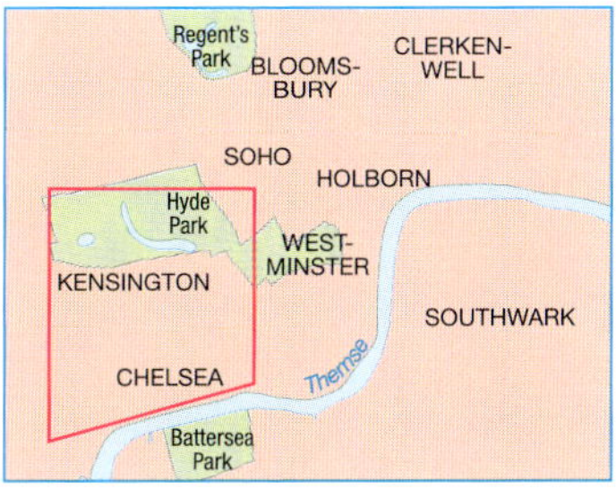

The Royal Borough of Kensington and Chelsea – diesen Titel tragen die beiden Stadtteile seit dem Jahr 1901. Verliehen wurde er von Königin Victoria, die, geboren und aufgewachsen in Kensington Palace, diese Gegend auszeichnen wollte. In **Kensington** ließen sich Höflinge und einflussreiche Personen des öffentlichen Lebens nieder. Auch zahlreiche Künstler und Schriftsteller erlagen dem beinah ländlichen Charme des Stadtteils. Chelsea und die angrenzenden Viertel Belgravia und Pimlico zählen heute zu den vornehmsten Londoner Adressen. Während **Belgravia** erst im 19. Jh. seinen Aufschwung nahm, als im Hinterland des Buckingham Palace gewaltige Stuckvillen für die Aristokratie errichtet wurden, gewann das einstige Fischerdorf **Chelsea** schon im 16. Jh. an Bedeutung. Damals siedelte sich der Gelehrte Thomas More hier an, und Henry VIII. ließ sich ganz in der Nähe eine Sommerresidenz errichten (nicht erhalten). Im 19. Jh. hielt die Londoner Künstler-Bohème Einzug, darunter Oscar Wilde, Dante Gabriel Rossetti, William Morris und Algernon Charles Swinburne. Das heutige Zentrum ist die Gegend um den *Sloane Square* mit der beliebten Einkaufsstraße *King's Road*.

84 Marble Arch

Oxford Street, W1
U-Bahn Marble Arch

Triumphbogen an der Nordostecke von Hyde Park.

Der nach einem Entwurf von John Nash entstandene, dem Konstantinsbogen in Rom nachempfundene Marble Arch sollte eigentlich als **Haupttor** für **Buckingham Palace** dienen. Kaum war er jedoch vollendet, musste man feststellen, dass die Durchfahrt viel zu schmal für die Staatskarossen geraten war, und so wurde Marble Arch 1851 schließlich an seinem jetzigen Standort aufgestellt, wo er heute auf einer Verkehrsinsel inmitten von brandendem Verkehr auf wichtige Mitglieder der Königsfamilie oder der King's Troop Royal Artillery wartet, denn nur ihnen ist es gestattet, den Hauptbogen zu passieren. Nicht immer ging es hier so vornehm zu. Früher befand sich an dieser Stelle der **Londoner Galgen**. Ganze Wagenladungen von Gefangenen wurden zu den öffentlichen Exekutionen angekarrt. Hinrichtungstage waren gleichzeitig arbeitsfreie Feiertage, an denen sich die johlenden Massen um den Galgen drängten. Erst 1783 wurde das beliebte Schauspiel nach Newgate verlegt, wo sich damals noch das berüchtigte Newgate Prison befand.

TOP TIPP 85 Hyde Park

Bayswater Road, Park Lane, Kensington Road, W1
U-Bahn Marble Arch, Hyde Park Corner, Lancaster Gate

Die grüne Lunge Londons.

Dem Jagdfieber Henrys VIII. haben wir letztendlich diesen wunderschönen Park zu verdanken, der zusammen mit den im Westen anschließenden Kensington Gardens die größte zusammenhängende Grünfläche des Zentrums bildet. Im Zuge der Säkularisation entband Henry VIII. den früheren Besitzer, Westminster Abbey, der ›Pflichten‹ in Bezug auf das riesige Landstück und machte es zum Eigentum der Krone. Fortan als königliches **Jagdrevier** genutzt, wurde Hyde Park unter Charles I. im Jahr 1635 der Öffentlichkeit zugänglich gemacht und

Rechenfehler: offensichtlich hatte John Nash bei der Wahl des Konstantinsbogens in Rom als Vorbild für Marble Arch nicht den Größenunterschied zwischen antiken Triumphwagen und königlichen Staatskarossen bedacht

avancierte schnell zu einem der beliebtesten Ziele für sonntägliche Familienausflüge und Spaziergänge, die ihren Höhepunkt in den alljährlich am 1. Mai stattfindenden, von der gehobenen Gesellschaft frequentierten *›May Day Promenades‹* fanden. Als das Königspaar William und Mary Ende des 17. Jh. Kensington Palace erwarb, um dem höfischen Trubel am St. James's Palace entgehen zu können, wurde die Verbindungsstraße zwischen beiden Palästen, die Route du Roi (heute verballhornt zu: Rotten Row), beleuchtet, um Wegelagerer abzuschrecken. Ein geradezu spektakuläres Ereignis!

Held der englischen Märchenwelt – Statue des ewigen Kindes Peter Pan im Hyde Park

Die deutschstämmige Queen Caroline, Gemahlin von George II., ließ 1730 das Flüsschen Westbourne aufstauen und den künstlichen See **The Serpentine** bzw. ›The Long Water‹ anlegen. Die darüberführende Brücke – sie wurde 1826 von den Gebrüdern Rennie entworfen – ist Teil der offiziellen Trennlinie zwischen Hyde Park und Kensington Gardens. Heute kann man im **Lido** [s. S. 177], einem der wenigen Londoner Freibäder, eine Runde schwimmen oder in einem gemieteten Ruderboot gemütlich von einem Ende des Sees zum anderen gleiten und sich anschließend in den überall aufgestellten breitgestreiften Deckchairs erholen. Wer das in der Nähe eines *›bandstand‹* tut, darf sich sogar von den Klängen einer Open-Air-Musikkapelle in den Schlaf wiegen lassen. Kinder freuen sich über die *Statue* von **Peter Pan**, dem Jungen, der nie erwachsen werden wollte, und für Kulturhungrige schließlich gibt es die **Serpentine Gallery** mit interessanten Wechselausstellungen zeitgenössischer Kunst. Ein Vogelschutzgebiet und riesige

Prediger oder Politiker im Grünen – die Redefreiheit wird im Speakers' Corner des Londoner Hyde Park seit 1872 praktiziert

Gewächshäuser sind im Hyde Park zu finden, und wer endlich einmal Anderen seine Meinung kundtun möchte, begibt sich zum **Speakers' Corner** in der Nordostecke des Parks, wo seit 1872 jedermann öffentlich sprechen darf (sonntags ist am meisten geboten), solange der Inhalt nicht blasphemisch, obszön oder gegen den Landesfrieden gerichtet ist. Am Südostende der Grünfläche befindet sich **Hyde Park Corner**, wo einsam der monumentale Triumphbogen **Wellington Arch** wacht. Errichtet zu Ehren des Duke of Wellington, Sieger der Schlacht bei Waterloo, wird der gewaltige Bogen gekrönt von Adrian Jones' bronzener Figurengruppe ›The Quadriga‹: Ein vom Himmel herabsteigender Friedensengel stoppt

Der Hyde Park, ehemals Jagdrevier der Könige, ist ein Freizeitparadies mitten in London. Auch die Reitschule wird hier zum Naturerlebnis

den Pferdewagen des Krieges. Die ganz in der Nähe befindliche **Achilles-Statue** wurde ebenfalls zu Ehren des großen Kriegshelden Wellington errichtet. Gegossen aus eingeschmolzenen Kanonen, die in der Schlacht von Waterloo erbeutet wurden, konnte das Monument mit Spendengeldern finanziert werden, die Frauen aus ganz England gesammelt hatten. Leider warf das Ergebnis ein seltsames Licht auf die edlen Geberinnen, denn der 1822 von Richard Westmacott errichtete Achilles steht nackt im Park, eine Tatsache, die von den prüden Viktorianern als schockierend empfunden wurde.

86 Apsley House

149 Piccadilly, Hyde Park Corner, W1
U-Bahn Hyde Park Corner

Das ehemalige gediegene Wohnhaus des Duke of Wellington ist seit 1952 reich bestücktes Wellington Museum.

›Number One, London‹ – so hieß das von Robert Adam für Baron Apsley in den siebziger Jahren des 18. Jh. erbaute Haus lange Zeit, denn es war das erste Haus, zu dem Kutschen gelangten, wenn sie durch das gebührenpflichtige Tor in Knightsbridge nach London hineinfuhren. 1817 erwarb Arthur Wellesley, Duke of Wellington, viel gerühmter Feldherr und Politiker, zwei Jahre nach seinem Sieg über Napoleon in der Schlacht bei Waterloo, Apsley House und lebte dort bis zu seinem Tod 1852. Der ›Iron Duke‹, wie er genannt wurde, ließ zahlreiche Veränderungen vornehmen. Das ursprünglich rote Ziegelhaus wurde mit Bath-Stein verkleidet – außerdem wurde eine von vier korinthischen Säulen getragene Vorhalle mit Dreiecksgiebel errichtet. In der ebenfalls neu angefügten, beeindruckend gestalteten **Waterloo Gallery** feierte Wellington fortan alljährlich bei einem üppigen Festbankett mit alten Kriegskameraden den Jahrestag seines Triumphes über Napoleon. Eine überlebensgroße Nacktskulptur des französischen Feldherrn, die der Dargestellte selbst als unwürdig bezeichnet hatte, wurde Wellington 1816 von der britischen Regierung präsentiert und steht noch heute am Fuß des Treppenaufgangs.

1947 vermachte der 7. Duke of Wellington Apsley House der Nation, und so konnte fünf Jahre später, 100 Jahre nach dem Tod des Siegers von Waterloo, das **Wellington Museum** eröffnet werden. Neben dem hervorragend erhaltenen *Interieur* mit zahlreichen persönlichen Gegenständen und kostbaren Möbeln Wellingtons ist vor allem seine wertvolle *Gemäldesammlung* mit Werken von Goya, Rubens, van Dyck, Bruegel d. Ä., Turner, Landseer etc. sehenswert. Im *China Room* befindet sich ein Porzellanservice, bemalt mit Szenen aus dem Leben Wellingtons, das der preußische König Friedrich Wilhelm III. dem Duke

So lebte der Sieger von Waterloo: in Apsley House, der Residenz des Duke of Wellington, können Besucher heute die kostbare Gemäldesammlung des Feldherrn bewundern

Den Charme einer Landvilla vermittelt der königliche Wohnsitz Kensington Palace

aus Dankbarkeit nach der Schlacht von Waterloo übersenden ließ.

Öffnungszeiten S. 170

87 Kensington Palace

Kensington Gardens, W8
U-Bahn High Street Kensington oder Queensway

Königliches Stadtpalais mit schöner, ländlicher Atmosphäre.

Nicht pompös, sondern würdig und elegant wirkt das zu Beginn des 17. Jh. im Jacobean Style erbaute Backsteinhaus, das 1689 vom Königspaar William and Mary gekauft und mit Hilfe der Architekten Sir Christopher Wren und Nicholas Hawksmoor aus- und umgebaut wurde. Bis zum Tod von George II. diente Kensington Palace daraufhin als königlicher Stadtwohnsitz. Queen Anne ließ die Orangerie errichten (Hawksmoor, 1704), und Caroline von Ansbach, die Gemahlin von George II., kümmerte sich um die Gärten. So entstanden der tiefergelegte Sunken Garden sowie Broad Walk und Round Pond in den **Kensington Gar-**

Salon der Mutter Königin Victorias, der Duchess of Kent, in den State Apartments

dens, die George II. schließlich an Samstagen für »respectably dressed people« zugänglich machte. Seit Mitte des 18. Jh. sind sie ganzjährig geöffnet. Heute leben in Kensington Palace, wo übrigens Königin Victoria geboren wurde und ihre Kindheit verbrachte, verschiedene Angehörige der Königsfamilie, u. a. Prinzessin Margaret.

Der Öffentlichkeit zugänglich sind die **State Apartments** im Ostflügel des Palastes. Dorthin gelangt man über die *Queen's Staircase*, eine 1690 von Christopher Wren entworfene Treppe. In der eichengetäfelten *Queen's Gallery* mit Schnitzereien von Grinling Gibbons findet man verschiedene Herrscherporträts. Ferner stehen die einstigen Privaträume der Königinnen Anne, Mary und Victoria zur Besichtigung offen – interessant ist z.B. das Schlafzimmer, in dem letztere die Nacht verbrachte, nachdem sie Königin geworden war. Die Gemächer sind mit zahlreichen persönlichen Gegenständen der früheren Bewohnerinnen ausgestattet. In dem von William Kent mit viel Blau und Gold gestalteten eindrucksvollen *Kuppelraum* wurde Queen Victoria getauft. Ein weiteres Meisterwerk Kents, den Gemäldezyklus ›Die Abenteuer des Odysseus‹, kann man als Deckenmalerei in der *King's Gallery* bewundern. In der rund 30 m langen Galerie hängen wertvolle Gemälde des 17. Jh. aus der königlichen Sammlung. Interessant ist auch die ›Ceremonial Dress Collection‹ mit königlicher Kleidung.

Öffnungszeiten S. 172

88 Linley Sambourne House

18 Stafford Terrace, W8
U-Bahn High Street Kensington

Ehemaliges Wohnhaus des Karikaturisten Linley Sambourne mit hervorragend erhaltenem viktorianischem Interieur.

Ein schmaler Turm auf vier Ebenen, das bedeutete endloses treppauf, treppab für die Bediensteten, deren detailliert aufgelisteten Tagesablauf man in dem kleinen Shop hoch oben unterm Dach von Linley Sambourne House erwerben kann. Viel war zu tun, um es dem Hausherrn und seiner Familie so angenehm wie möglich zu machen. Und die fühlte sich offenbar wohl, denn Linley Sambourne, talentierter Punch Cartoonist, der jungvermählt 1874 in das neu erbaute Haus in Stafford Terrace eingezogen war, lebte hier mit Frau und Kindern bis zu seinem Tod im Jahr 1910. Was man heute wohl als hoffnungslos überladen bezeichnen würde, war das gemütliche Familienheim eines kunstinteressierten ›upper middle class‹-Viktorianers. – Ein hervorragendes Beispiel zeitgenössischer Wohnkultur mit viel Atmosphäre.

Öffnungszeiten S. 172

89 Leighton House Museum

12 Holland Park Road, W14
U-Bahn High Street Kensington

Mondän-exotisches Gegenstück zum Linley Sambourne House.

Frederic Lord Leighton, der einzige Künstler seiner Zeit, dem die Peerswürde verliehen wurde, konnte seinen Erfolg schon in jungen Jahren besiegeln, als er 25-jährig ein Gemälde an Königin Victoria verkaufte. Seiner Italienliebe entsprechend entwarf der spätere Direktor der Royal Academy das eigenwillige Haus in der Holland Park Road, das er 1866 bezog, zusammen mit seinem Freund, dem Architekten George Aitchison. Nur ein Schlafzimmer gibt es in dem äußerlich schlichten, im **Inneren** um so üppiger ausgestatteten Haus, denn obwohl hier viel gefeiert wurde, legte Lord Leighton keinen Wert auf Logierbesuch. Kunstvolle Holzvertäfelung, kostbare Möbel, teures Porzellan und vor allem wertvolle *Gemälde*, darunter zahlreiche Werke von Lord Leighton selbst, kann man in dem Haus betrachten, das als großartiges Beispiel des frühen englischen Ästhetizismus gilt. Die größte Attraktion ist die 1877–79 angefügte, von Aitchison entworfene, spektakuläre **Arab Hall**. Zu einer geschmackvoll komponierten, blau, grün und golden funkelnden orientalischen Pracht arrangiert sind die kostbaren Kacheln, die Lord Leighton teils selbst von seinen Reisen nach Damaskus, Rhodos und Kairo mitbrachte, teils von Freunden geschenkt bekam. Ein quadratischer Springbrunnen im Zentrum der Halle und Walter Cranes umlaufender *Mosaikfries* vervollkommnen diesen Tausend-und-eine-Nacht-Traum.

Öffnungszeiten S. 172

Albert Memorial, das pompöse und zugleich grazile Denkmal für den geliebten Prinzgemahl der Königin Victoria, steht am Rand des Hyde Park

90 Commonwealth Institute

Kensington High Street, W8
U-Bahn High Street Kensington

Forschungszentrum zu Geschichte und Kultur der Commonwealth-Länder.

In einem architektonisch außergewöhnlichen Gebäude aus den sechziger Jahren des 20. Jh. ist das einst von Queen Victoria anlässlich ihres goldenen Thronjubiläums eröffnete *Imperial Institute*, heute Commonwealth Institute, beheimatet.

Quasi als symbolischer Bezug zu seiner Bestimmung wurde das Institutshaus mit Baumaterialen errichtet, die man eigens aus den verschiedenen Commonwealthländern importierte. Das Kupfer für das zeltförmige Dach mit den fünf Spitzen stammt beispielsweise aus Sambia. Zusätzlicher Schmuck der Anlage sind die vielfarbigen Nationalflaggen der Commonwealthländer, deren High Commissioners in London übrigens auch im Kuratorium vertreten sind. Vielfältige Informationen und neueste Nachrichten bieten Bibliothek und Forschungszentrum des Commonwealth Institute, die auf Voranmeldung zugänglich sind. Gelegentlich finden *Wechselausstellungen* statt, ab Juni 2000 z. B. eine Australien Show.

Öffnungszeiten S. 170

91 Albert Memorial

Kensington Gore, SW7
U-Bahn Knightsbridge oder South Kensington

Das überlebensgroßes Denkmal einer wahrhaft großen Liebe.

Victoria selbst war es, die unter den eingereichten Entwürfen für ein Nationaldenkmal zu Ehren ihres geliebten, viel zu früh verstorbenen Prinzgemahls Albert (†1861) die Auswahl traf. Sie favorisierte den Entwurf von Sir George Gilbert Scott (den Adelstitel erhielt der Künstler für diese Arbeit), und so entstand 1864–76 das gigantische **Denkmal** im neogotischen Stil, finanziert durch Spendengelder treuer Untertanen.

Beschirmt von einem rund 55 m hohen, mit Spitzgiebeln und Spitztürmen versehenen Baldachin sitzt die 4 m hohe **Figur** des Prinzen. Albert hält in der Hand den Katalog zur Großen Weltausstellung von 1851, deren Planung und Verlauf er so engagiert mitgeprägt hatte.

Sein Blick geht nach Süden auf sein Legat an die Nation: die Museenlandschaft von South Kensington, deren Entstehung ganz wesentlich seiner Beharrlichkeit und Voraussicht zu verdanken ist. ›Albertopolis‹ – so nannte man bald schon scherzhaft die mit Einnahmen aus der Great Exhibition finanzierten Museen und Bildungseinrichtungen von South Kensington. Der zunächst eher mit Misstrauen betrachtete deutsche Prinzgemahl hatte es geschafft, mit unermüdlichem Einsatz für das wirtschaftliche und kulturelle Ansehen Großbritanniens zu Hause und in der Welt die Herzen der Engländer für sich zu gewinnen.

Vier frei stehende **Statuengruppen** an den Ecken des Albert Memorial repräsentieren wichtige Interessengebiete des Prinzen: Industrie, Handel, Landwirtschaft und Ingenieurwesen. Das umlaufende weiße **Marmorrelief** an der Basis des Denkmals selbst zeigt in Lebensgröße 178 (!) bedeutende Persönlichkeiten des öffentlichen Lebens. Die Architekten und Bildhauer an der Nord- und Westseite stammen von John Birnie Philip, die Dichter, Musiker und Künstler an der Süd- und Ostseite sind das Werk von Henry Hugh Armstead. Die die Schönen Künste symbolisierenden Mosaiken an den Giebelflächen des **Baldachins** stammen von Salviati. Die Treppe, die hinaufführt zum Denkmal, wird flankiert von allegorischen Darstellungen der vier Kontinente Europa, Amerika, Asien und Afrika.

Das Albert Memorial wurde in den vergangenen Jahren einer umfangreichen Restaurierung unterzogen, die 1998 zum Abschluss kam. Seitdem kann das imposante Denkmal seine Rolle als Blickfang und Publikumsmagnet am Rand des Hyde Park in neuer Pracht spielen.

92 Royal Albert Hall

Kensington Gore, SW7
U-Bahn Knightsbridge oder South Kensington

Spektakulär konstruierte Konzerthalle mit leider schlechter Akustik.

Ebenfalls kurz nach dem frühzeitigen Tod von »dear Albert« im Jahr 1861 entstand nach den Entwürfen der beiden Ingenieure Captain Francis Fowke und Major General Darracott Scott 1867–71 der ovale Bau, dessen stolze 90 m Durchmesser von einer mächtigen Kuppel aus Gusseisen und Glas überwölbt sind.

Das ursprünglich ›Hall of Arts and Sciences‹ genannte Gebäude taufte Königin Victoria bei der Grundsteinlegung um in ›Royal Albert Hall‹. Mitfinanziert wurde das *Monumentalbauwerk* aus rotem Ziegelstein, aufgelockert mit cremefarbenen Terrakotta-Bändern und einem umlaufenden Fries, der den Triumph von Kunst und Wissenschaft im Verlauf der Geschichte darstellt, durch den Verkauf von 1300 der insgesamt 8000 Sitzplätze für einen auf 999 Jahre festgelegten Zeitraum. Das brachte pro Sitz 100 £ und dem Musikfreund ein Dauerabonnement zum Weitervererben.

Erst bei der *Eröffnung*, als das Amen des Bishop of London mehrfach durch die Halle tönte, stellte man fest, dass mit der Akustik etwas nicht in Ordnung war. Die Engländer nahmen das berüchtigte Echo gelassen. Wo sonst könne man schließlich zum Preis von einem Konzert gleich zwei hören? Und so war und blieb Royal Albert Hall einer der populärsten Veranstaltungsorte der Stadt. Sie ist seit ein paar Jahren Heimstatt des *Royal Philharmonic Orchestra* [s. S. 167].

Unter den Veranstaltungen erfreuen sich die seit 1895 alljährlich im Sommer stattfindenden ›Henry Wood Promenade Concerts‹ größter Beliebtheit. Sie wurden ins Leben gerufen, um klassische Musik einem möglichst breiten Publikum zugänglich zu machen. Besonders laut und lustig geht es bei der Mitte September stattfindenden ›Last Night of the Proms‹ zu, bei der auch weniger patriotische Gemüter schon mal in ein herzhaftes ›Rule Britannia‹ mit einstimmen.

Die derzeit stattfindende umfassende Restaurierung des Gebäudes soll 2003 abgeschlossen sein.

93 Science Museum

Exhibition Road, SW7
U-Bahn South Kensington

Wissenschaft und Technik so anschaulich und lehrreich dargestellt, dass nicht nur Technik-Freaks ihren Spaß daran haben.

Als South Kensington Museum wurde das heutige Science Museum 1857 gegründet und gehörte damals zum gegenüberliegenden Victoria & Albert Museum [Nr. 95]. Mit finanziellen Mitteln aus der Great Exhibition wurde die Sammlung unter der Leitung des rührigen Staatsdieners und Beraters von Prinz Albert, Sir Henry Cole, aufgebaut. Seit der Zweiteilung des Museums im Jahr 1964 trägt dieser Teil den offiziellen Namen **National Museum of Science and Industry**, und er befasst sich mit Geschichte und Funktion von Technik und Naturwissenschaften und deren Einfluss

Die kolossale Konzerthalle Royal Albert Hall ist im Sommer Schauplatz der beliebten Henry Wood Promenade Concerts

auf unseren Alltag. In den verschiedenen, auf insgesamt fünf Ebenen angeordneten Galerien mit Ausstellungen zu den Themen Astronomie, Meteorologie, Biochemie, Elektronik, Navigation, Luftfahrt, Fotografie bekommt man Antworten auf Fragen, die viele Besucher sich niemals zuvor gestellt haben: Was geschieht z. B., wenn man den Notruf 999 wählt? Wie entsteht ein Foto? Wie kann ein Flugzeug fliegen? Oder wie funktioniert eigentlich ein Satellit? Die zahlreichen ›push-button devices‹, interaktive Exponate, die auf Knopfdruck mit Bewegung, Lärm oder Lichtsignalen reagieren, sind bei Erwachsenen und Kindern gleichermaßen beliebt.

Zu den Klassikern unter den *Ausstellungsstücken* zählen Teleskope von Galileo Galilei und ein Mikroskop von George Adams, die erste Dampflokomotive ›Puffing Billy‹, das erste Telefon von Graham Bell, ein funkelnder Rolls Royce aus dem Jahr 1909, ein Flugapparat von Otto Lilienthal sowie die Raumkapsel Apollo 10. Neueren Datums sind unterhaltsame und informative Abteilungen wie ›Launch Pad‹ (Experimentieren erwünscht!) und ›Food for thought‹ zum Thema moderne Ernährung. Die Präsentation ›Science of Sport‹ erläutert Kindern beim Spiel den Sport, und ›Challenge of Materials‹ stellt Erstaunliches vor, z.B. eine Brücke aus Glas und ein Hochzeitskleid aus Stahl.

Seit 1980 ist auch das *Wellcome Museum of the History of Medicine*, basierend auf der Sammlung von Henry Wellcome, im Science Museum untergebracht. Es vermittelt besonders instruktive Einblicke in die Geschichte des Gesundheitswesens und der Medizin.

Der neue **Wellcome Wing** des Science Museum dokumentiert ab Sommer 2000 modernste Wissenschaft, Industrie, Medizin und Technologie auf anschauliche Weise – und obendrein unterhaltsam präsentiert. Diesem Erweiterungsbau angeschlossen ist außerdem ein IMAX-Kino mit 450 Plätzen.

Öffnungszeiten S. 174

Der wahrscheinlich längste Hals der Welt – der gigantische Dinosaurier in der Eingangshalle des Natural History Museums hat viele Bewunderer

94 Natural History Museum

Cromwell Road, SW7
U-Bahn South Kensington

Das naturgeschichtliche Museum Großbritanniens und eines der größten der Welt.

Wie im British Museum [Nr. 77], dessen Außenstelle das Natural History Museum früher war, stammt der Grundstock der Sammlung aus dem schier unerschöpflichen Nachlass von Sir Hans Sloane. Ausgegliedert wurde es bereits 1881, nachdem Alfred Waterhouse in siebenjähriger Bauzeit einen kathedralenähnlichen Neubau im romanischen Stil errichtet hatte. Die eindrucksvolle, lang gestreckte **Fassade** wird aufgelockert durch verschiedenfarbige Terrakottastreifen und z. T. groteske Tierdarstellungen. Der *Haupteingang* wird flankiert von zwei schmalen, hohen, spitzzulaufenden Türmen und führt geradewegs auf eine der Hauptattraktionen des Museums zu: einen riesigen **Dinosaurier** in der mächtigen *Central Hall*, dessen über 20 m langes Skelett meist von Schulklassen umringt ist.

Life Galleries

Weitere Riesenskelette der beliebten Dinos findet man in Galerie 21. Auch die Knöchelchen von Elefanten, Giraffen und Walen (23, 24) sind durchaus beeindruckend. Handlichere Exponate zeigen die Galerien 12 (Fische, Amphibien und Reptilien) und 40 (Vögel).

Zu den thematischen Präsentationen der gigantischen Sammlung gehören ›Origin of Species‹ (105), eine moderne Betrachtung von Darwins Evolutionstheorie, und die Galerie 33 ›Creepy-crawlies‹ mit allem, was so kreucht und fleucht in der Tierwelt. Beeindruckend ist die aufwendige Schau zum Thema ›Ecology‹ (32), die dem Verhältnis von Mensch und Natur gewidmet ist. ›Plant Power‹ (108) erläutert die Bedeutung von Pflanzen im menschlichen Lebensraum. ›Wonders of the NHM‹ (10) präsentiert die Highlights des Museums im Überblick, und im ›Discovery Centre‹ (B2) können Kinder verschiedene Experimente durchführen.

Earth Galleries

Durch einen Verbindungsgang gelangt man ins einstige *Geological Museum*, das heute unter dem Namen Earth Galleries zum Natural History Museum gehört. Die **Eingangshalle** ist ›Visions of Earth‹ gewidmet, einer symbolhaften Inszenierung unseres Planeten. Über eine Rolltreppe geht es mitten durch eine Skulptur der Erde in die Ausstellungssäle.

In der **2. Etage** befindet sich die Präsentation ›The Power within‹ zum Thema Vulkane und Erdbeben. Von einer Erdbebenmaschine kann man sich bei Stärke 4 auf der Richterskala durchrütteln lassen. Die Präsentation ›Restless Surface‹ erläutert, wie die Naturkräfte das Aussehen der Erde gestaltet haben und fortlaufend verändern.

In der **1. Etage** sind weitere Dokumentationen zu studieren. ›From the Beginning‹ schildert die Entstehung der Erde und folgt den Spuren, die ihre Geschichte in Felsen und Fossilien hinterlassen hat. ›Earth's Treasury‹ zeigt die Schätze der Edelstein- und Mineraliensammlung.

Öffnungszeiten S. 173

Eine Blume ist eine Blume ist eine Blume – Videowand voller Naturschönheiten im Natural History Museum

TOP TIPP 95 Victoria & Albert Museum

Cromwell Road, SW7
U-Bahn South Kensington

Höhepunkt von ›Albertopolis‹ mit einer einzigartigen Kunstsammlung.

»Spend a day at the V&A« – so lautet ein bekannter Werbeslogan, doch nicht einen Tag, sondern zahllose müsste man in diesem größten der South Kensingtoner Museen verbringen, um nur halbwegs alles zu sehen, was hier in rund 150 Galerien geboten wird. Auch die Initiative für dieses Nationalmuseum der Schönen und Angewandten Künste geht auf den bildungsbeflissenen Prinzgemahl Albert zurück, der das V&A zusammen mit seinem Freund und Berater Henry Cole, dem ersten Direktor des Museums, ins Leben rief. Das ursprüngliche Gebäude des seit 1857 hier ansässigen Museums, eine mit dem Spitznamen Brompton Boilers versehene Eisenkonstruktion, wurde 1870 ins East End umgesiedelt, wo es noch heute eine Außenstelle des V&A, das *Bethnal Green Museum of Childhood,* beherbergt. Königin Victoria legte 1899 (bei ihrem letzten großen öffentlichen Auftritt) den Grundstein für das heutige V&A und schlug auch selbst den Namen vor. Zehn Jahre später wurde das von Architekt Sir Aston Webb entworfene Schatzkästlein der Nation von Sohn Edward eröffnet. 1983 fügte man den über einen Seiteneingang von der Exhibition Road erreichbaren *Henry Cole Wing* an, in dem sich auch das Restaurant des Museums befindet.

Der Vergleich mit einer Handtasche hinkt – das Victoria & Albert Museum zeigt Meisterwerke wie die Wandteppichentwürfe Raffaels

Eindrucksvoll ist auch die Skulpturensammlung des Victoria & Albert Museum mit Exponaten aus verschiedenen europäischen Werkstätten

Da das Sammlungsziel des V&A nie genau eingegrenzt wurde, kam (und kommt) eine solche Fülle von Exponaten zusammen, dass niemand sie so recht zu bändigen vermag. Das Museum diente, wie es ein Direktor ausdrückte, über ein Jahrhundert lang als »an extremely capacious handbag«. Und diese Ansammlung von Originellem und Ungewöhnlichem macht den besonderen Reiz des nahezu unerschöpflichen Museums aus. Besucher sollten sich unbedingt in der Eingangshalle (Haupteingang, Cromwell Road) mit einem der kostenlos erhältlichen Übersichtspläne wappnen. Das V&A ist, grob gesagt, in zwei Gebiete aufgeteilt, und zwar ›**Art and Design**‹, wo es um Objekte geht, die als Kunstwerke interessant sind, und ›**Materials and Techniques**‹, die Studienkollektion, wo vor allem das verwendete Material und die Herstellungstechnik der gezeigten Objekte im Vordergrund stehen. Die Verwaltungsbereiche des Museums umfassen Skulptur, Keramik, Möbel und Innenausstattung, Metallarbeiten, Fernost, Textiles, Druck, Zeichnung, Foto, Malerei und indische Kunst. Außerdem ist im V&A auch die Nationale Kunstbibliothek untergebracht.

Zu den berühmtesten Exponaten zählen die riesigen Wandteppichentwürfe der **Raffael Cartoons**, 1516 von dem Renaissancekünstler für Papst Leo X. angefertigt, eine Dauerleihgabe der Queen. Ebenfalls ein Renaissancewerk ist das schon bei Shakespeare und Dickens erwähnte *Great Bed of Ware*. Das rund 4 m breite, massive Eichenbett aus dem Dorf Ware stand früher in einem Hotel und trägt Hunderte von Graffiti seiner häufig wechselnden Benutzer. Berühmt sind auch die **Cast Courts**, zwei riesige Galerien, die Gipsabgüsse zahlreicher bedeutender Skulpturen der europäischen Kunstwelt beherbergen. Michelangelos ›David‹ steht hier, die Trajansäule und vieles mehr, darunter Stücke, deren Vorlagen während der beiden Weltkriege zerstört wurden. Keinesfalls entgehen lassen sollte man sich den einstigen *Dining Room*, ausgestattet von William Morris, sowie die angrenzenden *Gamble* und *Poynter Rooms*, die früher als Restaurant dienten und wunderschöne Kacheln besitzen. Historische Kostüme findet man in der Dress Collection, alte Musikinstrumente in der Historic Musical Instruments Collection und die umfassende Japan-Ausstellung in der 1986 eröffneten *Toshiba Gallery*. Seit Beginn der neunziger Jahre gibt es die **Twentieth Century Gallery** mit Kunst und Kunsthandwerk des 20. Jh.; 1994 wurde die Glass Gallery eröffnet. Zu den Highlights im **Henry Cole Wing** schließlich zählen die Rodin-Skulpturen, die Porträtminiaturen in der National Collection of Portrait Miniatures sowie die Sammlung mit Landschaftsbildern von John Constable.

Mit der (winzigen) *Frank Lloyd Wright Gallery* rühmt man sich, das einzige komplette Interieur des Architekten in ganz Europa zu besitzen. *The Spiral* heißt die ambitionierte neue Galeriearchitektur, die ab 2004 als Rahmen für Design und Kunsthandwerk dienen wird.

Selbst routinierte Museumsbesucher werden nach diesem Marathon eine Pause benötigen. Das gute, doch recht teure **Restaurant** befindet sich im Erdgeschoss des Henry Cole Wing. Bei schönem Wetter ist der Pirelli Garden, eine im Stil der italienischen Renaissance angelegte Grünfläche im Innenhof des Hauptgebäudes, eine luftige Alternative.

Ein wenig Ruhe genießen kann man auch im **Brompton Oratory** gleich nebenan, einer ebenfalls im italienischen Renaissance-Stil errichteten, römisch-katholischen Kirche, die u. a. für ihre hervorragenden Konzerte bekannt ist.

Öffnungszeiten S. 174

TOP TIPP 96

Harrods

Brompton Road, SW1
U-Bahn Knightsbridge

Eines der berühmtesten Kaufhäuser der Welt, ›Pilgerziel‹ für Shopping-Begeisterte.

Harrods sehen und kaufen: das berühmteste Londoner Kaufhaus hat Wohlstand und Ästhetik auf seine Fahnen geschrieben

Auch wenn Harrods seit 1985 dem Ägypter Mohamed Al-Fayed gehört, ist und bleibt es dennoch eine britische Institution und neben dem Tower, Big Ben und Westminster Abbey eine der Hauptattraktionen für Touristen. Sehenswert ist es allemal, was der mit vier Royal Warrants ausgestattete Einkaufstempel in rund 230 Abteilungen getreu dem Motto

Hai mit Jugendstildekor – auch die Fischhallen von Harrods entbehren nicht der Exklusivität und einer Prise britischen Humors

Speisesaal wie aus einer anderen Zeit – Veteranen der britischen Armee verbringen im Chelsea Royal Hospital ihren Lebensabend

des Hauses ›omnia omnibus ubique‹ (›alles für alle überall‹) seinen Kunden zu bieten hat. Niemals hätte der Teehändler Henry Charles Harrod, als er hier 1849 einen bescheidenen Lebensmittelladen eröffnete, von solch verschwenderischem Überfluss auch nur zu träumen gewagt. Doch spätestens nach der Great Exhibition, als die Gegend zunehmend attraktiver wurde, ging es mit dem Geschäft bergauf. Bald schon musste erweitert werden und schließlich entstand 1901– 05 der von Stevens and Munt entworfene Terrakotta-Palast im zeitgenössichen Edwardian Style. Darin untergebracht ist heute, betreut von 4000 Angestellten, ein Kaufhaus mit sechs Restaurants, fünf Bars, einer eigenen Bank, einem Schönheitssalon, einer Ticketagentur und einer Abteilung, die sich praktischer Lebenshilfe verschrieben hat; von hier aus werden z. B. Taufen, Hochzeiten und Bestattungen organisiert.

Eine Garde von Dienstmännern, die livrierten ›greenmen‹, helfen mit Paketen oder halten den Wagenschlag auf, während die Verkäufer in den nicht nur wegen ihrer beeindruckenden Jugendstilkacheln und Mosaiken weltberühmten **Food Halls** traditionelle Strohhüte tragen. Sehenswert u. a. auch die Blumenabteilung, die Kosmetikhallen, das Spielzeugparadies. Eine weitere Attraktion ist die ägyptische Rolltreppenanlage, die einer Filmkulisse à la Hollywood ähnelt.

97 Chelsea Royal Hospital

Royal Hospital Road, Chelsea, SW3
U-Bahn Sloane Square

Veteranen- und Invalidenheim mit 300-jähriger Tradition.

Wer die Pforte zu dieser altehrwürdigen Einrichtung für Pensionisten der britischen Armee passiert, den beschleicht unweigerlich das Gefühl, in eine andere Zeit geraten zu sein. Alte Herren mit wallenden weißen Bärten in ordensgeschmückten Uniformen (marineblauer Gehrock im Winter, scharlachroter im Sommer), korrekte Haltung, flotter Dreispitz – diese Veteranen sind Soldaten bis an ihr Lebensende. Über 400 alleinstehende Pensionäre, die mindestens 22 Jahre Militärdienst hinter sich gebracht haben müssen, leben heute im Royal Hospital, einer Institution, die ins Leben gerufen wurde unter Charles II. – nach dem Vorbild des unter Ludwig XIV. gegründeten Hôtel des Invalides in Paris.

Der Hauptteil des Gebäudes wurde von Sir Christopher Wren 1682–92 errichtet. Es folgten Erweiterungen von Robert Adams (1765 – 82) und Sir John Soane, der das Royal Hospital 1819 im streng klassizistischen Stil vollendete: ein schlichter Ziegelbau mit langen Gebäudeflügeln, die die drei Innenhöfe begrenzen; bescheiden herausragend nur der kleine Turm über der Säulenvorhalle, die

Wer wagt noch ein Spielchen? – Die Pensionisten betreiben ihre eigene Art von Fitness bei einer Partie Boule im Garten der Royal Hospital

zu Speisesaal und Kapelle führt. Der imposante Speisesaal **Great Hall** mit schöner Holztäfelung, zahlreichen Königsporträts und erbeuteten Flaggen kann abgesehen von der Mittagszeit besichtigt werden. Besonders augenfällig ist das *Fresko* von Verrio mit Charles II. hoch zu Roß und dem Royal Hospital im Hintergrund. In der kleinen, ebenfalls holzgetäfelten **Wren-Kapelle,** die im ursprünglichen Zustand erhalten ist, sitzen oft Heimbewohner ›on duty‹ und veranstalten bereitwillig Führungen. Sehenswert ist hier das Auferstehungsgemälde des Venezianers Sebastiano Ricco (1710) in der Apsis. Beim Verlassen des Gebäudes gelangt man in den *Figurenhof*, wo sich das von Grinling Gibbons gefertigte **Denkmal** für Charles II. befindet. Es wird alljährlich am 29. Mai (›Founder's Day‹) im Beisein eines Mitglieds der Königsfamilie mit einer Parade geehrt.

Ebenfalls im Mai (3. Woche) findet in den Gärten des Royal Hospital die berühmte **Chelsea Flower Show** statt, eine üppige Blumenausstellung, die montags der Queen offen steht, dienstags und mittwochs Mitgliedern der Royal Horticultural Society und donnerstags und freitags schließlich der Allgemeinheit. In dem zum Royal Hospital gehörigen kleinen **Museum** gibt es Informationen zur Geschichte des Veteranenheims sowie eine stattliche Medaillensammlung. Wer mehr zum Thema Armee erfahren möchte: Gleich nebenan befindet sich das **National Army Museum**, das inklusive Ordens-, Uniformen- und Bildergalerie die Geschichte der britischen Armee vom 15. Jh. bis zur Gegenwart aufrollt.

Öffnungszeiten S. 170, 173

Shopping mit viel Flair: Chelseas Herz schlägt an der belebten King's Road

98 Chelsea Physic Garden

66 Royal Hospital Road, SW3
U-Bahn Sloane Square

Lebendiges Museum mit nachwachsenden Beständen.

Nicht nur für Botaniker interessant ist dieser 1673 von Mitgliedern der Apothekerzunft angelegte *Lehr- und Kräutergarten.* Zur Vorratsgewinnung wurden zunächst vor allem Heilkräuter angepflanzt, doch im 18. Jh. gewann der Garten an Bedeutung, weil hier in Europa unbekannte Pflanzen aus den neu entdeckten Gebieten rund um den Erdball gehegt und gepflegt wurden. So stammten beispielsweise die Setzlinge für die ersten in den USA angelegten Baumwollplantagen aus dem Chelsea Physic Garden. Auch heute findet man in dieser kleinen Oase der Ruhe noch eine ganze Reihe exotischer Pflanzen und Bäume sowie den ältesten Steingarten Englands. Sir Hans Sloane hat sich zu seinen Lebzeiten um den Garten verdient gemacht, indem er ihn vor dem finanziellen Ruin rettete. Als Dank errichtete man eine Statue des Gönners, deren Original von Rysbrack sich in der Eingangshalle des British Museum befindet.

Öffnungszeiten S. 170

99 Cheyne Walk

SW 3
U-Bahn Sloane Square

Bezaubernde Wohnstraße am Themseufer.

Am schmaleren Nordende parallel zu Chelsea Embankment, weiter südlich unmittelbar am Fluss entlang verläuft der von eleganten Stadthäusern – viele davon im Queen-Anne-Stil – gesäumte Cheyne Walk. Henry VIII. besaß hier einst ein stattliches ›Manor House‹ (heute No. 19–26 Cheyne Walk), als er noch häufig zu Gast bei seinem ebenfalls in der Gegend lebenden Lordkanzler Sir Thomas More war. Später lebten u. a. Henrys Tochter Elizabeth, ein gewisser Lord Cheyne (nach ihm ist die Straße heute benannt) sowie Sir Hans Sloane, dessen wissenschaftliche Sammlung den Grundstock für das British Museum lieferte, in Chelsea Manor. Sloanes Schwiegersohn ließ das Haus 1753 abreißen, doch ein wenig vom Glanz vergangener Tage und natürlich die hervorragende Flusslage blieben bestehen, und damit war Cheyne Walk weiterhin ein Anziehungspunkt für zahlreiche Künstler und andere Persönlichkeiten des öffentlichen Lebens, die sich hier niederließen.

So lebten in No. 4 Cheyne Walk der Künstler Daniel Maclise und später die Schriftstellerin George Eliot und nebenan in No. 5 der für seinen Geiz bekannte Camden Neild, der bei seinem Tod Königin Victoria die stolze Summe von 500 000 £ hinterließ. Das Geld wurde für das gerade im Bau befindliche Balmoral Castle verwendet.

In No. 10 wohnte einst der Politiker Lloyd George, während No. 16 ab 1862 als Zentrum der Londoner **Präraffaeliten** galt. Dante Gabriel Rossetti lebte hier mitsamt seinem exotischen Zoo (darunter Pfauen, ein Känguru und ein Beuteltier) und zeitweise auch in Gesellschaft seiner Freunde Algernon Swinburne und George Meredith. Die Liste ließe sich beliebig fortsetzen. Am südlichen Ende von Cheyne Walk stößt man schließlich nach einem hübschen Spaziergang am Fluss entlang auf die ehemaligen Wohnhäuser der beiden Maler James McNeill Whistler (No. 101) und William Turner (No. 119).

Unterwegs trifft man auf ein außergewöhnliches Gebäude aus dem 15. Jh., **Crosby Hall**. Ursprünglich in der City, im Stadtteil Bishopsgate als Stadtresidenz für den betuchten Wollhändler Sir John Crosby errichtet und nachfolgend von dem späteren König Richard II. und dem Staatsmann Thomas More bewohnt, wurde das Gebäude zu einem Großteil Mitte des 17. Jh. bei einem Brand vernichtet. Nur die Great Hall überstand das Feuer. Sie wurde 1908 nach Chelsea gebracht und dort Stein für Stein wieder aufgebaut.

100 Chelsea Old Church

Cheyne Walk, SW3
U-Bahn Sloane Square

Geschichtsträchtige Gemeindekirche.

Gegründet im 12. Jh., wurde die alte Dorfkirche von Chelsea mehrmals umgebaut und nach schweren Bombenschäden aus dem Zweiten Weltkrieg grundlegend restauriert. Weitgehend erhalten blieb die **More Chapel,** die 1528 von Thomas More erbaute Votivkapelle an der Südseite der Kirche. Hier liegt Mores erste Ehefrau begraben, während sich das

Von Perpendicular bis High-Tech

Auch die britische Architekturgeschichte hat ihre Eigenheiten. So sind z. B. einige **Epochen** *nach den Monarchen benannt, die die Entwicklung des jeweiligen Stils durch Bauprojekte entsprechend förderten.*

In **normannischen** *Gebäuden wie dem White Tower des Tower of London [Nr. 26] herrschen französische Einflüsse vor. Mit Beginn der* **Gotik**, *mit dem* **Early English Style** *(frühes 13. Jh.) entwickeln sich britische Stileigenschaften wie z. B. die Betonung der Horizontalen und reich verzierte Gewölbe. Diese Elemente verstärken sich gegen Ende des 13. Jh. im deutlich stilisierten* **Decorated Style**. *Der* **Perpendicular Style** *des 14.–16. Jh. hingegen bleibt vergleichsweise schlicht und linear. Die Betonung liegt auf großen, maßwerkgegliederten Fenstern und prächtigen Fächergewölben. Diese drei Phasen der englichen Gotik können nebeneinander in der Westminster Abbey [Nr. 4] betrachtet werden.*

Londoner Meisterwerke der **Renaissance** *(16./17. Jh.) schuf in den Epochen* **Tudor** *und* **Stuart** *der Baumeister Inigo Jones, der mit Banqueting House [Nr. 11] und Queen's House in Greenwich [Nr. 121] dem Vorbild des Italieners Palladio folgte. Standards dieses Palladianismus waren klassisch-klare Baukörper und Säulenvorhallen. Er wurde im* **Klassizismus**, *dem* **Georgian Style** *(17./18. Jh.), auch von Christopher Wren beibehalten. Barocke Elemente kamen hinzu, so z. B. in Wrens berühmter St. Paul's Cathedral [Nr. 44]. Als Vertreter des* **Regency** *(18./19. Jh.) war John Nash dem Neoklassizismus verpflichtet. Er errichtete u. a. den imposanten Buckingham Palace [Nr. 24].*

Der unter Königin Victoria herrschende **Historismus** *erhielt die Bezeichnung* **Victorian Style**. *Er zeichnet sich durch fantasievolle Stilzitate früherer Epochen aus. Die besondere Vorliebe galt der Neogotik. Neben imposanten Museumsbauten wie dem* **Natural History Museum** *[Nr. 94] repräsentieren die* **Tower Bridge** *[Nr. 27] und das verspielte Kaufhaus* **Harrods** *[Nr. 96] diese Phase.*

Inbegriff der Londoner **Architektur des 20. Jh.** *wurde Richard Rogers' futuristisches* **Lloyd's of London** *[Nr. 37], ein Hochhaus, in dem das Innen nach außen gekehrt zu sein scheint. High-Tech-Spezialist ist auch Nicholas Grimshaw, der in den* **Docklands** *[Nr. 118] die Druckerei der Financial Times errichtete.*

Grab dieses Philosophen und ehemaligen Lordkanzlers Henrys VIII. im Tower befindet. Die beiden Renaissance-Kapitelle mit symbolischen Darstellungen von Mores Aufgaben in Kirche und Staat sollen ein Entwurf seines Freundes Hans Holbein sein. In der nördlichen Votivkapelle, der **Lawrence Chapel,** wurden 1536, wenige Tage vor der offiziellen Staatshochzeit, Henry VIII. und Jane Seymour getraut.

Chelsea Old Church besitzt auch einige sehenswerte **Grabmonumente**, darunter die für Lady Jane Cheyne und den Schriftsteller Henry James. Der berühmte Naturwissenschaftler und Sammler Sir Hans Sloane wiederum liegt im Kirchhof begraben. Ein *Obelisk* erinnert hier an Philipp Miller, den Kurator des Chelsea Physic Garden. Vor der Kirche schließlich steht eine bemerkenswerte Bronzestatue Thomas Mores.

101 Carlyle's House

24 Cheyne Row, SW3
U-Bahn South Kensington

Ehemaliges Wohnhaus von Thomas Carlyle.

Die willkommene Gelegenheit, einen Blick hinter eine der eleganten Fassaden zu werfen, bietet das 1708 erbaute Haus des schottischen Historikers, Essayisten und Philosophen Thomas Carlyle, in dem er 1834–81 wohnte. Bekannt als der ›Weise von Chelsea‹, schrieb er hier ›The French Revolution‹, ›The Life and Letters of Oliver Cromwell‹ und ›Frederick the Great‹. Robert Taits Gemälde ›A Chelsea Interior‹ zeigt Carlyle mit seiner Frau. Diese soll besonderen Humor besessen haben, der von den zahlreichen Besuchern des Hauses, darunter Thackeray, Dickens und Tennyson, sehr geschätzt wurde. Das kaum veränderte, seit 1936 vom National Trust verwaltete

Die Tate Gallery of British Art, Tempel der Kunst für die Sammlung eines Zuckerbarons, zeigt die Werke bedeutender Künstler von William Turner bis Henry Moore

Haus präsentiert eine Vielzahl persönlicher Gegenstände der Carlyles. Auch der Garten, in dem der Philosoph unter den schönen Walnuss- und Kirschbäumen zu lustwandeln pflegte, befindet sich noch in seinem ursprünglichen Zustand.

Öffnungszeiten S. 170

TOP TIPP 102 Tate Gallery of British Art

Millbank, SW1
U-Bahn Pimlico

Spitzenwerke britischer Künstler wie Hogarth, Turner, Constable und Reynolds.

Ende des 19. Jh. machte der Zuckermillionär *Sir Henry Tate* der Regierung ein Angebot: Falls sie ein entsprechendes Grundstück stellen könne, würde er dort eine Galerie für moderne britische Kunst errichten lassen und seine eigene Sammlung von über 60 Gemälden namhafter englischer Künstler der Nation als Grundstock der Ausstellung vermachen. Als Standort wurde Millbank ausgewählt, das dort befindliche größte Londoner Gefängnis abgerissen, und bereits 1897 öffnete die Tate Gallery ihre Pforten in einem von *Sidney Smith* entworfenen neoklassizistischen Gebäude am Themseufer. Die Sammlung sollte sich auf britische Künstler beschränken, die nach 1790 geboren worden waren, doch Schenkungen wie der Turner-Nachlass (William Turner kam 1775 zur Welt) und eine Sammlung von Impressionisten führten unwillkürlich zu einer Neuorientierung. Ab 1917 wurden auch internationale Künstler sowie vor 1790 geborene Briten zugelassen. Und so präsentierte sich die Tate Gallery im wesentlichen mit zwei Sammlungsschwerpunkten: Englische Malerei vom 16. bis zum späten 19. Jh. und internationale Malerei der Moderne seit 1880.

Wenig verwunderlich ist es folglich, dass die Tate-Collection inzwischen als die weltweit größte Sammlung britischer Kunst gilt. Um diese überhaupt angemessen präsentieren zu können, hat man sich jüngst zu einer Teilung des Museums entschlossen. Die Bestände der International Twentieth Century Art sind ab Mai 2000 in der neuen **Tate Gallery of Modern Art** [Nr. 110] im Gebäude der ehemaligen Bankside Power Station zu sehen. Im fortan kurz *Tate Britain* genannten Stammhaus werden die Werke künftig in themenorientierten Galerien gezeigt. Zusätzliche Räume für solche Exponate, die aus Platzgründen jahrelang eingelagert waren, wurden geschaffen. Tatsächlich konnten 35% Ausstellungskapazität gewonnen werden. So wird sich die Tate

Verträumte Romantik – aus der British Collection der Tate Gallery stammt John William Waterhouses ›Lady of Shallot‹, entstanden im Umkreis der Präraffaeliten

Britain im neuen Jahrtausend wieder ganz ihrem Ursprungskonzept gemäß präsentieren und die britische Kunst von 1500 bis zur Gegenwart in glänzendem Rahmen dokumentieren.

Der *Turner-Nachlass* ist seit 1987 in einem von James Stirling entworfenen zweistöckigen Anbau, der **Clore Gallery**, untergebracht. In der Sammlung **British Art Before 1925** wiederum findet man bedeutende Werke von William Blake, Peter Lely, William Hogarth, Thomas Gainsborough, Joshua Reynolds, Edwin Landseer, John Constable und den Präraffaeliten. Zu den Highlights zählen ›The Cholmondely Sisters‹, ein elisabethanisches Porträt zweier Frauen und ihrer Kinder von einem unbekannten

Frei nach Raumschiff Enterprise? – Das Tate-Café präsentiert sich mit äußerst futuristischem Touch

Deutliche Abgrenzung von den anglikanischen Kirchenbauten – die katholische Westminster Cathedral wurde im 19. Jahrhundert in Anlehnung an byzantinische Vorbilder errichtet

Künstler, Hogarths ›Selbstporträt‹ mit seinem Hund und seine antifranzösische satirische Darstellung ›The Roast Beef of Old England‹ sowie John Everett Millais' ›Ophelia‹. Die Sammlung mit Illustrationen von *William Blake*, darunter die Originale zu Miltons ›Paradise Lost‹, ist die umfassendste überhaupt. In der Tate finden außerdem regelmäßig interessante Sonderausstellungen statt.

Öffnungszeiten S. 174

TOP TIPP 103 Westminster Cathedral

Victoria Street, SW1
U-Bahn Victoria

Hauptkirche der Katholiken Großbritanniens und Sitz des Erzbischofs von Westminster.

Keine Verbindung zur berühmten Westminster Abbey hat die gleichnamige Kathedrale aufzuweisen, und genau das war auch eine der Maximen, als sich die rund 300 Jahre nach der Reformation wieder etablierte katholische Kirche gegen Ende des 19. Jh. endlich zum Bau einer neuen Kathedrale entschloss: Es sollte keinerlei Ähnlichkeit zur Abbey bestehen, der Bau sollte schnell vollendet werden, und er sollte ein weites Kirchenschiff besitzen, um möglichst viele Gläubige aufnehmen zu können. In Zusammenarbeit von Auftraggeber Erzbischof Herbert Vaughan und Architekt John Bentley entstand so 1895–1903 der für das Londoner Stadtbild ausnehmend exotische Bau: eine **Basilika** in romanisch-byzantinischem Stil.

Die **Fassade** besteht aus roten Ziegeln, durchzogen von Bändern aus weißem Portland-Stein, einem von überkuppelten Türmen gerahmten Hauptportal und einem ebenfalls überkuppelten Campanile.

Der **Innenraum** ist ein einziges Farbenspiel: Marmor in allen Schattierungen neben goldblitzenden Mosaiken. Über 100 Marmorsorten aus aller Welt wurden verwendet, um Wände, Säulen und Pilaster zu verkleiden. Irgendwann einmal, wenn das nötige Geld dafür vorhanden ist, sollen auch die oberen Wandpartien im Marmorglanz erstrahlen und die Kuppelinnenseiten mit weiteren Mosaiken versehen werden. Ein mächtiges goldenes *Kreuz* hängt am Ostende des mit 52 m breitesten Kirchenschiffs in England. Sehenswert Eric Gills Steinreliefs mit den *Kreuzwegstationen* an den Hauptsäulen. In den ebenfalls reich geschmückten Seitenkapellen befinden sich einige Gräber und Denkmäler, darunter das Grab des Priesters John Southworth, der 1654 für seinen Glauben sterben musste. Eine Bischofsmütze von Thomas Becket gehört zur *Reliquiensammlung*, die es in der Krypta zu betrachten gibt. Der *Campanile* ist Edward the Confessor – der in Westminster Abbey begraben liegt – geweiht. Die **Aussichtsgalerie** des knapp 100 m hohen Turms (mit Lift) bietet einen herrlichen Blick über Westminster und die City.

Öffnungszeiten S. 175

South of the River – früheres Sündenbabel wird gesellschaftsfähig

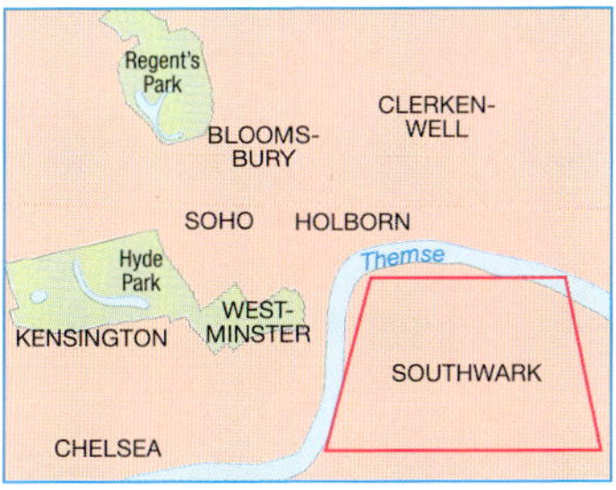

Der lange verrufene Vorort am Südufer der Themse, ›The Borough‹ genannt, ist gesellschaftsfähig geworden. Glanzpunkte dieser Entwicklung sind die Wiedereröffnung von **Shakespeare's Globe Theatre** 1997 und die Einweihung der **Tate Gallery of Modern Art** im Mai 2000. Southwark war Wegstation für Verkehr und Handel von und nach London. Zu beiden Seiten der London Bridge, der damals einzigen Themsebrücke, befanden sich folglich Herbergen, Pubs und Bordelle. Sie waren – wie die Theater – nur außerhalb des Bannkreises der sittenstrengen City gelitten. Zum Szenarium gehörten außerdem mehrere berüchtigte Schuldgefängnisse u. a. The Clink. Das Südufer der Themse ziert heute moderne Architektur. In Docks wie Butler's Wharf und Hays Galleria sind Geschäfte und Restaurants eingezogen. Das **London Aquarium** lockt mit Unterwassersensationen, das Riesenrad **British Airways London Eye** entführt in himmlische Höhen. Auf der Uferpromenade flanierned genießt man das Panorama Londons.

104 Lambeth Palace

Lambeth Palace Road, SE1
U-Bahn Waterloo, dann Bus 507

Londoner Residenz des Erzbischofs von Canterbury.

Unweit der Lambeth Bridge liegt inmitten einer reizvollen Parkanlage Lambeth Palace, wo seit 1207 der Erzbischof von Canterbury seinen Sitz hat. Die ältesten erhaltenen Gebäudeteile des um einen Innenhof gruppierten mittelalterlichen Ziegelpalasts sind *Kapelle* und *Krypta* aus dem Jahr 1200. Durch den mit Zinnen bewehrten *Morton's Tower*, erbaut im 15. Jh. unter dem früheren Erzbischof und Kardinal John Morton, gelangt man in die Anlage [schriftliche Anmeldung erforderlich, s. S. 172]. Dort erhebt sich die gotische *Great Hall* (17. Jh.), in der die kostbare **Bibliothek** des Hauses mit zahlreichen historischen Dokumenten und Manuskripten untergebracht ist. Der ehemalige Wasserturm Lollards' Tower diente jahrelang als Kerker, während der Laud Tower die **Gemäldesammlung** des Palastes beherbergt: Porträts berühmter Kleriker gemalt von namhaften Künstlern wie Holbein, Hogarth, Kneller, Reynolds und van Dyck. Der Erzbischof selbst bewohnt den 1829 von Edward Blore im Tudor-Stil erbauten *Nordflügel* der Anlage. In den achtziger Jahren wurden die *Gärten* des Palastes neu angelegt. Gartenfreunden steht das neben dem Torhaus in der Kirche St. Mary-at-Lambeth untergebrachte **Museum of Garden History** offen. Eine kuriose kleine Samm-

Turmbewehrt präsentiert sich noch heute der Sitz des Erzbischofs of Canterbury, Lambeth Palace

Flugzeuge, Raketen und Kanonen – furchterregendes Kriegswerkzeug des 20. Jahrhunderts zeigt das Imperial War Museum

lung, die die Kirche mit neuem Leben erfüllt und außerdem hungrige Besucher mit Tee und selbst gebackenem Kuchen versorgt. Ins Leben gerufen wurde das Museum vom Tradescant Trust in Erinnerung an den königlichen Hofgärtner John Tradescant. Im kleinen Kirchhof gibt es botanische Raritäten aus dem 17. Jh. zu betrachten.

Öffnungszeiten S. 172, 173

105 Florence Nightingale Museum

St.Thomas' Hospital, 2 Lambeth Palace Road, SE1
U-Bahn Waterloo oder Westminster

Denkmal für die bekannteste Krankenschwester der Welt.

Florence Nightingale, eine der herausragenden Persönlichkeiten des viktorianischen Zeitalters, widmete nach den schrecklichen Erfahrungen des Krim-Krieges ihr Leben der Krankenpflege. Das Museum, dessen Herzstück die Nachbildung einer Krankenstation aus dem Krim-Krieg ist, erinnert an die aufopferungsvolle Heldin, deren Porträt auch die 10-Pfund-Note schmückt.

Öffnungszeiten S. 171

106 Imperial War Museum

Lambeth Road, SE1
U-Bahn Elephant & Castle oder Lambeth North

Viel besuchtes Museum, das sich bemüht, die Kriegsgeschichte des 20. Jh. aufzuarbeiten.

Zwei mächtige Kanonenrohre, drohend auf jeden Ankömmling gerichtet – der erste Eindruck ist nicht unbedingt Vertrauen erweckend. Dennoch, in den Sälen des eindrucksvollen klassizistischen Gebäudes wird nicht allein die martialische Seite des Krieges dargestellt, sondern auch versucht, das menschliche Leid zu vermitteln, das stets mit ihm verbunden ist. Gegründet 1920, unmittelbar nach der schrecklichen Erfahrung des Ersten Weltkriegs, musste das Museum mehrmals erweitert werden, um mit den tragischen Ereignissen des Jahrhunderts, bis hin zu Falkland- und Golfkrieg, Schritt halten zu können.

Das Imperial War Museum befindet sich seit 1936 in dem 1815 von James Lewis errichteten Gebäude (die Kuppel von Sydney Smirke wurde 1844–46 angefügt), in dem ursprünglich das Bethlehem Hospital für Geisteskranke untergebracht war. Das ›Bedlam‹ war ein beliebtes Ausflugsziel. Besucher konnten gegen eine Eintrittsgebühr die in ihren Zellen angeketteten Kranken begaffen. Das Sujet, das jetzt Besucher anlockt, ist ebenfalls tragisch, die Darbietungsform wurde zum Glück eine andere. Nach aufwendigen Umgestaltungen präsentiert sich das Museum heute auf insgesamt vier Ausstellungsebenen. In der **Large Exhibit Hall** gibt es sperrige Exponate wie Panzer, Busse, ein Schiff und gewagt von der Decke baumelnde Flugzeuge zu betrachten. Waffen, Medaillen, Uniformen und anderes Kriegsgerät in den weiteren Sälen ergänzen die Sammlung. Zu den größten Attraktionen gehört **The Blitz Experience**, ein simulierter Bombenangriff, wobei mit bebendem Boden, rauchgeschwängerter Luft und charakteristischem Brandgeruch dem Besucher ein Nacherleben dieser schrecklichen Erfahrung ermöglicht wird. Ähnlich eindrucksvoll ist das Modell eines *Schützengrabens* aus dem Ersten Weltkrieg. Weitere Ausstellungsthemen sind ›Konflikte nach 1945‹ und ›Krieg der Geheimdienste‹. Neueren Datums sind die *Holocaust Dokumentation* und ›The Age of Total War‹. Weniger bekannt ist die *Kunstsammlung* des Museums mit Werken von Paul Nash, Wyndham Lewis, Graham Sutherland und Henry Moore. Dem Imperial War Museum angegliedert sind drei Außenstellen, darunter das ehemalige Kriegsschiff HMS Belfast [s. S. 134].

Öffnungszeiten S. 172

107 County Hall mit London Aquarium

Belvedere Road, South Bank, SE1
U-Bahn Waterloo

Ehemaliges Verwaltungsgebäude des mittlerweile aufgelösten Groß-Londoner Stadtrats.

Zwar wurde im 19. Jh. von London aus längst ein ganzes Weltreich verwaltet, doch eine eigene zentrale Stadtverwaltung wurde erst 1889 mit der Schaffung des London County Council, dem späteren **Greater London Council** (GLC), ins Leben gerufen. Ein der Aufgabe seiner Nutzer angemessenes Gebäude wurde 1911–22 von dem jungen Architekten Ralph Knott errichtet (1931–33 endgültig fertig gestellt). Der eindrucksvolle Bau im Neorenaissance-Stil verfügt über eine 250 m lange Fassade, 2390 Zimmer und rund 10 Meilen an Korridoren. Die zur Themse hin ausgerichtete Schauseite besteht aus zwei lang gezogenen Gebäudeflügeln, deren Mittelpunkt eine im eleganten Halbrund geschwungene, von einem Glockenturm überragte Eingangshalle bildet. Nach der spektakulären und heiß umstrittenen Auflösung des Greater London Council per Parlamentsbeschluss im Jahr 1986 blieb die County Hall jahrelang ungenutzt, ehe sie schließlich im Frühjahr 1992 von der japanischen Grundstücksgesellschaft Shirayama Corporation gekauft wurde. Das Ge-

Auf Tauchstation im Pazifik – eine denkwürdige Begegnung mit Haien ist trockenen Fußes im London Aquarium möglich

bäude steht inzwischen jedoch wieder zum Verkauf.

In den Untergeschossen der County Hall ist 1997 das **London Aquarium** eröffnet worden. Auf drei Etagen erwarten den Besucher Aquarien mit Fluss- und Meeresbewohnern. Korallenriffe, Mangroven und Regenwälder verschiedener Regionen werden hier lebendig. Ein gigantisches Doppelaquarium schließlich kombiniert die Unterwasserwelt von Atlantik und Pazifik. Das Pazifik-Aquarium wird vor allem von Haien bevölkert. In ›Touchpool and Pier‹ ermöglichen Streichelaquarien die hautnahe Begegnung z. B. mit Stachelrochen.

In den benachbarten Jubilee Gardens, direkt am Themse-Ufer gegenüber den Houses of Parliament, steht heute eine der größten Londoner Attraktionen: das 135 m hohe Millennium Riesenrad **British Airways London Eye**. Die 30-minütige Luftreise in futuristischen Kabinen verspricht spektakuläre London-Panoramen.

Öffnungszeiten S. 170, 172

108 South Bank Arts Centre

South Bank, SE1
U-Bahn Waterloo oder Embankment

Aus mehreren Komplexen bestehendes Kunst- und Kulturzentrum.

Einleuchtende Gründe gibt es eigentlich nicht, weshalb das Gelände am Südufer der Themse beiderseits der Waterloo Bridge trotz zentraler Lage inmitten der Millionen-Metropole lange keinerlei repräsentative Gebäude aufweisen konnte. 1951 schließlich fand hier in Erinnerung an die Weltausstellung von 1851 das *Festival of Britain* statt. Es war der Startschuss für die Entstehung der Royal Festival Hall und anderer Gebäudekomplexe des South Bank Arts Centre.

Royal Festival Hall

Der älteste Teil des Centre ist zugleich eine der besten Londoner Konzerthallen. 1951 eröffnet, konnte der von den Architekten Robert Matthew und J. M. Martin errichtete Betonbau erst 1965 endgültig fertig gestellt werden. Besonderen Wert hatte man bei der Planung der knapp 3500 Zuhörer fassenden Konzerthalle – im Gegensatz zur Royal Albert Hall – auf die Akustik gelegt. Die 1967 eröffnete *Queen Elizabeth Hall,* in der Symphoniekonzerte gegeben werden, sowie der *Purcell Room,* ein Kammermusiksaal, liegen gleich nebenan [s. S. 167].

Hayward Gallery

Die ursprünglich vom Arts Council of Great Britain geführte Kunstgalerie ist seit 1987 Teil des South Bank Arts Centre. Dass hier keine Alten Meister zu finden sind, lässt schon das avantgardistische Äußere der Galerie erahnen, die sich auf zeitgenössische Kunst spezialisiert hat. In dem dank mobiler Innenwände wandelbaren Gebäude finden Wechselausstellungen statt. Es werden britische

Londons moderne Theaterburg – das National Theatre beherbergt drei renommierte Bühnen

Please welcome Wynton Marsalis and his Orchestra – die Royal Festival Hall ist Schauplatz großer Londoner Musikereignisse

Künstler präsentiert, doch auch die internationale Szene ist vertreten [s. S. 171].

Museum of the Moving Image

Das MOMI ist eine Hommage an die Zelluloidkunst und wurde auf Initiative des ebenfalls hier ansässigen National Film Theatre 1988 gegründet. Wie der Name sagt, wird in dieser Sammlung die Geschichte der bewegten Bilder aufgerollt. Das Spektrum reicht von den ersten Experimenten mit dem Medium bis hin zur modernsten Videotechnik. Verkleidete Schauspieler, Hunderte von Film- und Fernsehausschnitte sowie zahlreiche interaktive Ausstellungsobjekte helfen zusätzlich, dem Besucher die Zauberwelt Film ein Stück näher zu bringen [s. S. 173, bis Anfang 2003 geschlossen].

National Film Theatre

In diesem Kino laufen alte Kultfilme, thematische Filmreihen oder auch Low-Budget-Produktionen. Tickets gibt es nur für Mitglieder, doch eine Abendmitgliedschaft plus Eintrittskarte ist immer noch billiger als eine Vorstellung in einem der großen West-End-Kinos [s. S. 169].

TOP TIPP National Theatre

Schon Mitte des 19. Jh. forderten namhafte Theaterleute ein Nationaltheater, ein Wunsch, dem gut 100 Jahre später mit der Eröffnung dieser von Sir Denys Lasdun 1967–76 in moderner Terrassenbauweise errichteten Spielstätte Rechnung getragen wurde. Unter der Leitung von Peter Hall wurden die drei Bühnen 1976 eröffnet: Die größte unter ihnen, das *Olivier*, benannt nach seinem ersten Direktor, dem berühmten Schauspieler Sir Laurence Olivier, das *Lyttleton* sowie das winzige *Cottesloe*, in dem meist experimentelles Theater geboten wird [s. S. 168]. Kostenlose Foyerkonzerte und ein Terrassencafé mit großartigem Blick über die Themse locken nicht nur Theaterbesucher an. Wer einen Blick hinter die Kulissen werfen möchte, kann auch an einer der täglich stattfindenden Führungen (Tel. 74 52 34 00) teilnehmen.

TOP TIPP 109 Shakespeare's Globe Theatre and Exhibition

New Globe Walk, Bankside, SE1
U-Bahn London Bridge oder Southwark

Shakespeares berühmtes Premieretheater ist wieder erstanden.

Es war ein Amerikaner, der sich dafür einsetzte, Shakespeare dort, wo er zu Lebzeiten erfolgreich gewirkt hatte, ein Denkmal zu setzen. Der Schauspieler und Regisseur **Sam Wanamaker** suchte bei seinem ersten London-Besuch 1949 vergeblich nach Spuren des berühmten

Globe Theatre, an dem Shakespeare Stücke wie ›Hamlet‹, ›King Lear‹ und ›Macbeth‹ uraufgeführt hatte. Als Wanamaker 1993 starb, war nach seinem jahrzehntelangen Kampf um Genehmigungen, Baugrund und die Finanzierung des Projekts endlich mit dem Bau des Globe begonnen worden. *William Shakespeare* (1564–1616) war Teilhaber an dem damaligen Freilufttheater, einem kreisrunden Holz- und Fachwerkbau mit reetgedeckten Zuschauerrängen (1598/99), der nicht weit vom ursprünglichen Standort originalgetreu rekonstruiert worden ist (1993–97). Zu Shakespeares Zeiten lag das Globe mitten im Vergnügungsviertel, zwischen Pubs, Bordellen und Bärhatzarenen. 1613 wurde das Theater ein Opfer der Flammen: Während der Uraufführung von Shakespeares ›Henry VIII.‹ entfachte ein Funke von einer Kanone den vernichtenden Brand. Das wieder aufgebaute Globe wurde 1642 von den Puritanern geschlossen.

Heute ist das ›Wooden O‹ in einen Komplex eingebunden, der auch das kleinere **Inigo Jones Theatre** nach Plänen des Baumeisters von 1617 einschließt. Im Untergeschoss zeigt die **Globe Exhibition** Dokumentationen zu Shakespeare und dem Theater seiner Zeit. Im nahe gelegenen **Globe Education Centre** (1 Bear Gardens, Tel. 79 02 14 00) werden Workshops und Vorträge angeboten. Das Globe Theatre (1500 Plätze) selbst besteht aus einem überdachten Bühnenhaus, dem Rund der drei Zuschauerränge und dem Raum um die Bühne, wo sich rund 500 Stehplätze befinden. Die Saison dauert naturgemäß nur von Juni bis September. Wie in alten Zeiten gibt es Vorstellungen bei Tageslicht. Fliegende Händler verkaufen Speisen und Getränke, und die Zuschauer können sich während der Aufführungen frei bewegen. Das traditionelle Zwiegespräch zwischen Schauspielern und Publikum hingegen scheint nur zögernd wieder aufzuleben. Als Konzession an moderne Zeiten wurden Abendvorstellungen ins Programm aufgenommen. Neben Shakespeares Werken kommen auch andere englischsprachige Bühnenstücke zur Aufführung.

Öffnungszeiten S. 168, 174

TOP TIPP 110 Tate Gallery of Modern Art

Bankside Power Station,
25 Sumner Street, SE 1
U-Bahn Southwark

Walhalla der Klassischen Moderne.

Die Eröffnung der *Tate Modern* am 12. Mai 2000 setzt einen Glanzpunkt in der Museumslandschaft Londons. Als Standort für die Bestände internationaler Kunst

Die Bretter, die die Welt bedeuten: 1997 ist die Nachbildung des hölzernen Freilufttheaters ›The Globe‹ eröffnet worden, an dem William Shakespeare u. a. das hier in einer modernen Inszenierung präsentierte ›Wintermärchen‹ aufführte

Meisterwerk englischer Gotik – Blick in den Chor von Southwark Cathedral mit der Altarwand des 16. Jahrhunderts

des 20. Jh. aus der *Tate Britain* [Nr. 102] wurde das modernisierte Bankside-Kraftwerk gewählt, das Sir Giles Gilbert Scott erbaute. Durch die im April 2000 fertig gestellte Fußgängerbrücke **Millennium Bridge** [s. S. 54], der erste Brückenneubau im Herzen von London seit 1894, wurde eine direkte Verbindung über die Themse zwischen der St. Paul's Cathedral und der Tate geschaffen.

Die Sammlung präsentiert Werke der bedeutendsten und einflussreichsten Künstler der **Klassischen Moderne**. Beginnend mit den Impressionisten – von van Gogh über Cézanne und Gauguin bis zu Toulouse-Lautrec – werden die faszinierenden Stilrichtungen der Epoche gezeigt: Kubismus, Fauvismus, Futurismus, Expressionismus, Dadaismus und Surrealismus sowie Pop Art, Minimal Art und Conceptual Art. Als Highlights des Museums erscheinen weltberühmte Meisterwerke von Picasso, Braque, Matisse, Mondrian, Duchamp, Dalí, Warhol, etc. Eine eigene Abteilung bildet das *Atelier*, in dem Museumsbesucher die Entstehung von Kunstwerken des 21. Jh. unmittelbar miterleben können.

Öffnungszeiten S. 174

111 Southwark Cathedral und Umgebung

Montague Close, London Bridge, SE1
U-Bahn London Bridge

Nach Westminster Abbey der interessanteste gotische Sakralbau Londons.

Schon im 7. Jh. soll hier eine Kirche gestanden haben, die 1106 durch den Bau der normannischen Steinkirche St. Mary Overie (over the river) ersetzt wurde. Ihr war ein Augustinerkloster angegliedert, dessen Abtei an der Nordseite der Kirche lag. Nach einem Brand im Jahr 1212 wurde eine neue Kirche im gotischen Stil errichtet, die nach weiteren Brandschäden erst um 1420 endgültig fertig gestellt werden konnte. Weitere

Gänsehaut ist gratis – Londonder Gruselkabinette

Wohl keine Stadt der Welt war Schauplatz so vieler Kriminalromane und -filme wie London. Hier war Sherlock Holmes zu Hause, hier trieben die Schurken unzähliger Edgar-Wallace- und Agatha-Christie-Krimis ihr Unwesen. Auch Alfred Hitchcock inszenierte mörderische Filmdramen in der Themsestadt. Gruseln kann man sich auch bei Charles Dickens. Seine sozialkritischen Romane sind voll von düsteren Schilderungen aus dem Gerichts- und Kriminalmilieu.

Mit erstaunlicher Faszination für das Sujet ›Mord‹ wird die Erinnerung an finstere Figuren wie z. B. den Prostituiertenmörder Jack the Ripper noch heute gepflegt. Die Begeisterung der Briten für Kriminalgeschichte(n) ist so groß, dass gar fiktive Helden, quasi postum, zum Leben erweckt werden können: So wurden im **Sherlock Holmes Museum**, *natürlich in 221B Baker Street, die Wohnräume des pfeifeschmauchenden Romandetektivs rekonstruiert [s. S. 138]. Nach solch einer kleinen Einstimmung könnte es weitergehen mit dem* **›Bus Trip to Murder‹** *(Tel. 88571545), einem von zahlreichen City Walks zum Thema, die man in der Rubrik ›Around Town‹ im Time Out Magazine findet. Selber spuken kann man bei* **Dennis Severs** *(18 Folgate Street, E1, Tel. 72474013). Zweieinhalb Stunden dauert die Zeitreise auf den Spuren einer imaginären Familie durch sein georgianisches Haus im East End. Wer dabei das Gruseln noch nicht gelernt hat: Ein wahres Horrorkabinett ist* **The Clink Exhibition**. *Hier kann sich der Besucher in die Qualen der Häftlinge dieses Schuldnergefängnisses hineinversetzen. Grusel-Glanzpunkt aber ist der* **London Dungeon**, *wo man zwischen der ›eigenen Hinrichtung‹ oder einem Spaziergang auf den Spuren Jack the Rippers wählen kann.*

Wer sich von so viel britischem Gemüt hat anstecken lassen, der kann sich abschließend im Krimi-Buchladen **Murder One** *(Charing Cross Road 71–73) mit entsprechendem Lesestoff eindecken.*

Umgestaltungen folgten. Die im 19. Jh. arg heruntergekommene Kirche wurde 1890–96 einer Restaurierung durch Sir Arthur Bloomfield unterzogen. 1905 wurde sie zur Kathedrale erhoben und trägt seither den offiziellen Namen: The Cathedral Church of St. Saviour & St. Mary Overie Southwark.

Zahlreiche interessante *Grabdenkmäler* befinden sich in der von einem quadratischen Vierungsturm mit spitzen Eckzinnen überragten Kathedrale, deren **Innenraum** von der *Altarrückwand* des 16. Jh. bestimmt wird. Die Figuren in den Nischen sind moderne Arbeiten, die ab 1905 eingesetzt wurden.

Ein **Rundgang** im Uhrzeigersinn führt vom südwestlich gelegenen Haupteingang aus zunächst zu dem aus dem 13. Jh. stammenden Taufstein an der Westseite. Im *nördlichen Seitenschiff* fallen auf: das normannische Tor aus dem 12. Jh. und das farbenprächtige Grabmal von John Gower mit einer Liegefigur des berühmten Dichters und Günstlings der beiden Könige Richard II. und Henry IV. Im *nördlichen Querschiff* findet man weitere Grabmäler, darunter das für den Quacksalber Lionel Lockyer, der in künstlerischer Pose dahingestreckt liegt. Daneben die Harvard Chapel, so benannt in Gedenken an John Harvard, Gründer der amerikanischen Universität, der 1607 hier getauft wurde. Etwas verkniffen wirken die Darstellungen des Ehepaars Trehearne im *nördlichen Chorumgang*. John Trehearne war eines von vier Gemeindemitgliedern, die die Kirche im Jahr 1614 von James I. kauften, um sie vor dem Abriss zu bewahren. Ganz in der Nähe die hölzerne Totenfigur eines unbekannten Ritters aus dem 13. Jh. Sie ist eines der wenigen überlieferten Zeugnisse ihrer Art.

In dem hinter dem Chor befindlichen *Retrochor* – beide stammen ebenfalls aus dem 13. Jh. – steht eine Eichenholztruhe mit kunstvollen Einlegearbeiten und Schnitzereien, die sog. Nonesuch Chest (1588). An der Ostseite des Retrochores die vier Kapellen: St. Andrew, St. Christopher, die Lady Chapel sowie St. Francis and St. Elizabeth of Hungary. Im *südlichen Chorumgang* wird zweier Bischöfe gedacht: Bishop Lancelot Andrewes, dessen Grabmal 1930 von Sir Ninian Comper restauriert wurde, und Bishop Talbots, des ersten Bischofs von Southwark (1905–11). Das Buntglasfenster von Christopher Webb (1954) schließlich

So wurde im 19. Jahrhundert operiert: Old St. Thomas's Operating Theatre ...

erinnert an **Shakespeare**, dessen Londoner Zeit aufs engste mit Southwark verknüpft war und dessen Bruder Edmund hier begraben liegt. Das Fenster, das die Protagonisten aus verschiedenen seiner Dramen darstellt, bildet den Hintergrund für das *Shakespeare Monument*: eine Alabasterfigur des großen Dramatikers, hingestreckt vor einer Reliefdarstellung des elisabethanischen Southwark.

Seit 1988 besitzt die Kathedrale ein modernes **Chapter House**; Architekt war Ronald Sims. Es wurde an der Stelle errichtet, wo sich die mittelalterliche Abtei befunden hatte und verfügt u.a. über ein öffentliches Restaurant.

Am **St. Mary Overy Dock** kann man seit 1997 die Rekonstruktion von Sir Francis Drakes berühmtem Flagschiff **Golden Hind** (16. Jh.) besichtigen. Jahrzehntelang war das Schiff als schwimmendes Museum zwischen England und Nordamerika unterwegs. Ganz in der Nähe gibt es außerdem einige skurrile Museen:

Clink Exhibition (1 Clink Street, SE1) – die schaurige Nachbildung des ehemmals hier befindlichen, vom Bishop of Winchester betriebenen Clink-Gefängnisses.

Old St. Thomas's Operating Theatre (9A St. Thomas Street, SE1) – ein original erhaltener Operationssaal aus dem 19. Jh., der sich mittlerweile in dem über eine steile Wendeltreppe erreichbaren Glockenturm einer alten Kirche befindet.

The London Dungeon (28–34 Tooley Street, SE1) – zu den Horror-Highlights dieses Verliesmuseums gehören das ›Theatre of the Guillotine‹, eine Schau zur Französischen Revolution, ›Judgement Day‹ als Inszenierung der Verurteilung zum Tod inklusive der Fahrt zur Traitors' Gate des Tower und Gruselszenen aus dem London zur Zeit Jack the Rippers.

Britain at War Experience (64–66 Tooley Street, SE1) – die lebensechte Inszenierung des ›Blitz‹, der deutschen Luftangriffe auf London im Zweiten Weltkrieg.

Öffnungszeiten S. 170–174

112 Hay's Galleria

Tooley/Braidwood Street, SE1
U-Bahn London Bridge
oder Southwark

Nostalgisch-modernes Einkaufszentrum am Fluss mit viel Atmosphäre.

Ein typisches Beispiel für die zahllosen Docklands-Renovierungsprojekte der achtziger Jahre ist die frühere Hay's Wharf. Sie war einst wichtiger Umschlagplatz für Teeklipper und andere Frachtschiffe aus aller Welt, bekannt als

... wesentlich wohltuender ist der Aufenthalt im Pub der Hay's Galleria am Ufer der Themse

Wo früher die Dockarbeiter schufteten, befindet sich heute die attraktive Einkaufspassage Hay's Galleria

›Larder of London‹ (›Speisekammer Londons‹) und hat jetzt eine neue Aufgabe gefunden. Heute werden hier in zahlreichen Cafés und Restaurants hungrige Londoner aus den umliegenden Büros und fußmüde ›Shopper‹ abgefüttert. Die von einem gläsernen Tonnengewölbe überdachte, zum Fluss hin offene **Einkaufspassage** wird eingerahmt von den ehemaligen Werftgebäuden, deren viktorianischer Charme durchaus erhalten blieb. Abgesehen von Buch-, Leder- und Bekleidungsgeschäften gibt es auch einen Christmas Shop, wo man das ganze Jahr über britische Weihnachtsdekorationen erstehen kann.

Eine Attraktion der Hay's Galleria ist David Kemps monumentale *Brunnenskulptur* ›The Navigators‹, ein rundum bewegliches Holz- und Metallgebilde im Stil Jean Tinguelys. Im Sommer sorgen Straßenkünstler fast immer für zusätzliche Unterhaltung.

Am Kai unweit der Galleria liegt das ehem. Kriegsschiff **HMS Belfast**, das vom Zweiten Weltkrieg bis 1965 im Einsatz war. Bei einem Besuch an Bord kann man die Waffen und Munitionsmagazine ebenso inspizieren wie Maschinenraum und Mannschaftsunterkünfte.

Öffnungszeiten S. 171

TOP TIPP 113 Design Museum

Butler's Wharf, Shad Thames, SE1
U-Bahn Tower Hill oder London Bridge

Das strahlend weiße Museum in Terrassenbauweise bietet einen herrlichen Blick über Themse und Docklands.

Gegründet wurde es von dem um seine Verdienste fürs Design geadelten Sir Terence Conran als das weltweit erste Museum dieser Art. Seit Juli 1989 bietet es eine Sammlung, die der **Alltagskultur** gewidmet ist: Gebrauchsgegenstände, deren Gestaltung so ansprechend, schnittig, innovativ oder einfach nur kurios ist, dass sie von sich reden machte. In den Ausstellungsräumen erfährt man so ziemlich alles über Theorie und Geschichte, Entwicklung und praktische Umsetzung von Design-Ideen. Hier kann man sich an den Resultaten erfreuen, die häufig in Massenproduktion gingen. Das Museum verfügt außerdem über umfassende Studieneinrichtungen, darunter eine hervorragende *Bibliothek*.

Unterm Dach befindet sich Conrans **Blue Print Café** [s. S. 163]. Auch von der Dachterrasse kann man bei moderner europäischer Küche den herrlichen Blick auf die Themse genießen.

Öffnungszeiten S. 171

Elegante Ecklösung: Blick vom Design Museum auf die Themse

Schöner Wohnen: das Design Museum rückt all die künstlerischen Leistungen, die unser tägliches Leben gestalten, ins rechte Licht

Bayswater und Marylebone bis Regent's Park – Kinderland, Kitsch und Kunst

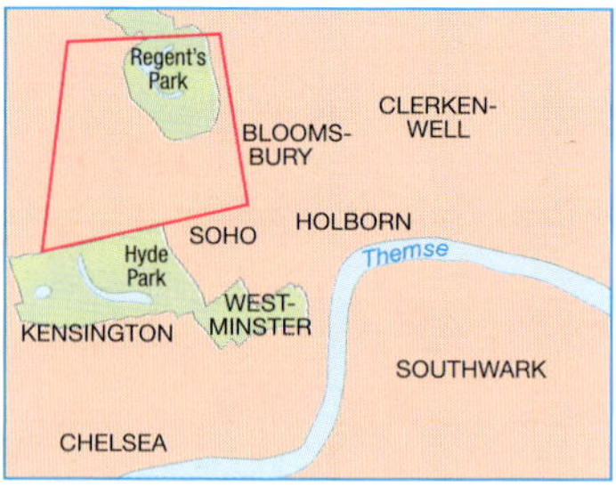

Die beiden Stadtviertel nördlich des Hyde Park und südlich des Regent's Park wurden ursprünglich als vornehme Wohngegenden angelegt. Dabei bildete der 1717–19 entstandene Cavendish Square das Zentrum Marylebones, während sich Bayswater von dem rund 100 Jahre später angelegten Connaught Square aus am Hyde Park entlang westwärts ausdehnte. Heute haben sich in **Bayswater** viele Araber angesiedelt, und so findet man mittlerweile auch an der Haupteinkaufsstraße Queensway zahlreiche arabische Geschäfte und Restaurants. Beispielhaft renoviert wurde Ende der achtziger Jahre des 20. Jh. das ebenfalls am Queensway befindliche Einkaufszentrum Whiteley's mit Läden, Cafés, Restaurants und einem Kino.

Schön flanieren kann man in **Marylebone** insbesondere nördlich der U-Bahn Bond Street bis hinauf zur Marylebone High Street, die mit ihren kleinen Geschäften, Bars und Cafés fast schon südländisches Flair besitzt.

114 Royal Institute of British Architecture (RIBA): Drawings Collection and Heinz Gallery

66 Portland Place, W1
U-Bahn Regent's Park

Interessante Sammlung der britischen Architektenvereinigung.

Seit seiner Gründung im Jahr 1934 hat das Royal Institute of British Architecture, kurz RIBA genannt, eine bedeutende Sammlung architektonischer Zeichnungen zusammengetragen. Rund 350000 Exponate, darunter Arbeiten weltberühmter und einflussreicher Baumeister wie Andrea Palladio, Mies van der Rohe, Le Corbusier oder Frank Lloyd Wright besitzt die Drawing Collection des RIBA. Das königliche Architekturinstitut verfügt außerdem über eine eigene Galerie, die Heinz Gallery, in der regelmäßig Sonderausstellungen stattfinden. Sie ist ebenfalls in dem stattlichen, von James Adam erbauten Haus am Portland Place untergebracht.

Öffnungszeiten S. 174

115 Wallace Collection

Hertford House, Manchester Square, W1
U-Bahn Bond Street

Einzigartige Kunstsammlung verschiedenster Gattungen.

Über mehrere Generationen wurde diese Kunstkollektion mit kostbarsten Stücken vor allem aus Frankreich von der Familie des Marquess of Hertford und einem Sohn des 4. Marquess, Sir Richard Wallace, zusammengetragen. Sir Richards

Zur wertvollen Wallace Collection gehört Frans Hals ›Lachender Kavalier‹ von 1624 ▷

Ganz in Wachs – die Royal Family wird im Wachsfigurenkabinett der Madame Tussaud dem Wandel der Zeiten getreu dokumentiert

Witwe schließlich übereignete die Sammlung dem Staat mit der Auflage, dass nichts daran verändert werden dürfe und dass die Kunstwerke stets in Zentral-London bleiben müssten. Seit 1900 ist die Wallace Collection der Öffentlichkeit zugänglich, ausgestellt im eleganten Stadtpalais **Hertford House**, dem Londoner Hauptwohnsitz der früheren Besitzer aus dem späten 18. Jh. Hier bewundert der Besucher wertvolle französische *Möbel*, darunter Stücke, die für Ludwig XV. gefertigt wurden, kostbares *Sèvres-Porzellan*, italienische *Keramik, Gold-* und *Bronzearbeiten* aus dem 16.–18. Jh., aufwendig gearbeitete *Uhren* sowie europäische und orientalische *Waffen, Rüstungen* und *Uniformen*. Als geradezu spektakulär gilt die **Gemäldesammlung** mit Werken von Rembrandt, Rubens, Tizian, van Dyck, Canaletto, Velázquez, Watteau, Fragonard und Delacroix. Die englische Malerei ist mit Arbeiten von Gainsborough, Reynolds, Romney, Lawrence und Turner vertreten. Das Jahr 2000 feiert die Wallace Collection mit der Eröffnung von vier neuen Galerien, dem überkuppelten Innenhof und einem Vortragssaal.

Öffnungszeiten S. 175

116 Madame Tussaud's

Marylebone Road, NW1
U-Bahn Baker Street

Berühmtestes Wachsfigurenkabinett der Welt.

Was im 19. Jh. noch einen ungeheueren Reiz auf die Besucher ausgeübt haben muss, nämlich berühmte Persönlichkeiten – als Wachsfiguren – in Lebensgröße betrachten zu können, das ist heute in erster Linie teuer. Dennoch bilden sich fast täglich lange Schlangen vor Madame Tussaud's, einer der publikumsträchtigsten Touristenattraktionen Londons.

Madame selbst hieß eigentlich Marie Großholtz, kam aus dem Elsass und war vor der Französischen Revolution als Wachsbildnerin am Hof von Ludwig XVI. beschäftigt. 1802 kam sie mit ihrer Kollektion von Wachsarbeiten nach England und tingelte jahrelang über Land, ehe sie 1835 im Alter von 74 Jahren beschloss, sich in London niederzulassen. Seither wird die Sammlung ständig auf den *neuesten Stand* der Zeitgeschichte gebracht. Auch die Besucher können Vorschläge machen, wer demnächst ins Kabinett der illustren Wachsfiguren-Gesellschaft aufgenommen werden soll. Eine Besonderheit, die noch aus der ursprünglichen Show von Madame Tussaud selbst stammt, ist ›The Sleeping Beauty‹, das Abbild von Madame du Barry, der Mätresse von Ludwig XVI., das dank eines raffinierten Mechanismus tatsächlich im Schlaf ›atmet‹. Natürlich gibt sich hier auch die Königliche Familie ein Stelldichein, daneben Politiker, Sportler und Stars jeder Couleur. Neben ›Klassikern‹ wie Winston Churchill und Marilyn Monroe trifft man Margaret Thatcher, Bill Clinton, Arnold Schwarzenegger, Michael Jackson u. v. m.

Wer sich für ein kombiniertes Ticket entscheidet, kann auch das **Planetarium** nebenan besuchen und dort eine Reise zu

Das Kaminzimmer, der ›Think Tank‹ der Romanfigur Sherlock Holmes, wurde in der Baker Street krimigerecht rekonstruiert

den Sternen machen. Dazu wird der Sternenhimmel auf die Kuppel projiziert, ebenso wie die verblüffendste Formen- und Farbenvielfalt bei den im Planetarium stattfindenden Laser-Konzerten.

Übrigens, wenn man zuerst ins Planetarium geht, kann man meist die lästige Warteschlange an der Kasse vor Madame Tussaud's vermeiden. Mit Hilfe eines von Madame Tussaud's erstellten Stadtplans der besonderen Art lässt sich das London zeitgenössischer Berühmtheiten erkunden: Wer wissen will, wo Eric Clapton seine Küchenrollen kauft oder Brad Pitt sich einkleidet, findet in *Starspotting* die nötigen Adressen.

Nahebei (Ecke Baker Street/ Park Road) befindet sich das **Sherlock Holmes Museum**, wo man mehr über den legendären, stets Pfeife schmauchenden und mit Karo-Umhang, Deerstalker und Lupe ausgerüsteten Meisterdetektiv erfahren kann. Die Räume und Einrichtungsgegenstände sind den Kriminalerzählungen Conan Doyles nachempfunden.

Öffnungszeiten S. 173, 174

117 Regent's Park mit London Zoo

Marylebone, W1
U-Bahn Baker Street oder Regent's Park

Park mit großem Freizeitangebot, gesäumt von eleganten Häuserzeilen.

1812 begann John Nash mit der Umwandlung des ehem. königlichen Jagdreviers in eine mit vornehmen Villen bebaute Gartenstadt, umringt von eleganten Häuserterrassen. Sein groß angelegter städtebaulicher Entwurf wurde bei weitem nicht vollständig verwirklicht, doch es entstand einer der attraktivsten Londoner Parks, dessen kreisrunder *Inner Circle* von einem weitgefassten *Outer Circle* umschlossen wird. Letzterer wird noch heute von diversen *Terraces* – eleganten Häuserzeilen – gesäumt, darunter York Terrace, Chester Terrace sowie die großartige Cumberland Terrace, deren imposante Fassade lediglich übertroffen wird von der schlichten Eleganz des im sanften Halbrund geschwungenen *Park Crescent* am Südostende von Regent's Park. Im Park selbst gibt es einen **Boating Lake**, wo man sich Boote ausleihen kann, Tennis- und Kricketplätze, Kinderspielplätze und natürlich ›deckchairs‹ zum Ausruhen. Im Inner Circle findet man im Sommer ein köstlich duftendes Rosenparadies, den von der britischen Rosenzüchtervereinigung angelegten, romantischen *Queen Mary's Garden.* Nur einen Steinwurf entfernt liegt das *Open Air Theatre,* die Freiluftbühne des Parks, wo im Sommer Shakespeare aufgeführt wird. Die pittoreske *Villa* ›The Holme‹ westlich des Inner Circle wurde 1818 von James Burton für seinen Sohn Decimus (er entwarf den Londoner Zoo) nach Plänen von John Nash errichtet. Sie ist eine der drei (von insgesamt acht) noch bestehenden Villen, die ursprünglich auf dem Areal gebaut wurden.

Die nördliche Begrenzung des Regent's Park bildet der 1820 eröffnete **Grand Union Canal** (auch Regent's Canal genannt), der ein ganzes Stück parallel zum Outer Circle verläuft. Auf dem Kanal kann man herrliche Bootsausflüge in den beschaulichen Stadtteil **Little Venice** und weiter zur Schleusenstation Camden Lock unternehmen.

Auch die größte Attraktion des Regent's Park, den **London Zoo**, erreicht man u. a. per Kanalboot. 1828 wurde dieser älteste Tierpark Europas gegründet. Er beherbergt heute 12 000 Tiere und wird derzeit schrittweise modernisiert. Der neue *Kinderzoo* z. B. bietet interaktive Programme, und die *Mappin Terraces* sind als Felsenlandschaft für Bären inszeniert. Innovativ ist die Ausstellung *Web of Life,* die seit 1999 die Vielfalt des irdischen Lebens dokumentiert.

Öffnungszeiten S. 173

Außenbezirke – von Zukunftsvisionen und königlichen Landsitzen

Entspannung stellt sich ein, sobald man auf dem Deck eines der Ausflugsboote Platz genommen hat, die ab Westminster (Victoria Embankment) auf der Themse stromaufwärts und stromabwärts verkehren. Greater London ist ein vielgesichtiges, faszinierendes Ferienland.

Vorbei an den futuristisch-einsamen **Docklands** mit idyllischen bis nüchternen Wohnanlagen, Hochhäusern und Jachthäfen gelangt man ostwärts ins kleinstädtisch-vitale **Greenwich** mit seinen überraschend monumentalen Bauten und dem **Millennium Dome**. Entlang der Themse nach Westen kommt man dann in wahrhaft königliche Gefilde: In prachtvollen Parks liegen die Landsitze von Königshaus, Aristokratie und Geldadel. Eindrucksvoll sind z. B. die Pflanzenpracht von **Kew Gardens** und das royale Flair von **Windsor Castle**.

TOP TIPP 118 Docklands

U-Bahn Canary Wharf bzw. Bank, Stratford oder Tower Hill und dann Docklands Light Railways (DLR)

Größtes Sanierungsprojekt Europas.

Jahrhundertelang war die Themse die Hauptverkehrsader Londons, und die östlich des Tower gelegenen Docks waren der wichtigste Warenumschlagplatz, aus dem die Metropole ihren Reichtum schöpfte. Mit dem Zerfall des British Empire nach dem Zweiten Weltkrieg allerdings verlor diese größte **Hafenanlage** Europas an Bedeutung. Ein Dock nach dem anderen wurde geschlossen, die großteils aus viktorianischer Zeit stammenden Speicher und Lagerhallen waren dem Verfall preisgegeben. Ein Gebiet von 22 km^2 ganz in City-Nähe lag einfach brach. 1981 wurde dann unter der Regierung Thatcher die **London Docklands Development Corporation** (LDDC) gegründet, eine quasi autonome Behörde, mit der ein gigantisches Entwicklungs- und Umstrukturierungsprojekt ins Leben gerufen wurde. Ohne jegliche Baubeschränkung und ohne ein größeres städtebauliches Konzept sollte bis zur Jahrtausendwende eine neue Stadt am Wasser entstehen, gleichsam als Pendant zu der aus allen Nähten platzenden City. Spekulanten war Tür und Tor geöffnet. Ein wilder **Bauboom** begann, doch die Euphorie legte sich bald wieder, denn die Nachfrage blieb weit hinter den Erwartungen zurück. Viele der aus dem Boden gestampften Wohn- und Bürohäuser standen erst einmal leer. Die Rezession zu Beginn der neunziger Jahre tat ein übriges. Zwar hat sich das Blatt mittlerweile wieder gewendet, doch dass zur Jahrtausendwende tatsächlich 200 000 Menschen in den Docklands arbeiten und gut 100 000 hier leben, wie ursprünglich geplant, ist nicht eingetreten. Derzeit kann man die Docklands entweder über die Autobahn ›Limehouse Link‹ von der City zum City-Airport oder mit der **Docklands Light Railway** (DLR) erreichen, der 1987 eröffneten elektrischen Schnellbahn. Außerdem hat die Jubilee Line der U-Bahn seit 1999 in Canary Wharf eine Station.

Das gesamte Docklands-Projekt umfasst vier Bereiche, und zwar **Wapping** in Tower-Nähe, die **Isle of Dogs** gegenüber von Greenwich, die anschließenden **Royal Docks** sowie die südlich der Themse gelegenen **Surrey Docks**. Informationen bietet das London Docklands Visitor Centre (DLR-Haltestelle Crossharbour) [s. S. 175].

Das **Docklands Museum** am West India Quay (Tel. 75 15 11 62) wird eine vielseitige Dokumentation zur Wirtschafts- und Sozialgeschichte der Themse, u. a. mit Archivmaterial des Museum of London und der Port of London Authority bieten. Es wird Anfang 2001 eröffnet.

In dem 1828 von Thomas Telford erbauten **St. Katharine's Dock** in Wapping unweit der Tower Bridge nahm das gewaltige Umstrukturierungsprojekt seinen Anfang. Schon seit 1973 wurden hier alte Lagerhäuser saniert und zu Wohnungen und Geschäftshäusern umgebaut. Im Wasserbecken befindet sich ein kleiner *Jachthafen*, der ein wenig Urlaubsflair vermittelt, sowie ein *Schiffsmuseum*, zu dem u. a. das leuchtend rote Feuerschiff ›The Nore‹ gehört. Einige *Restaurants* bieten einen schönen Blick auf den Fluss. Besonders populär ist das *Dickens Inn* aus dem 18. Jh.

Tobacco Dock, ein ehemaliges Tabak-Lagerhaus, wurde dank seines markthallenähnlichen *Einkaufszentrums* (Architekt: Terry Farrell) vor Jahren als Covent Garden der Docklands gepriesen. Heute ist die Anlage jedoch öde und verlassen. Im Hafen liegen zwei ehemalige Wein- und Tabak-Frachtschiffe vor Anker. Das Pub **The Prospect of Whitby** aus dem Jahr 1520 ist eines der ältesten in London und bietet einen fantastischen Blick auf die Themse [s. S. 175]. Gleich daneben befindet sich die ehemalige *London Hydraulic Company Pumping Station*.

In **Limehouse** sind zwischen den Neubauten noch zahlreiche alte Kirchen und Häuser erhalten. Ihren ursprünglichen Charakter bewahrt hat sich eine georgianische Häuserzeile in der Narrow Street. Ein paar Straßen weiter stößt man auf **St. Anne's Church**, die einzige größere Kirche der Docklands, die 1712–30 von Nicholas Hawksmoor erbaut wurde. Das moderne *Druckereigebäude* der **Financial Times** an der East India Dock Road stammt von Nicholas Grimshaw. Die elegante, aluminiumverkleidete Glas-Stahl-Konstruktion gilt als Planungswunder und ist einer der wenigen Docklands-Neubauten, die bei Kritikern auf ein positives Echo stießen.

Das spektakulärste Sanierungsgebiet der Docklands ist zweifellos die durch die DLR mit der City verbundene **Isle of Dogs**, wo vor allem Büropaläste im postmodernen Stil wie Pilze aus dem Boden schossen. Spekulationsobjekte wie die silberblau spiegelnden Harbour-Exchange-Bauten am *Millwall Dock* oder *Canary Wharf* mit dem höchsten Büroturm Großbritanniens, dem **Canary Wharf Tower** (245 m, 50 Etagen; Architekt: Cesar Pelli), wurden hier hochgezogen. Leider wurde der Canary Wharf Tower, der zunächst Besuchern offen stand,

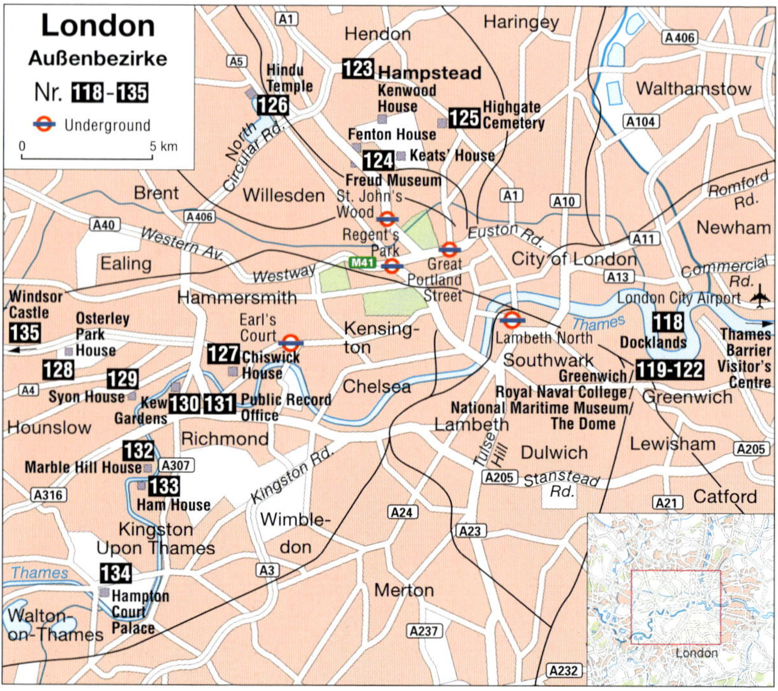

Inbegriff der form- und farbenreichen Dockland-Architektur ist die Isle of Dogs mit dem 245 m hohen Canary Wharf Tower, dem Wahrzeichen der neuen Themsestadt

aus Angst vor Bombenanschlägen der IRA Ende 1992 geschlossen. 1996 ereignete sich in diesem Gebiet tatsächlich ein schwerer Anschlag. Die Zeitungsverlage ›Daily Telegraph‹ und ›Sunday Telegraph‹ sowie der ›Guardian‹ haben sich ebenfalls auf der Isle of Dogs niedergelassen, Luxuswohnungen wie The Cascades und riesige Veranstaltungshallen wie die *London Docklands Arena* (12 000 Plätze) sind entstanden. Fast alles trägt den Charakter von Superlativen. Den besten Überblick gewinnt man auf einer Fahrt mit der DLR quer über die Isle of Dogs bis zur Endstation Island Gardens.

Eine DLR-Linie führt nach Osten (Endstation Beckton) zu den **Royal Docks**, einem weiteren Sanierungsgebiet. Dort befindet sich der *London City Airport*, ein kleiner Flughafen für innereuropäische Flüge, der fast ausschließlich von Geschäftsleuten genutzt wird.

Eine weitere Attraktion in Beckton sind die *Beckton Alps*, eine nicht gerade im Naturschutzgebiet gelegene Trocken-Skipiste mit dem (zu)viel versprechenden Namen Mountain Ski Village. Man preist sich selbstbewusst als das größte Skigebiet Londons (Tel. 75 11 03 51). Auch das ›Edelweiß Restaurant‹ befindet sich hier.

119 Greenwich

SE10

DLR Cutty Sark oder Greenwich, Boot oder Zug ab Charing Cross

Weltberühmt ist die Zeitmess-Station am Meridian, aufsehenerregend der futuristische Millennium Dome.

Schon die Anreise nach Greenwich ist vergnüglich, denn man erreicht den etwa 10 km flussabwärts von der London Bridge gelegenen Bezirk am bequemsten mit einem Ausflugsboot auf dem klassischen Wasserweg oder mit der Docklands Light Railway, die quer über die Isle of Dogs fährt und dann die Themse quert. Wer schon in Island Gardens aussteigt, hat vor sich auf der gegenüberliegenden Fluss-Seite jenes atemberaubende Panorama, dem schon Canaletto nicht widerstehen konnte: Inigo Jones' *Queen's House*, gerahmt von Wrens *Royal Hospital* und das Ganze bekrönt von dem *Old Royal Observatory* auf einer Anhöhe im Hintergrund.

Ein weißgekachelter Fußgängertunnel, erbaut 1902, führt 10 m unter Wasser auf die andere Fluss-Seite, von wo aus schon die Masten des ehemaligen Teeklippers **Cutty Sark** herüberwinken. Das berühmte Segelschiff, das 1871 in der

Rekordzeit von 107 Tagen die Strecke China–England bewältigte, ist heute eine beliebte Touristenattraktion. Besonders sehenswert ist die Sammlung bunt bemalter *Galionsfiguren* alter Handelsschiffe im Frachtraum des Seglers. Ganz in der Nähe liegt die **Gipsy Moth IV** im Trockendock. Die Jacht verhalf Sir Francis Chichester zu seinem Adelstitel, nachdem er 1966–67 damit die Welt umsegelt hatte.

Die beiden Schiffe am Pier geben einen Vorgeschmack auf weitere maritime Sehenswürdigkeiten, die Greenwich zu bieten hat. Der Bezirk selbst war früher Klosterbesitz, ehe er unter Henry VIII. an die Krone überging. Der Tudorkönig wurde ebenso wie seine beiden Töchter Mary I. und Elizabeth I. hier in Greenwich in dem später abgerissenen Schloss Placentia geboren, das 1433 der Duke of Gloucester erbaut hatte. Unter den Tudors und Stuarts war Greenwich ein Lieblingssitz der Königsfamilie, und die damals entstandenen Bauten sind noch heute eine Hauptattraktion der Gemeinde. In der Nähe der Kirche **St. Alfege**, erbaut 1712–28 von dem Wren-Schüler Nicholas Hawksmoor, finden am Wochenende Greenwich Market und Greenwich Crafts Market statt [s. S. 161].

Per Boot kann man vom Greenwich Pier auch einen Ausflug zum **Thames Barrier Visitors' Centre** unternehmen. Die größte Flutschleuse der Welt überspannt mit ihren neun gewaltigen Pfeilern seit 1984 die Themse. Die Fluttore schließen sich bei hohem Pegelstand automatisch und schützen so London vor Hochwasser. Das Besucherzentrum bietet u. a. ein Funktionsmodell und ein Video zur Schleuse.

Öffnungszeiten S. 171, 174

120 Royal Naval College

King William Walk, SE10

Militärische Ausbildungsstätte in einem geschichtsträchtigen Gebäude.

Das College befindet sich auf dem Grundstück des Schlosses Placentia, das unter Charles II. abgerissen wurde. John Webb erhielt 1664 den Auftrag für einen Palast-Neubau, doch aus finanziellen Gründen mussten die Bauarbeiten bald unterbrochen werden, und zwar für die nächsten 20 Jahre. Das mittlerweile regierende Königspaar William and Mary zog es vor, in Kensington zu wohnen. Sie stifteten das Schloss, mit dessen Fertigstellung (1696–98) Christopher Wren beauftragt wurde, zur Nutzung als Royal Naval Hospital, als Alterssitz für Kriegsveteranen.

1705 zogen die ersten pensionierten Matrosen in das mit äußerst strengem Regiment geführte Hospital ein. 1869 war die Bewohnerzahl so weit zurückgegangen, dass die Einrichtung geschlossen wurde. Seit 1873 hat das ›Royal Naval College‹, Ausbildungsstätte für Marineoffiziere, hier seinen Sitz.

Kunterbunte Kulisse – Greenwich, Ausflugsziel mit dem Charme einer englischen Kleinstadt

Klassizistisches Tableau – im Royal Naval College von Greenwich werden heute Marineoffiziere ausgebildet

Die Flussansicht lässt erkennen, dass in die Planung des aus vier Blöcken bestehenden Baus das dahinter liegende Queen's House mit einbezogen wurde. Im **King William Building** (Südwestgebäude) ist die großartige dreiteilige **Painted Hall** mit barocken Wand- und Deckengemälden von Sir James Thornhill ausgestattet (1727). Eines der Bilder zeigt William and Mary, wie sie Frieden und Freiheit nach Europa bringen. Die Halle wird heute als Speisesaal genutzt. Die von Wren entworfene **Kapelle** im **Queen Mary Building** (Südostgebäude) wurde 1779 durch einen Brand zerstört und von James ›Athenian‹ Stuart im griechisch-klassischen Stil neu aufgebaut. Das *Altarbild* von Benjamin West stellt den Schiffbruch des hl. Paulus an der Küste Maltas dar.

Öffnungszeiten S. 174

121 National Maritime Museum

Romney Road, Greenwich, SE10

Museum zur Geschichte der Seefahrt.

Großbritannien war einst die größte Seemacht der Welt, und folglich ist das nationale Schifffahrtsmuseum eng mit ihrer Geschichte verknüpft. Untergebracht wurde es in zwei später angefügten Seitentrakten des Queen's House. Dieses und das im Greenwich Park gelegene Old Royal Observatory, bestehend aus Flamsteed House, Meridian Building und Great Equatorial Building, gehören heute zum Museum.

Queen's House

1616 beauftragte James I. den Baumeister Inigo Jones, in Greenwich eine Sommerresidenz für seine Gattin Anne of Denmark zu errichten. Es entstand ein prächtiges Gebäude im palladianischen Stil. 1619 starb Queen Anne und erst 1639 wurde das Gebäude für Henrietta Maria, Frau von Charles I., fertig gestellt. Queen's House wurde ursprünglich zu beiden Seiten der Hauptstraße London –Dover errichtet, wobei sich der Verbindungstrakt auf drei Brücken über der Straße befand. Vom Nordflügel hatte man Zugang zum Fluss und vom Südflügel Zugang zum Park. Als später die Straße verlegt wurde, bekam Queen's House mit einem durchgehenden Erdgeschoss sein heutiges Aussehen. Nach Henriettas Tod wurde die Residenz immer seltener genutzt. Man richtete schließlich zu Beginn des 19. Jh. eine Marineschule ein. Damals entstanden auch Ost- und Westflügel, durch Kolonnaden mit Queen's House verbunden. In ihnen ist seit 1937 die Sammlung des National Maritime Museum untergebracht.

Die große **Eingangshalle** ist gemäß palladianischem Vorbild ein exakter Kubus, mit schwarz-weißem Marmorfußboden und kostbaren Deckenschnitzereien. Das Deckengemälde wurde im 18. Jh. entfernt und nach Marlborough House [Nr. 18] gebracht. Berühmt ist die elegante, schmiedeeiserne Wendeltreppe. Diese sog. *Tulpen-Treppe* schwingt sich ohne Stütze anmutig nach oben. Sie war die erste ihrer Art in England und verdankt ihren Namen den am Geländer dargestellten Blüten, die allerdings keine Tulpen, sondern Lilien sind. Die königlichen **Staatsgemächer** wurden im Stil des 17. Jh. wieder hergestellt.

National Maritime Museum

Das Museum im Westflügel ist ein Schatzhaus der Seefahrt und bietet zu-

Jetzt schlägt's aber gleich 13 – die rote Kugel über dem Old Royal Observatory zeigt um 13 Uhr die Greenwich Mean Time an. Im Vordergrund der Null-Meridian, der die Grenze zwischen der östlichen und westlichen Hemisphäre markiert

dem eine sehenswerte Gemäldesammlung. Sie zeigt Werke von Künstlern, die mit Captain Cook die Weltmeere bereisten und Porträts berühmter Seeleute von van Dyck, Kneller, Reynolds, Hogarth, Romney und Gainsborough. Der Ostflügel ist Sonderausstellungen vorbehalten.

Im **Erdgeschoss** befindet sich die *Neptune Hall* mit dem begehbaren Radschleppdampfer ›The Reliant‹, einer Sammlung von Galionsfiguren sowie der rekonstruierten Passagierkabine eines Schiffes. *Barge House* bietet die aufwendig dekorierte, vergoldete Barkasse von Frederic, Prince of Wales, und die Staatsbarkasse von Queen Mary of Orange, während weitere Galerien sich mit Schiffsbau, Schiffsarchäologie und dem rauen Seemannsleben beschäftigen.

In den beiden **Obergeschossen** gibt es die große *Captain-Cook-Ausstellung* mit Wissenswertem über die politische und historische Tragweite seiner Entdeckungsreisen, die nicht nur geographisch neue Horizonte eröffneten, sondern auch das Wissen über Flora und Fauna der südlichen Hemisphäre auf sensationelle Weise erweiterten. In der *Nelson Gallery* findet man den Uniformrock des kleinwüchsigen Admirals. Ihn trug Nelson, als er bei der Schlacht bei Trafalgar 1805 sein Leben lassen musste. Eine weitere Ausstellung dokumentiert den Aufstieg Großbritanniens zur Seemacht. Im **Untergeschoss** wird anhand von Dokumenten und Modellen die Geschichte der Schiffsfracht und Werftarbeit erläutert.

TOP TIPP Old Royal Observatory

Durch den 1622 vom französischen Landschaftsarchitekten André Le Nôtre angelegten *Greenwich Park* gelangt man hinauf zum Observatorium. Das älteste Gebäude der Anlage, Flamsteed House, wurde 1675 von Sir Christopher Wren für den ersten königlichen Astronom John Flamsteed errichtet, der hier oben versuchte, eine zuverlässige Methode zur Längengradbestimmung festzulegen. Dieses Problem war damals für die Schifffahrt vordringlich und konnte erst 1761 von dem Zimmermannssohn John Harrison gelöst werden. Das British Board of Longitude hatte damals eine Prämie von 20 000 £ für die Erfindung eines

Schiffschronometers ausgesetzt. Harrisons Chronometer ist heute in **Flamsteed House** zu sehen, außerdem der berühmte *Octagon Room*, Arbeitsraum Flamsteeds und seiner Nachfolger, sowie verschiedene Teleskope und Zeitmessinstrumente. Täglich um 12.55 Uhr steigt eine rote Kugel an einer Stange über dem Observatorium nach oben und fällt Schlag 13 Uhr **Greenwich Mean Time** wieder herunter – ein Vorgang, der von vielen Flussschiffern beobachtet und zur genauen Zeiteinstellung benutzt wird. Nebenan befindet sich das **Meridian Building** aus dem 18. Jh., durch das der auf einer internationalen Konferenz 1884 festgelegte Null-Meridian verläuft. Ein im Boden eingelassener Messingstab markiert die Trennlinie zwischen der östlichen und der westlichen Hemisphäre, während auf einem Eisenstab die imperialen Maßeinheiten Yard, Foot und Inch verzeichnet sind. Das von einer Zwiebelkuppel überragte **Great Equatorial Building** schließlich beherbergt ein 28-Zoll-Refraktorteleskop, das Forschungszwecken dient und für Vorführungen verwendet wird. Die Sternwarte selbst wurde schon 1948 wegen zunehmender Luftverschmutzung von Greenwich nach Herstmonceux Castle in Sussex verlegt und befindet sich mittlerweile in Cambridge.

Das **Ranger's House** (18. Jh.) an der Südwestecke von Greenwich Park schließlich präsentiert die interessante Suffolk Collection mit Gemälden aus der Stuart-Zeit.

Öffnungszeiten S. 173, 174

122 The Dome

Greenwich, SE 10
U-Bahn North Greenwich oder
Schiff bis Millennium Pier

Das ganz besondere Millennium Experience auf der Greenwich Peninsula.

Keine der Millennium-Attraktionen hatte mehr Medienpräsenz als der Dome. Am 1. Januar 2000 wurde der von Richard Rogers geplante Bau auf der Greenwich Peninsula eröffnet. 100 m hohe Pylone halten die Zeltkonstruktion am Ufer der Themse, gerahmt von der Millennium Dome Plaza, aufrecht. Mit 320 m Durchmesser und bis zu 50 m Höhe überspannt der Dome 80 000 m^2 Fläche und ist damit das größte Bauwerk dieser Art in der Welt.

12 Mio. Besucher sollte dieses grandiose Ausstellungs- und Unterhaltungszentrum mit spektakulären, futuristischen Präsentationen zu den Themen Gesellschaft, Kultur und Umwelt jährlich anziehen. Doch ›nur‹ 6,5 Mio. wollten die von Mark Fisher und Peter Gabriel inszenierte Live-Performance mit Musik, Tanz und Akrobatik sowie die 13 futuristisch gestylten Ausstellungsbereiche, die sich mit der Zukunft der Menschheit und dem Planeten Erde befasst hatten, tatsächlich sehen. So war das ganze Spektakel nur ein Jahr nach der feierlichen Eröffnung schon wieder vorbei. Im Januar 2001 musste der Dome geschlossen werden. Nun ist man auf der Suche nach finanzkräftigen Investoren, um das Bauwerk bald einer neuen Bestimmung übergeben zu können.

Eine Brücke ganz in Weiß – idyllische Szenerie im Park von Kenwood House, eine Augenweide auch für unermüdliche Jogger

Edles vom Architekten Adam – Kenwood House in Hampstead ist heute Sitz des Iveagh Bequest Museum mit Werken von Rembrandt, Vermeer und Gainsborough

123 Hampstead und Hampstead Heath

NW 3
U-Bahn Hampstead oder Golders Green

Idyllische Wohngegend mit angrenzender Parklandschaft im Norden Londons.

Beschauliche Gassen, baumbestandene Straßen, gepflegte Vorgärten sowie bezaubernde Häuser und Cottages – das ist **Hampstead**. Im 18. Jh. war es ein beliebter Badekurort, und noch heute haftet dieser Londoner Vorstadt etwas Ländliches an, auch wenn durch den Zuzug reicher Geschäftsleute und exklusiver Modegeschäfte die Atmosphäre an Originalität verloren hat. Geradezu magisch zog das gediegene Wohnviertel stets eine illustre Einwohnerschaft an. Dichter, Schriftsteller, Maler, aber auch bedeutende Staatsmänner und Wissenschaftler ließen sich hier nieder, darunter Lord Byron, John Keats, John Constable, H. G. Wells, D. H. Lawrence, William Pitt, Charles de Gaulle und Sigmund Freud.

Die angrenzende Heidelandschaft von Hampstead, **Hampstead Heath**, ist eine der attraktivsten Grünflächen Londons. Rund 320 ha umfasst das mit kleinen Wäldchen und Teichen aufgelockerte hügelige Gebiet, das hervorragende Sport- und Erholungsmöglichkeiten bietet. Begleitet von fröhlichem Vogelgezwitscher – über 100 verschiedene Arten sollen hier beheimatet sein –, kann man in Hampstead Heath joggen, Tennis oder Bowling spielen, wandern oder ein Picknick im Grünen genießen. Die berühmten *Open Air Ponds* (ein Damen-, ein Herren- und ein gemischtes Becken) sind eine typische Londoner Institution und gehören zu den wenigen Freibädern der Stadt. (Leider ist das Wasser nur zu Beginn der Badesaison empfehlenswert.)

TOP TIPP Drachen kann man am **Parliament Hill** steigen lassen, der übrigens der höchste Punkt Londons ist und einen herrlichen Ausblick bietet. In der Nordhälfte des Parks befindet sich **Kenwood House**, ein stattliches Herrenhaus mit hervorragender Kunstsammlung. Das 1616 erbaute Gebäude wurde 1765–69 von Robert Adam für den 1. Earl of Mansfield umgestaltet und ging 1925 in den Besitz von Edward Guinness, dem 1. Earl of Iveagh, über. Letzterer trug eine wertvolle Kunst- und Gemäldesammlung mit Werken von Rembrandt, Vermeer, Gainsborough, Reynolds und Romney zusammen. Er starb 1928 und vermachte das Haus – als Meisterwerk im Adam-Stil gilt insbesondere die *Bibliothek* – der Nation. Unter dem Namen **Iveagh Bequest Museum** ist es heute der Öffentlichkeit zugänglich.

Am südlich gelegenen Kenwood Pond finden an lauen Sommerabenden die *Kenwood Lakeside Concerts* statt [s. S. 167]. Das Picknick muss man mitbringen, Liegestühle gibt es am Ort, und oft wird im Anschluss auch noch ein Feuerwerk geboten.

Öffnungszeiten S. 172

124 Museen in Hampstead

NW3
U-Bahn Hampstead oder
Belsize Park

Erinnerung an einst hier lebende Persönlichkeiten.

Hampstead ist reich an kleinen Museen. Verantwortlich dafür ist die überdurchschnittlich hohe Zahl bekannter Persönlichkeiten, die sich hier niederließ. Eine ganze Reihe früherer Wohnhäuser kann heute besichtigt werden. Die folgenden fünf befinden sich südöstlich bzw. südlich von Hampstead Heath:

Fenton House, Windmill Hill, NW3. Ein echtes Juwel ist dieses rote Backsteingebäude aus der Regierungszeit von William and Mary (1693), eines der ältesten Gebäude Hampsteads, das sich heute im Besitz des National Trust befindet.

Allein die Pracht des üppigen Gartens lohnt schon einen Besuch, doch sollte man sich auch das Innere von Fenton House keinesfalls entgehen lassen. Die geschmackvollen Möbel stammen zum Großteil noch aus dem 18. Jh. und werden ergänzt durch eine wertvolle *Porzellansammlung* mit Stücken aus China, England und Meissen, das mit einer kostbaren Figurengruppe vertreten ist. Die Hauptattraktion von Fenton House ist allerdings die Benton-Fletcher-Collection, eine umfangreiche *Musikinstrumentesammlung*. Alle Stücke (in erster Linie Tasteninstrumente) sind in hervorragendem Zustand und werden häufig gespielt, gelegentlich auch bei öffentlichen Konzerten.

Burgh House, New End Square, NW3. Das eindrucksvolle Haus (1703 errichtet) im Queen Anne Style gehörte früher, als Hampstead noch ein vornehmer Badeort war, dem Kurarzt Dr. William Gibbons, dessen Initialen noch immer am Tor zu finden sind. Vielfach wechselte es den Hausherrn, ehe es schließlich in den Besitz des Camden Council gelangte und mittlerweile zum lokalgeschichtlichen **Hampstead Museum** umfunktioniert wurde. In dem restaurierten, holzgetäfelten Music Room finden gelegentlich Konzerte statt. Die Caféteria im Untergeschoss genießt einen ausgezeichneten Ruf.

Freud Museum, 20 Maresfield Gardens, NW3. Die größte Attraktion in dem einstigen Wohnhaus von Sigmund Freud ist, wie könnte es anders sein, die berühmte Couch des Psychoanalytikers. 1938 transferierte Freud auf der Flucht vor den Nazis sein gesamtes Hab und Gut hierher nach Hampstead, wo er das letzte Jahr seines Lebens verbrachte. Seine Tochter Anna pflegte den Nachlass des Vaters auf das sorgfältigste – sechs Räume blieben seit 1939 unverändert –, und so wirkt das 1986 eröffnete Museum, als wäre Freud nur eben mal schnell die Zeitung holen gegangen. Sehenswert neben Bibliothek und Arbeitsräumen ist auch die Skulpturen- und Antiquitätensammlung Freuds.

Keats' House, Wentworth Place, Keats Grove, NW3. Ursprünglich war das im Regency Style erbaute Haus zweigeteilt. Die östliche Hälfte bewohnte 1818–20 der Romantiker John Keats, während seine Verlobte Fanny Brawne mit ihrer Familie nebenan lebte. Einige seiner besten Gedichte entstanden hier, z. B. ›Ode to a Nightingale‹, das Keats unter einem Pflaumenbaum im Garten geschrieben haben soll. Zu den Ausstellungsstücken zählen Möbel, Bücher, Manuskripte und Briefe, darunter ein Liebesbrief an Fanny sowie ihr Verlobungsring. Eheglück war dem Paar nie beschieden, denn Keats starb 25-jährig auf einer Italienreise (1821) an Tuberkulose.

Öffnungszeiten S. 170 –172

125 Highgate Cemetery

N6
U-Bahn Archway oder Highgate

Verwunschener viktorianischer Friedhof.

Einer der berühmtesten und interessantesten Londoner Friedhöfe ist Highgate Cemetery, östlich von Hampstead Heath. 1839 eröffnet, war Highgate Cemetery im 19. Jh. bei den Londonern als letzte Ruhestätte derart gefragt, dass bald schon eine Erweiterungsfläche jenseits von Swaine's Lane zur Verfügung gestellt wurde. Ein Besuch des Friedhofs mit seinen Teichen, seinem herrlichen Baumbestand und den eindrucksvollen Grabmälern (steinerne Engel, Obeliske und kleine Katakomben) lohnt auch wegen

Berühmte Büste – das Grab von Karl Marx auf dem Highgate Cemetery

der herrlichen Aussicht. Das Grab von Karl Marx ist eine regelrechte Pilgerstätte geworden. Weiterhin interessant: die Grabmäler von George Eliot und Christina Rossetti. Der westliche Teil kann nur im Rahmen von Führungen besichtigt werden. Kürzlich restauriert wurden hier ›The Colonnade‹, der Friedhofseingang, und ›The Circle of Lebanon‹, Grabstätten rund um eine 300 Jahre alte Zeder.

Öffnungszeiten S. 171

126 Hindu Temple
Shri Swaminarayan Mandir

54 – 62 Meadow Garth, Neasden, NW10, U-Bahn Neasden

Der größte Hindu-Tempel außerhalb Indiens.

Seit 1995 gibt es diese exotische Schönheit im sonst eher trostlosen Stadtteil Neasden in Nordwest-London: Ein Mandir, also ein prächtiger Tempel in traditioneller Steinbauweise für die Hindu-Gottheit Swaminarayan.

Zuckerguss-Architektur so weit das Auge reicht: Hier sieht man ziselierte Kuppeln und Türme, handbehauene Säulen und bogenumrankte Fenster aus (insgesamt 4800 t) Carrara-Marmor und bulgarischem Kalkstein. Das Baumaterial des Tempels zumindest ist ein Zugeständnis an das feuchte Londoner Klima. Dem nämlich hätte der traditionelle indische Sandstein keinesfalls lange standhalten können.

Zwei Jahre lang waren 1500 indische Steinmetze beschäftigt, bis sie das Material nach historischen Vorlagen zu filigraner Spitze aus Stein verarbeitet hatten. Danach wurden 26 300 durchnummerierte Einzelteile nach London geschickt und dort zum jetzigen Tempel zusammengesetzt. Ehrensache für die rund 20 000 britischen Anhänger der Glaubensgemeinschaft, hier mit Hand anzulegen: unzählige Feierabende und Wochenenden wurden geopfert, was die Baukosten um etwa ein Drittel senkte und eine Fertigstellung des monumentalen Bauwerks innerhalb von knapp drei Jahren ermöglichte. Der Evening Standard sprach vom »achten Weltwunder in Nord-London«, Orient im Okzident.

Neben einem ›Haveli‹ genannten Kulturzentrum vermittelt die Ausstellung ›Understanding Hinduism‹ Hintergrundinformationen.

Öffnungszeiten S. 171

Spaziergang nach Indien – 1995 wurde im Norden Londons Shri Swaminarayan Mandir eröffnet, der größte Hindu-Tempel in der Fremde

Ganz im Sinne Andrea Palladios – Chiswick House ist ein Tribut an den berühmten Baumeister der italienischen Renaissance

127 Chiswick House

Burlington Lane, W4
U-Bahn Turnham Green oder
Zug nach Chiswick

Paradebeispiel des englischen Palladianismus.

Der 3. Earl of Burlington, in dessen ehemaligem Stadtpalais Burlington House sich heute die Royal Academy of Arts [Nr. 71] befindet, war bekannt für seinen besonders exquisiten Geschmack. Mehrere Italienreisen begeisterten ihn für den palladianischen Stil, und dann ließ er 1725–29 Chiswick House erbauen, das sich an Palladios Villa Capra bei Vicenza orientiert.

Zwei symmetrisch angelegte Freitreppen führen hinauf zu einem korinthischen Säulenportikus mit Dreiecksgiebel an der Vorderseite des zweistöckigen, quadratischen Baus. Chiswick House wird überragt von einer achteckigen Kuppel, die im Inneren mit einer prächtigen Kassettendecke ausgestattet ist. Der **Kuppelraum** bildet das Herzstück des Gebäudes. Um ihn herum sind die übrigen Räume mit zum Teil sehr ungewöhnlichen Grundrissen gruppiert. Chiswick House wurde nicht als Wohnhaus konzipiert, sondern war vielmehr ein Schaustück, ein Paradebeispiel dafür, was die Schönen Künste vermögen. Es diente in erster Linie als elegante Kulisse für Abendgesellschaften und Gesprächszirkel. Die oberen Räume des Gebäudes wurden von William Kent ausgestattet, der auch an der Gestaltung des typisch englischen *Landschaftsgartens* beteiligt war.

Ganz in der Nähe befindet sich übrigens **Hogarth's House** (Hogarth Lane, Great West Road), das kleine Wohnhaus, das William Hogarth 1749–64 als Sommerresidenz diente. Es ist ausgestattet mit Stücken, die an den Künstler erinnern, und mit einigen seiner Arbeiten.

Öffnungszeiten S. 170, 171

128 Osterley Park House

Isleworth TW7
U-Bahn Osterley

Herrliches Adam-Interieur, wie es auch das nahe gelegene Syon House bietet.

Zwar weitab vom Zentrum, aber dennoch nicht ungünstig liegt Osterley Park House an der U-Bahn-Linie zum Flughafen Heathrow. Der älteste Teil des Hauses stammt aus dem 16. Jh. und wurde unter dem ersten Besitzer Sir Thomas Gresham im Tudor-Stil errichtet. Osterley Park House, wie wir es heute kennen, entstand allerdings weitgehend unter den späteren Besitzern, der Bankiersfamilie Child, die das Haus ab 1762 von den beiden Architekten Sir William Chambers und Robert Adam umgestalten ließ. Insbesondere Adam, der zeitgleich mit der Umgestaltung von Syon House beschäftigt war, prägte den Stil des Gebäudes ganz wesentlich. Er plante die prächtige **Innenausstattung** der zahlreichen ›state rooms‹ bis ins letzte Detail. Das Beste, was die damalige Handwerkskunst vermochte, war gerade gut genug, und das Gros der Originalausstattung aus dem 18. Jh. ist noch heute zu sehen. Osterley

Park House war bis 1949 ein Privatwohnsitz. Es gehört mittlerweile dem National Trust und wird vom Victoria & Albert Museum verwaltet.

Auch der von William Chambers entworfene **Park** mit herrlichem alten Baumbestand, zwei Tempeln, einem in elegantem Halbrund geschwungenen *Gewächshaus* und einem künstlich angelegten See wurde vom National Trust restauriert.

Nicht weit von hier befindet sich das im jakobäischen Stil errichtete **Boston Manor** (Boston Manor Road), das von Mai bis September an Wochenenden ebenfalls Besuchern offen steht.

Öffnungszeiten S. 170, 173

129 Syon House

Syon Park, Brentford
U-Bahn Gunnersbury oder
Zug nach Kew Bridge

Weithin erkennbar der Northumberland-Löwe auf dem Dach des Gebäudes, der früher das Tor des Stadthauses der Familie an The Strand schmückte.

Noch heute bewohnt der Duke of Northumberland, dessen Familie seit Jahrhunderten hier ansässig ist, einen Teil des prächtigen Herrenhauses. Besuchern offen stehen jedoch die von Robert Adam ab 1761 aufwendig umgestalteten **Repräsentationsräume**. Ursprünglich hatte sich hier ein von Henry V. gegründetes Brigittinenkloster befunden, das im 16. Jh. in den Besitz der Krone überging. Das Kloster wurde zu einem repräsentativen Wohnhaus umgebaut, das noch heute den Kern von Syon House bildet. Um 1630 wurde Inigo Jones mit Umgestaltungsarbeiten betraut, doch die wichtigste bauliche Veränderung, der Syon House sein heutiges Aussehen verdankt, geht auf Sir Hugh Smithson zurück, späterer Duke of Northumberland, der Mitte des 18. Jh. den Besitz erwarb. Sir Hugh war es, der die gesamte Neugestaltung des **Innenraums** Robert Adam übertrug und dessen Fantasie und Gestaltungsfreude freien Lauf ließ. Die Adam-Räume – Eingangshalle, Vorzimmer, Speisesaal, Roter Salon und als Höhepunkt die *Great Gallery* – sind jeder für sich ein Kunstwerk im klassizistischen Stil.

Der herrliche **Syon Park**, der Syon House umgibt, wurde 1767–73 von Lancelot ›Capability‹ Brown angelegt, dem bekanntesten Landschaftsgärtner seiner Zeit. Das eindrucksvolle Gewächshaus *Great Conservatory* wurde im 19. Jh. von Charles Fowler erbaut, dem Architekten des Crystal Palace. Der Park einschließlich des köstlich duftenden Rosengartens, ist seit 1837 der Öffentlichkeit zugänglich. Er wurde in den letzten Jahren zu einem Erlebnispark inklusive Restaurant und Konferenzzentrum sowie Geschäften und Dienstleistungsunternehmen rund um Familie, Haus und Garten ausgebaut. Zu den besonderen Attraktionen gehören das **London Butterfly House**, ein tropisches Glashaus mit exotischen Schmetterlingen, und **The London Aquatic Experience**, wo Fische, Reptilien, Vögel etc. in Ökosystemen leben, die ihrer natürlichen Umgebung entsprechen.

Öffnungszeiten S. 174

TOP TIPP 130 Kew Gardens

Kew Road, Richmond,
Surrey, U-Bahn Kew Gardens

Einer der schönsten botanischen Gärten der Welt mit zahlreichen – auch architektonischen – Sehenswürdigkeiten.

Problemlos lässt sich in Kew Gardens (offiziell: Royal Botanic Gardens) ein ganzer Tag verbringen. Zu sehen gibt es

Als wär's in Holland – Kew Palace wurde von einem niederländischen Kaufmann erbaut

Die Royal Botanic Gardens in Kew sind berühmt für ihre imposanten Gewächshäuser wie das Palm House, in dem man auch einen Miniatur-Regenwald besichtigen kann

reichlich auf dem rund 120 ha umfassenden Gelände, das zugleich wissenschaftliches Forschungszentrum und anschauliche Gartenanlage für Besucher ist.

Die ersten Gärten ließ 1759 Prinzessin Augusta, die Mutter von George III., anlegen. Sie beschäftigte William Aiton als Chefgärtner, Lord Bute als Berater in botanischen Fragen und Sir William Chambers als Architekten. Von Chambers stammen die *Orangerie* am Nordende von Kew Gardens (sie beherbergt heute den Kew Shop und eine Teestube) und die als Landmarke weithin erkennbare *Chinesische Pagode* am Südende. George III. vergrößerte das Gelände, engagierte den berühmten Landschaftsgärtner Lancelot ›Capability‹ Brown und ernannte den Botaniker Sir Joseph Banks, der schon mit Captain Cook die Welt umsegelt hatte, zum Direktor der königlichen Gärten. Zu einer international renommierten Forschungseinrichtung avancierten die Kew Gardens unter einem späteren Direktor, Sir William Hooker, der die Einrichtung ab 1841 leitete. Damals entstanden die beiden riesigen **Gewächshäuser** *Palm House* und *Temperate House*, eindrucksvolle Konstruktionen aus Eisen und Glas von Architekt Decimus Burton. Immer noch viel bestaunt und bestückt mit seltenen Pflanzen aus aller Welt (im Palm House gibt es seit einigen Jahren einen Mini-Regenwald), wurden sie 1987 durch das neu erbaute *Princess of Wales Conservatory* ergänzt. In diesem mit modernster Technik ausgestatteten Gewächshaus findet man unter einem Dach tropische Pflanzen aus zehn verschiedenen Klimazonen. Ein lebendiges Bild der Vegetationsgeschichte der letzten 3,5 Milliarden Jahre vermittelt das *Evolution House* – nicht zuletzt dank einer eindrucksvollen Audioshow.

Am Nordende der Gärten befindet sich **Kew Palace**, auch als Dutch House bekannt. Das Gebäude wurde 1631 von einem holländischen Kaufmann errichtet. Königin Caroline pachtete es 1728 für ihre Familie; bis 1818 diente Kew Palace als die kleinste königliche Residenz Londons. George III. hielt sich bis zum Tod seiner Gattin Charlotte (1818) bevorzugt hier auf, und noch heute ist das Haus im Stil jener Zeit möbliert (bis 2001 geschlossen). Am Südende des Parks liegt das 1772 für Königin Charlotte errichtete **Queen Charlotte's Cottage**. Auch Königin Victoria soll sich in dem hübschen reetgedeckten Haus gerne aufgehalten haben, ehe sie es anlässlich ihres diamantenen Thronjubiläums der Nation übereignete.

Wer noch nicht müde ist, kann weitere Gewächshäuser, Gärten oder Tempel (Südostteil) besichtigen. Auch zwei Kunstausstellungen bietet Kew Gardens: zum einen die **Marianne North Gallery** mit Bildern der viel gereisten viktorianischen Pflanzen- und Landschaftsmalerin, untergebracht in einem attraktiven Gebäude, das ein Freund der Künstlerin entwarf; zum anderen die **Kew Gardens Gallery** mit Wechselausstellungen. Eine Außenstelle von Kew Gardens, das Herrenhaus von Lakehurst Place mit seinen schönen Gärten, befindet sich in Sussex.

Öffnungszeiten S. 172

131 Public Record Office

Ruskin Avenue
Kew, Richmond, Surrey
U-Bahn Kew Gardens

Eines der umfassendsten Staatsarchive der Welt.

Ausgebreitet und abgezählt hat sie sicher keiner. Dennoch scheint es nicht unglaubhaft, dass sich in diesem Archiv Staats-und Gerichtsakten befinden, die aneinander gelegt eine Strecke von 96 Meilen ergeben würden. Immerhin stammen die ältesten Dokumente aus der Zeit der normannischen Eroberung.

Per Parlamentsbeschluss wurde 1838 festgelegt, dass ein zentrales, gut gesichertes Gebäude geschaffen werden sollte, das alle bis dahin über ganz London verteilten offiziellen Dokumente aufnehmen könnte. 1851–56 errichtete Sir James Pennethorne das Archivgebäude an der **Chancery Lane** im Londoner Gerichtsviertel. Obgleich er mehrmals erweitert wurde, konnte dieser Bau letztlich der immer größer werdenden Aktenflut nicht mehr Herr werden. In der 1977 eröffneten Zweigstelle in Kew sind seit 1997 alle Londoner Abteilungen des Public Record Office untergebracht.

Zu den Schätzen des Archivs gehören die Testamente von William Shakespeare und Jane Austen, das Geständnis von Guy Fawkes, Sir Francis Drakes Bericht über die Spanische Armada und Kardinal Wolseys Gnadengesuch an Henry VIII. Das kostbarste Stück ist unbestritten das **Domesday Book** aus dem Jahr 1086, die unter William the Conqueror erfolgte Bestandsaufnahme des gesamten zu seinem Herrschaftsbereich gehörenden englischen Landbesitzes. In der **Image Library** können Leser die Ablichtungen dieser und anderer wertvoller Dokumente betrachten. In dem zum Archiv gehörigen *Museum* finden darüber hinaus Sonderausstellungen statt.

Öffnungszeiten S. 173

132 Marble Hill House

Richmond Road, Twickenham
U-Bahn Richmond

An schönen Sommerwochenenden finden im Garten Jazz- und Symphoniekonzerte statt.

Die weiß getünchte palladianische Villa an der Themse wurde 1724–29 für Henrietta Howard, spätere Countess of Suffolk, die Geliebte von George II., erbaut. Eine spätere Bewohnerin war Mrs. Fitzherbert, die heimliche Ehefrau von George IV. Die Entwürfe für Marble Hill House stammten von Colin Campbell, der sich sowohl an Andrea Palladio als auch an seinem englischen Vorgänger Inigo Jones orientierte. Baumeister war Roger Morris. Mit der Anlage der Gärten beauftragte man einen Experten, den königlichen Hofgärtner Charles Bridgemann, und einen Dilettanten, den Dichter Alexander Pope, der schon im eigenen Garten eine geschickte Hand gezeigt hatte.

Das sorgfältig restaurierte Haus wurde im 20. Jh. von Henrietta Howard mit Gemälden und Möbeln im zeitgenössischen Stil bestückt. Mittlerweile haben sich auch Teile der verloren geglaubten ursprünglichen Ausstattung wieder gefunden, darunter G. P. Paninis Gemäldezyklus mit Ansichten des antiken Rom (1738), der sich heute wieder an seinem früheren Platz im Great Room befindet.

Unweit von Marble Hill House, in Riverside, beherbergen die Überreste von Orleans House die **Orleans House Gallery** mit Gemälden und Stichen von Richmond und Twickenham. Vom Gebäude selbst, das 1815–17 der spätere französische König Louis Philippe, Duc d'Orleans, bewohnt hatte, existieren heute nur noch das Oktagon und zwei Seitenflügel.

Öffnungszeiten S. 173

Das zurückgewiesene Geschenk – Hampton Court Palace befindet sich seit Henry VIII. im Besitz der Royals und birgt u.a. eine bedeutende Gemäldesammlung

133 Ham House

Ham Street, Ham, Surrey
U-Bahn Richmond, dann Bus 371 bis Fox and Duck

Herausragender Landsitz aus der Stuart-Zeit.

Das ursprünglich eher bescheidene Haus wurde 1610 von Sir Thomas Vavasour erbaut und ging Mitte des 17. Jh. in den Besitz der als ehrgeizig bekannten Elizabeth, Countess of Dysart, über. Zusammen mit ihrem zweiten Mann, dem einflussreichen John Maitland, Duke of Lauderdale, ließ sie das Anwesen 1672–75 im üppigen Barock-Stil der Restaurationszeit zu einem prächtigen Herrenhaus ausbauen. Ham House galt damals als Inbegriff eines modernen Landhauses, das viele aristokratische Zeitgenossen in Erstaunen versetzte: Sogar doppelt verglaste Fenster konnten sich die Besitzer leisten. Ein Großteil des Mobiliars sowie Gemälde (Lely, van Dyck, Kneller), Gobelins und andere Kunstgegenstände aus der Zeit der Lauderdales blieben erhalten. Ham House gehört heute dem National Trust und wird vom Victoria & Albert Museum verwaltet. Es gilt als eines der besterhaltenen Beispiele für den aufwendigen aristokratischen Lebensstil des 17. Jh. Das *Cabinet of Miniatures* ist eine der kostbarsten Sammlungen von Miniaturporträts in England. Auch der **Park**, kein typisch englischer Landschaftsgarten, sondern wie mit der Schablone angelegt, wurde vom National Trust restauriert. Dort findet man u. a. das *Eishaus*, das bereits um 1800 als Kühlschrank diente, einen herrlichen *Kirschgarten* und die *Orangerie*.

Öffnungszeiten S. 171

134 Hampton Court Palace

East Molesey, Surrey
Zug nach Hampton Court

Geschichtsträchtiger Tudor-Palast im Südwesten Londons.

Kein König war es, der diesen riesigen Palast mit 280 Gästezimmern und Raum für 500 Bedienstete 1514–20 errichten ließ, sondern der einflussreiche *Kardinal Wolsey*, der unter Henry VIII. Karriere gemacht hatte. Wolseys grenzenloser Pomp allerdings erregte den Neid des Königs, und als es dem Kardinal nicht gelingen wollte, Henrys Scheidung von seiner ersten Frau, Catherine of Aragon, herbeizuführen, fiel der Kirchenfürst in Ungnade. Sein Versuch, sich den König weiterhin gewogen zu machen, indem er ihm Hampton Court als Geschenk anbot, scheiterte. Wolsey verlor sämtliche Ämter. 1529 wurden alle seine Besitztümer von der Krone beschlagnahmt. Henry hielt unmittelbar darauf Einzug in Hampton Court und begann, den Palast zu erweitern und umzugestalten. Innenhöfe, Wirtschaftsräume, Galerien und eine Bibliothek wurden angefügt, die berühmte astronomische Uhr von Nicholas Orsain, die noch heute ihren Dienst tut, wurde installiert. Jahrhundertelang blieb der wegen seiner reinen Luft, seines klaren Wassers und seiner weitläufigen Wälder favorisierte Hampton Court einer der Lieblingspaläste der Könige und Königinnen von England. Elizabeth I. feierte hier rauschende Feste, ebenso die Stuarts. William and Mary schließlich beauftragten Christopher Wren mit einer weiteren größeren Umgestaltung: Die Süd- und Ostflügel wurden abgerissen und von dem berühmten Architekten im Renaissance-Stil neu erbaut. Der letzte Monarch, der den Palast bewohnte, war George II. Königin Victoria machte die ehemaligen State Apartments 1838 der Öffentlichkeit zugänglich.

Zu den wichtigsten **Sehenswürdigkeiten** von Hampton Court zählen die bereits erwähnte *astronomische Uhr* an Anne Boleyn's Gate, *Clock Courtyard* (Uhrenhof) und *Fountain Courtyard* (Brunnenhof) sowie die *State Rooms* (Staatsgemächer) inklusive der Haunted Gallery, wo noch heute der Geist von Catherine of Aragon spuken soll. Die *Great Hall* aus dem Jahr 1532 verfügt über eine kunstvolle Stichbalkendecke und kostbare Wandteppiche. Für die üppigen Bankette der Tudors wurden riesige *Küchenanlagen* benötigt, die heute ebenfalls zu den Attraktionen des Palasts gehören. Der sog. Real oder *Royal Tennis Court*, eine Hallen-Tennisanlage, auf der schon Henry VIII. dem Ball nachjagte, wird noch von Mitgliedern des Royal Tennis Court Club bespielt, denen man oft bei einem Match zusehen kann.

Hampton Court – die King's Staircase mit Wandgemälden von Antonio Verrio

Auch die königliche **Gemäldesammlung** lohnt einen Besuch. Hier sind Künstler wie Mantegna, Tizian, Tintoretto, Veronese, Holbein und Bruegel d.Ä. vertreten. Der bei einem Brand 1986 schwer beschädigte Südflügel des Palastes, erbaut von Christopher Wren, wurde längst restauriert. Nach dem Motto ›Kein Schaden ohne Nutzen‹ wurde damals die *Fire Exhibition* eröffnet. Dort erfährt man einiges über interessante Funde, die bei den Wiederaufbauarbeiten zutage kamen: jahrhundertealte Graffiti der Bauarbeiter oder unter den Bodendielen Tonnen von Muscheln, die wohl als Kälteisolierung gedient haben.

Genügend Zeit einplanen sollte man für einen Besuch des **Schlossparks** mit seinen verschiedenen Gartenanlagen und der berühmten *Great Vine*, einer riesigen, über 200 Jahre alten Weinrebe, die ›Capability‹ Brown als winzigen Ableger eingepflanzt haben soll. Zeit braucht man auch für das *Maze*, den berühmten Hecken-Irrgarten, den sich William III. anlegen ließ. Wer bis zum Abend darin herumirrt, wird von einem der Aufseher hinausdirigiert.

Öffnungszeiten S. 171

135 Windsor Castle

Windsor, Berkshire
Zug von Waterloo oder Paddington Station

Imposantes Schloss und Lieblingsresidenz der Queen.

Rund 35 km von London entfernt ließ William the Conqueror um 1078 eine Festung über der Themse errichten. Sie wurde in den folgenden Jahrhunderten immer wieder umgebaut und erweitert. Die heutige monumentale Anlage stammt im Wesentlichen aus dem 14. Jh., damals ließ Edward III. die State Apartments, den Round Tower und das Norman Gate anfügen. Die letzte große Umgestaltung der königlichen Residenz veranlasste Georg IV. Anfang des 19. Jh.

Angenehme Nachtruhe – das Schlafgemach des Königs in Windsor Castle mit einem Rokoko-Bett von Georg Jacob und einem Canaletto-Gemälde (rechts)

Windsor Castle ist der bevorzugte Wohnsitz der Queen und kann während ihrer Anwesenheit selbstverständlich nicht besichtigt werden.

Die Gebäude gruppieren sich um zwei Höfe, den Unteren Paradehof (Lower Ward) und den Oberen Paradehof (Upper Ward). Im **Lower Ward**, hier findet um 10.30 Uhr die Wachablösung statt, liegen verschiedene Klostergebäude sowie die **St. George's Chapel** (1475–1528), ein Meisterwerk der englischen Spätgotik (Perpendicular Style). Sie ist dem Schutzpatron des Hosenbandordens geweiht und beeindruckt durch den lichtdurchfluteten Innenraum mit prächtigen Fächergewölben. Im Chor befindet sich die Königsgrablege, hier ist u.a. Henry VIII. beigesetzt.

Ein weiterer Glanzpunkt Windsor Castles sind die **State Apartments**, die königlichen Gemächer, in denen ein Teil der reichen Kunstsammlung der Queen zu sehen ist. Gemälde stammen von Dürer, Holbein, Rembrandt, Rubens und van Dyck. Deckenmalereien, Gobelins und erlesene Möbel vervollständigen die Ausstattung. Ein besonderes Kleinod ist **Queen Mary's Dollhouse**, ein Puppenhaus und Meisterwerk der Feinmechanik. Der Brand von 1992 hatte u. a. Waterloo Chamber und St. George's Hall zerstört, doch alles erstrahlt heute in neuem Glanz.

Der **Upper Ward** ist Staatsanlässen vorbehalten. Vom Round Tower, einem der ältesten und mächtigsten Wehrtürme (12. Jh.) der Anlage, bietet sich ein wunderbarer Rundblick.

Sehenswert ist das schöne Städtchen **Windsor** mit traditionellen Pubs und Restaurants. Der *Windsor Great Park* und *Eton College*, die berühmte Eliteschule, bieten sich für einen Spaziergang an.

Öffnungszeiten S. 175

Gewaltige Wehrtürme flankieren Henry VIII. Gate, den Eingang von Windsor Castle

London aktuell A bis Z

Vor Reiseantritt

ADAC Info-Service:
Tel. 0 18 05/10 11 12, Fax 30 29 28
(24 Pf./Min.)

ADAC im Internet:
www.adac.de
London im Internet:
www.londontown.com

Deutschland
British Tourist Authority,
Westendstr. 16–22,
60325 Frankfurt am Main,
Tel. 0 69/97 11 23,
Fax 97 11 24 44,
Internet: www.visitbritain.de

Schweiz
British Tourist Authority,
Limmatquai 78, 8001 Zürich,
Tel. 01/2 61 42 77, Fax 2 51 44 56,
Internet: www.visitbritain.de

Österreich
British Tourist Authority,
Schenkenstr. 4, 1010 Wien,
Tel. 01/5 33 26 16 81, Fax 5 33 26 16 85,
Internet: www.visitbritain.de

Hotel-Reservierung (per Kreditkarte) durch London Tourist Board,
Tel. 00 44/20/76 04 28 90,
Mo–Fr 9.30–17.30 Uhr

The London Pass
Diese Besucherkarte für 1, 2, 3 oder 6 Tage ermöglicht freien Eintritt zu mehr als 50 London-Attraktionen, darunter über 40 Museen, Kirchen und Paläste. Nur bei Erwerb außerhalb Großbritanniens ist sie kombiniert mit der Visitor Travelcard für öffentliche Verkehrsmittel [s. S. 181]. Der London Pass bietet zudem Ermäßigungen in Restaurants, bei Stadtrundfahrten, beim Geldwechsel u. v. m. Informationen und Buchung:

Britain Direct, Deutschland,
Tel. 0 62 22/67 80 50

Arrival Marketing, London,
Tel. 00 44/20/75 80 80 60, Fax 75 80 80 65

Internet: www.londonpass.com

Allgemeine Informationen

Reisedokumente

Für Reisende aus Deutschland, Österreich und der Schweiz genügt ein gültiger Personalausweis oder Pass bzw. Kinderausweis.

Krankenversicherung etc.

Vor Reiseantritt Auslandskrankenscheine der Krankenkassen besorgen oder eine private Auslandskrankenversicherung abschließen.

Für *Hunde und Katzen* braucht man eine Einfuhrgenehmigung. 6 Monate Quarantäne sind für diese Haustiere gesetzlich vorgeschrieben.

Kfz-Papiere

Führerschein, Fahrzeugschein und *Internationale Grüne Versicherungskarte* mitführen.

Geld

Die britische Währung ist das *Pfund Sterling* (£). 100 Pence (p) ergeben ein Pfund. Scheine zu 5, 10, 20 und 50 £ sowie Münzen zu 1, 2, 5, 10, 20, 50 p und zu 1 und 2 £ sind im Umlauf.

Die gängigen *Kreditkarten* werden in Banken, Hotels und zahlreichen Geschäften akzeptiert, *Eurocheques* jedoch kaum noch, am 1. Januar 2002 läuft die Scheckgarantie aus. An zahlreichen *EC-Geldautomaten* kann man rund um die Uhr Geld abheben. Auch mit der *Postbank SparCard 3000 plus* erhält man an VISA-PLUS-Automaten rund um die Uhr Geld.

Zollbestimmungen

Abgabenfreie Richtmengen für Privatreisende pro Person (EU-Bürger): 800 Zigaretten, 400 Zigarillos, 200 Zigarren, 1 kg Tabak, 10 l Spirituosen, 20 l sog. ›Zwischenerzeugnisse‹ (z. B. Likör), 90 l Wein (davon höchstens 60 l Schaumwein) sowie 110 l Bier.

Tourismusämter im Land

London Tourist Board (LTB), Glen House, 6th Floor, Stag Place, London SW1E 4LT, Tel. 79 32 20 00, Fax 79 32 82 22

Visitorcall, Tel. 09 06 41 23 (49 p/Min., nur innerhalb des Landes erreichbar)

Heathrow Terminals 1, 2, 3, Heathrow Airport, Underground Station, tgl. 8.30–18 Uhr, Terminal 3 in der Ankunftshalle tgl. 6–23 Uhr

Liverpool Street Underground Station, EC2, Mo – Sa 8.15 – 18, So 8.30 – 17 Uhr

Victoria Station, Bahnhofsvorplatz, SW1, tgl. 8–19 Uhr

British Travel Centre, 12 Regent St., SW1, keine telefonischen Auskünfte, nur Reiseinformation, Mo–Fr 9–18.30, So 10–16 Uhr; Mai–Sept. Sa 9–17 Uhr

Waterloo International Terminal, SE1, Ankunftshalle, tgl. 8.30 – 22.30 Uhr

City Information Centre, St. Paul's Churchyard (Südseite der Kathedrale), EC4, Tel. 73 32 14 56

Notrufnummern

Polizei, **Ambulanz** oder **Feuerwehr**, Tel. 999 (gebührenfrei)

Polizei Central London, Tel. 7 2 30 12 12

Capital Help Line, Tel. 74 84 40 00, Mo – Fr 10 –22 Uhr. Allgemeine Fragen.

ADAC-Notrufzentrale München, 00 49/89/ 22 22 22 (0 – 24 Uhr)

ADAC-Ambulanzdienst München, 00 49/89/76 76 76 (0 – 24 Uhr)

Pannenhilfe gewähren **RAC**, Tel. 08 00/ 82 82 82, und **AA**, Tel. 08 00/88 77 66

Ärztliche Versorgung

Die folgenden Krankenhäuser haben alle Casualty Departments (Notaufnahmen). Die Behandlung ist kostenlos.

WC1: **University College Hospital**, Gower Street, Eingang Grafton Way, Tel. 73 87 93 00

W6: **Charing Cross Hospital**, Fulham Palace Road, Eingang St. Dunton Road, Tel. 88 46 12 34

W12: **Hammersmith Hospital**, 150 du Cane Road, Tel. 87 43 20 30

SE1: **St. Thomas Hospital**, Lambeth Palace Road, SE1, Tel. 79 28 92 92

Guy's Hospital, St. Thomas Street, Eingang Weston Street, Tel. 79 55 50 00

NW3: **Royal Free Hospital**, Pond Street, Tel. 77 94 05 00

Medical Express, 117A Harley Street, W1, Tel. 74 99 19 91. Für Privatpatienten, Mo–Fr 9–17.30, Sa 10–14 Uhr

Zahnarzt

Zahnärztlicher Notdienst, Tel. 79 55 21 86, Mo – Fr. 9–15 Uhr. Von hier wird man an einen Zahnarzt verwiesen.

Eastman Dental Hospital, 265 Gray's Inn Road, WC1, Tel. 78 37 36 46, U-Bahn Chancery Lane oder King's Cross

Diplomatische Vertretungen

Deutsche Botschaft, 21– 23 Belgrave Square, SW1, Tel. 78 24 13 00, Fax 78 24 14 35, Mo – Fr. 9 – 12 Uhr

Österreichische Botschaft, 23 Lower Belgrave Street, SW1, Tel. 72 35 37 31, Mo – Fr 9 – 12 Uhr

Schweizerische Botschaft, 16 – 18 Montague Place, W1, Tel. 76 16 60 00, Mo – Fr 9– 12 Uhr

Besondere Verkehrsbestimmungen

In England fährt man auf der linken Seite, und die englischen Autos sind folglich rechtsgesteuert. *Tempolimits* innerorts für alle Kfz 48 km/h, auf Landstraßen für Pkw, Wohnmobile und Motorräder 96 km/h, für Pkw mit Anhänger 80 km/h. Auf Autobahnen und vierspurigen Schnellstraßen gelten für Pkw, Wohnmobile und Motorräder 112 km/h, für Pkw mit Anhänger 96 km/h. Eine doppelte Querlinie auf der Fahrbahn bedeutet *Anhalten*, das Schild ›Give way‹ oder doppelte, unterbrochene Querlinie steht für *Vorfahrt beachten*. Bei den zahlreichen *Roundabouts* (Kreisverkehren) haben Fahrzeuge im Kreis Vorfahrt.

Maße und Gewichte

Obwohl in Großbritannien 1971 das Dezimalsystem eingeführt wurde, sind noch folgende traditionelle Maßeinheiten gebräuchlich:

1 inch = 2,54 cm
1 foot = 30,48 cm
1 mile = 1,609 km
1 acre = 4047 qm
1 pint = 0,57 l
1 gallon = 4,54 l
1 ounce = 28,35 g

Zeit

In England gilt die Greenwich Mean Time (GMT). Es ist stets eine Stunde früher als auf dem Kontinent. Stundenangaben erfolgen nur von 1 bis 12, mit dem Zusatz a.m. (vormittags) bzw. p.m. (nachmittags), Bsp.: 1 p.m. = 13 Uhr.

Anreise

Auto

Für die Anreise mit dem Auto bietet sich neben der Fähre seit 1995 auch der Euro-Tunnel an. Die Überfahrt mit der **Fähre** von Calais nach Dover dauert ca. 80 Minuten, mit dem Luftkissenboot von Hoverspeed ist man in nur 35 Minuten am Ziel. Außerdem gibt es beispielsweise von Hamburg, Ostende oder Hoek van Holland zahlreiche andere Verbindungen.

Die Fahrt durch den **Euro-Tunnel** zwischen Folkestone und Calais wird zu Hauptverkehrszeiten im 15-Minuten-Takt angeboten; während der ca. 35-minütigen Fahrt mit ›Le Shuttle‹, dem Pendelzug durch den Kanaltunnel, kann man im Auto sitzen bleiben.

Umfangreiches **Informations-** und **Kartenmaterial** können Mitglieder des ADAC kostenlos unter Tel. 0 18 05/10 11 12 (24 Pf./Min.) anfordern. Außerdem ist im ADAC Verlag der Cityplan *London* erschienen.

Es ist ratsam, das Auto in **London** stehen zu lassen und dort mit öffentlichen Verkehrsmitteln zu fahren. Parken ist teuer und kann extrem lästig werden. Absolutes *Halteverbot* ist durch zwei gelbe Linien am Straßenrand gekennzeichnet, eingeschränktes Halteverbot durch eine. Garagenplätze für einen vollen Tag kosten von ca. £ 30 aufwärts. Die Verkehrspolizisten bedienen sich bei Falschparkern gerne der ›Kralle‹.

Alle **Autobahnen** laufen sternförmig auf London zu und schließen sich in einem Ring zusammen, der **M 25**. Diese Stadtumgehung liegt allerdings weitab vom Zentrum. Die Ausfahrten sind im Uhrzeigersinn nummeriert. **Tankstellen** sind in der Regel bis 23 Uhr geöffnet oder rund um die Uhr.

Bahn

Der Zugverkehr von Deutschland nach England läuft über die Fährverbindungen Ostende–Dover oder Hoek van Holland–Harwich. Regelmäßige Zugverbindungen bestehen von den Zielhäfen der Fähren zu Londoner Bahnhöfen, die ans U-Bahnnetz angeschlossen sind. Die Züge, die den Tunnel durch den Ärmelkanal benutzen, starten und enden am Bahnhof *Waterloo*. Das Network SouthEast bindet die ›suburbs‹ an London an.

In London gibt es sieben Bahnhöfe. British Rail bietet Intercity-Verbindungen zu allen größeren Städten in England, Wales und Schottland. Ermäßigte Tarife gelten für Fahrten außerhalb der Rush-hour (›off-peak‹) und Wochenendtickets. Außerdem gibt es einen BritRail Pass, der nur außerhalb Großbritanniens in Reisebüros erhältlich ist, gültig von 4 Tagen bis zu einem Monat. Weitere Informationen zentral für alle Bahnhöfe:

National Rail Enquiries, Tel. 03 45/48 49 50 oder **British Rail Travel Centre**, 4–12 Regent Street, SW1, Mo–Fr 9–18.30, Sa, So 10–16 Uhr, Mai–Sept. Sa 9–17 Uhr (keine telefonischen Auskünfte).

Flugzeug

London hat fünf Flughäfen, von denen **Heathrow**, westlich vom Zentrum, die meisten Fluggäste in Europa zählt (jährlich über 35 Millionen).

Gatwick ist der zweite internationale Flughafen, der, südlich der Stadt gelegen, hauptsächlich von Chartermaschinen angeflogen wird. Vor wenigen Jahren eröffnet, entlastet nun der moderne Flughafen **Stanstead** Heathrow und Gatwick. Ferner gibt es den **London City Airport**, zu empfehlen für Geschäftsleute, die in der City zu tun haben.

Heathrow

Hier gibt es U-Bahn-Anschluss durch die Piccadilly Line, die in ca. 50 Minuten das Zentrum erreicht (erster Zug morgens 5.30 Uhr/6.45 sonntags, letzter 23.30 Uhr).

Taxis brauchen ca. 40 Minuten ins Stadtzentrum und kosten ca. £35. Alternativ kann man auch den Bus nehmen. Die Fahrzeit beträgt 50 bis 70 Minuten. Der *Airbus A 1* fährt im 20-Minuten-Takt nach Victoria Coach Station (164 Buckingham Palace Road, SW1) und der *A 2* zum Russell Square/Euston (Nähe British Museum). Bitte beachten: der letzte Bus geht um 20.45 Uhr und morgens der erste um 5.30 Uhr. Bei Fahrtantritt schreibt sich der Busfahrer die Station auf, wo man aussteigen will, und ruft sie dann aus.

Heathrow Airport Information
Tel. 87 59 43 21

British Airways Tel. 09 90/44 40 00

Lufthansa Tel. 87 50 33 00

Swissair und **Austrian Airlines**
Tel. 87 45 75 08, Reservierungen
Tel. 74 34 73 00

Gatwick

Von Gatwick nimmt man am besten den *Gatwick Express* nach Victoria Station, der eine gute halbe Stunde braucht. Von 5.20 bis 21.50 Uhr Abfahrt alle 15 Minuten. Der Flightline-777-Bus, der zur Victoria Coach Station fährt, benötigt ca. 75 Minuten und verkehrt jede Stunde zwischen 6.30 und 23.30 Uhr. Mit dem Auto benötigt man eine Stunde und mehr nach Gatwick. Per Taxi wird es teuer. Die Speedlink-Buslinie verbindet Heathrow mit Gatwick.

Gatwick Airport Tel. 0 12 93/53 53 53

British Airways Tel. 09 90/44 40 00, Reservierungen Tel. 03 45/22 21 11

In **Stanstead** nimmt man ebenfalls am besten den Zug, der Liverpool Street Station in ca. 40 Minuten erreicht. Mit dem Auto muß man 1 1/2 Stunden rechnen.

London City Airport hat einen ›Courtesy shuttle service‹, der die Passagiere kostenlos an die Docklands Light Railway bringt. Von dort aus sind es ca. 10 Minuten in die City.

Air UK Tel. 0 12 79/68 01 46

Bank, Post, Telefon

Bank

Öffnungszeiten: Mo–Fr 9.30–16.30 Uhr. In jeder Bank kann man Bargeld und Travellerschecks eintauschen (mit Ausweis). Es gibt zudem jede Menge *Wechselstuben*, die auch Sa und So aufhaben. In der Regel muss man eine Grundgebühr von £3 entrichten.

Post

Trafalgar Square Post Office, 24–28 William IV. Street, WC2,
Tel. 74 84 93 07, Mo–Sa 8–20 Uhr

Briefmarken sind erhältlich in den Local Post Offices, in Zeitungsläden und häufig auch an Postkarten-Verkaufsständen. Innerhalb Englands kann man seine Post 1. oder 2. Klasse befördern lassen. Eine *First-class-Briefmarke* muss man auch auf einen Brief nach Deutschland und ins übrige Europa kleben. Die Aufschrift ›Air mail‹ nicht vergessen.

Telefon

Internationale Vorwahlen:
Großbritannien 0044
Deutschland 0049
Österreich 0043
Schweiz 0041
Es folgt die Rufnummer ohne die Null
Vorwahl London: 020

Die Telefonzellen sind mit Münzen, Telefon- und Kreditkarten zu bedienen. **Telefonkarten** erhält man in Zeitungsläden, im Wert von £1, 2, 4, 10, 20. Am günstigsten telefoniert man nach 20 Uhr.

Die **Auskunft** für London ist 142, für nationale Telefonnummern 192 und internationale 153. Sollten Sie Schwierigkeiten haben, zur gewählten Nummer durchzukommen, können Sie den **Operator** um Hilfe bitten (100 für nationale, 155 für internationale Gespräche). Für ›R-Gespräche‹ oder ›collect calls‹, bei denen der Angerufene die Kosten übernehmen soll, wählt man den internationalen Operator, Tel. 155.

Einkaufen

Öffnungszeiten: in der Regel Mo–Sa 9–18 Uhr. Viele Geschäfte und Supermärkte sind auch *sonntags* geöffnet.

Antiquitäten

Antiquitätenläden sind in London zahlreich. Die meisten teuren Geschäfte finden sich rund um die Bond Street, W1, und in der Pimlico Road, SW1. Die Kensington Church Street ist ähnlich berühmt. Billiger, oft auch spannender, wird es in den Geschäften an der Westbourne Grove, die die Portobello Road kreuzt.

Zahlreich sind auch die Märkte, die heute fast alle überdacht sind:

Grays Antiques Market & Grays in the Mews, 58 Davies Street und 1–7 Davies Mews, W1, Tel. 76 29 70 34, U-Bahn Bond Street, Mo–Fr 10–18 Uhr.

Hier findet man neben alten Lederwaren, Koffern, Spielzeug und Spielen auch Art nouveau und Art déco.

Alfie's Antique Market, 13–25 Church Street, NW8, Tel. 77 23 60 66, U-Bahn Edgware Road oder Marylebone, Di–Sa 10–18 Uhr. Am nördlichen Rand des Stadtzentrums. Er ist mit über 370 Ständen einer der größten Antiquitätenmärkte in England. Bietet alles Erdenkliche.

Antiquarius, 131–141 King's Road, SW3, Tel. 73 51 53 53, U-Bahn Sloane Square, Bus 11, 19, 22, Mo–Sa 10–18 Uhr. Wohl Londons bekanntester ›indoor‹-Markt, 70 Stände.

Chelsea Antique Market, 245–253 King's Road, SW3, Tel. 73 52 56 89, U-Bahn Sloane Square, Bus 11, 19, 22, Mo–Sa 10–18 Uhr. Der älteste Markt, zugleich der freundlichste, heruntergekommenste und auch billigste.

Camden Passage, Upper Street, N1, Tel.73 59 01 90, U-Bahn Angel, Di–Sa 10–17 Uhr. Die größte Ansammlung von Antiquitätenhändlern im ganzen Land; in den sechs ›Arcades‹ findet man ›Fine and elegant antiques‹ im Überfluss.

Auktionshäuser

Sie spielen eine wichtige Rolle in London. Die ›Viewings‹ für die nächste anstehende Auktion sind immer interessant – und warum sollte man nicht mitbieten? Die größten und wichtigsten:

Christie's, Hauptbüro: 8 King Street, SW1, Tel. 78 39 90 60, U-Bahn Piccadilly Circus oder Green Park. Filiale: 85 Old Brompton Road, SW7, Tel. 75 81 76 11, U-Bahn South Kensington

Sotheby's, 34–35 New Bond Street, W1, Tel. 72 93 50 00, U-Bahn Bond Street oder Oxford Circus

Buchläden

Es gibt mehrere große Buchhandelsketten mit Filialen in London; generell lange Öffnungszeiten:

Dillons, Hauptgeschäft (quasi der Unibuchladen): 82 Gower Street, WC1, Tel. 76 36 15 77, U-Bahn Goodge Street

Hatchards, 187–188 Piccadilly, W1, Tel. 74 39 99 21, U-Bahn Piccadilly oder Green Park. Londons älteste Buchhandlung (1797 gegr.); beschafft jedes Buch, auch wenn es ›out of print‹ ist.

Waterstone's, 121–125 Charing Cross Road, WC2, Tel. 74 34 42 91, U-Bahn Tottenham Court Road. Buchhandlungskette, wohlsortiert. Besonders gut: Literatur, Lyrik und Krimis.

Kaufhäuser

Fortnum & Mason, 181 Piccadilly, W1, Tel. 77 34 80 40, U-Bahn Green Park oder Piccadilly Circus. [Nr. 70]

Harrods, 87–135 Brompton Road, SW1, Tel. 77 30 12 34, U-Bahn Knightsbridge [Nr. 96]

Harvey Nichols, 109–125 Knightsbridge, SW1, Tel. 72 35 50 00, U-Bahn Knightsbridge. Hier findet man fast die ganze Palette englischer Designer unter einem Dach.

Liberty, 210–220 Regent Street, W1, Tel. 77 34 12 34, U-Bahn Oxford Circus. [Nr. 74]

Marks & Spencer, 458 Oxford Street, W1, Tel. 74 37 77 22. U-Bahn Marble Arch. Berühmt für hervorragende Lebensmittel. Außerdem gibt es gute Strickwaren, Mode, Schuhe, Koffer etc. zu moderaten Preisen.

Selfridges, 400 Oxford Street, W1, Tel. 76 29 12 34, U-Bahn Bond Street. Ein Kaufhaus nach amerikanischem Stil, fast so groß wie Harrods mit exquisiter Lebensmittelabteilung. [Nr. 75]

Märkte

Brick Lane Market, Brick Lane etc., E1, U-Bahn Aldgate East. So 6–13 Uhr. Ein echter Flohmarkt in einem Viertel, das inzwischen aufwendig saniert wurde.

Camden Markets, jede Abteilung dieser ›Marktstadt‹ hat ein anderes Warenangebot: *Camden Market*, Camden High Street bis Kreuzung Buck Street, NW1, Do–So 9–17.30 Uhr. Second-hand-Klamotten und Accessoires. *Camden Lock*, Camden Lock Place bis Chalk Farm Road, NW1, Di–So 10–18 Uhr. Internationales Kunsthandwerk, exotische Gerichte. *Electric Market*, Camden High Street südl. der Kreuzung Dewsbury Terrace, NW1, So 9–17.30 Uhr. Elektrogeräte, ›street fashion‹, ›club wear‹. *Stables*, Chalk Farm Road bis Hartland Road, NW1, Sa, So 8–18 Uhr. Sammlerstücke des 20. Jh., schrille Mode, Möbel. *Camden Canal Market*, Chalk Farm Road bis südl. der Kreuzung Castle Haven Road, NW1, Sa, So 10–18 Uhr. Neue Kleidung, Nippes, alte Schallplatten.

Alle Märkte: U-Bahn Camden Town. An schönen Wochenenden ist hier unheimlich viel los – am besten kommt man schon am Morgen.

Greenwich Market, *Antiques Market*, Greenwich High Road, SE10, Sa, So 9–17 Uhr; *Bosun's Yard*, 59 Greenwich Church Street, SE10, Sa, So 9–17 Uhr; *Central Market*, Stockwell Street, gegenüber Hotel Ibis, SE10, Sa, So 9–17 Uhr; *Crafts Market*, College Approach, SE10, So 9–17 Uhr; *Flea Market*, Thames Street, SE10, So 8–16 Uhr; *Food Market*, Stockwell Street, gegenüber Hotel Ibis, SE10, Sa 10–16 Uhr; alle U-Bahn Canary Wharf, DLR Island Gardens oder Zug/Schiff bis Greenwich. Märkte mit Angeboten von antiken Möbeln bis zu Flohmarktartikeln.

Petticoat Lane Market, Middlesex Street, Wentworth Street etc., E1, U-Bahn Aldgate East oder Liverpool Street, So 9–14 Uhr, Wentworth Street auch Mo–Fr 10–14.30 Uhr. Großer Kleidermarkt, auch Leder.

Portobello Road Market, Portobello Road, W10 und W11, Golborne Road, W10, U-Bahn Ladbroke Grove oder Notting Hill Gate, Sa 7–18 Uhr: Antiquitäten und Trödel; Mo–Mi 9–17, Do 9–13, Fr, Sa 7–18 Uhr: Obst und Gemüse; Fr 7–16, Sa 8–17, So 9–16 Uhr: Klamotten, Nippes und Antiquitäten.

Spitalfields Market, Commercial Street, E1, U-Bahn Liverpool Street, Mo–Fr 11–15, So 9–15 Uhr. Kunsthandwerk, Möbel, Textilien etc.

Mode

Swinging London – die Fashion-Hochburg Europas: Neben den internationalen Klassikern gibt es immer mehr talentierte junge britische Designer, die verrückte Mode entwerfen und für frischen Wind bei den Stardesignern sorgen (z. B. Ex-Dior-Designer John Galliano, Givenchy-Designer Alexander McQueen).

Gieves & Hawkes, 1 Savile Row, W1, Tel. 74 34 20 01, U-Bahn Piccadilly Circus. In diesem Geschäft für klassische britische Herrenmode kauft auch Prinz Charles.

Tommy Hilfiger, 51/52 New Bond Street, SW1, Tel. 72 90 98 88, U-Bahn Sloane Street. US-Designer Hilfiger bietet hier seine Freizeit- und Sportkollektion an.

Huntsman, 11 Savile Row, W1, Tel. 77 34 74 41, U-Bahn Piccadilly Circus. Traditionsreicher Laden für gediegene Herrenkleidung.

Jigsaw, 126–127 New Bond Street, W1, Tel. 74 91 44 84, U-Bahn Bond Street. Fashion trifft Kunst: Im Schaufenster und Laden präsentieren Künstler ihre Arbeiten.

Donna Karan, 19 New Bond Street, W1, Tel. 74 95 31 00, U-Bahn Bond Street oder Green Park. Der New Yorker Architekt Peter Marino entwarf diese neuen Räumlichkeiten von Donna Karan.

Lock James & Co, 6 St. James's Street, SW1, Tel. 79 30 58 49, U-Bahn Green Park. Ein Hutladen, der Geschichte gemacht hat: Hier wurde der klassische ›bowler hat‹, die Melone, erfunden.

Thierry Mugler, 134 New Bond Street, W1, Tel. 76 29 70 20, U-Bahn Bond Street. Trotz seines ›Bad Boy‹-Image entwirft Mugler elegante Damenmode.

Vivienne Westwood, 6 Davies Street, W1, Tel. 76 29 37 57, U-Bahn Bond Street. Extravagante Mode der ›High Fashion‹-Designerin.

Preiswerte Designermode

Brown's Labels for Less, 50 South Molton Street, W1, Tel. 75 14 00 00, U-Bahn Bond Street. Erschwingliche Preise: hier wird Mode von über 65 Designern angeboten.

Juweliere und Modeschmuck

Garrard, 122 Regent Street, W1, Tel. 77 34 70 20, U-Bahn Piccadilly Circus. Kronjuwelier.

Asprey, 165 New Bond Street, SW1, Tel. 74 93 67 67, U-Bahn Green Park. Hier gibt es alles vom Schmuckkästchen bis zur vergoldeten Zahnbürste.

Butler & Wilson, 189 Fulham Road, SW3, U-Bahn South Kensington, und 20 South Molton Street, W1, Tel. 73 52 82 55. Ein Paradies für Modeschmuck, nicht ganz billig.

Kinderkleidung/Spielwaren

Hamley's, 188–196 Regent Street, W1, Tel. 74 94 20 00, U-Bahn Oxford Circus. Der größte Spielzeugladen der Welt auf sechs Etagen.

Mothercare, 461 Oxford Street, W1, Tel. 76 29 66 21, U-Bahn Marble Arch. Die bekannteste Ladenkette für Babyausstattung, Kinderkleidung und Umstandsmoden.

The White House, 51 New Bond Street, W1, Tel. 76 29 35 21, U-Bahn Bond Street. Traditionsreicher Laden, der ursprünglich Kleidung für Marineangehörige schneiderte; alles zur Ausstattung der Sprösslinge.

Lederwaren

Leatherguild, 111 Kingsway, WC2, Tel. 78 31 87 18, U-Bahn Covent Garden oder Holborn

Mulberry, New Bond Street, W1, Tel. 74 91 39 00, U-Bahn Bond Street

Picket, 41 Burlington Arcade, W1, Tel. 74 93 89 39, U-Bahn Green Park

Regenbekleidung

Aquascutum, 100 Regent Street, W1, Tel. 77 34 60 90, U-Bahn Piccadilly Circus. Nomen est omen: Hier gibt's alles, was vor Regen schützt.

Burberry, 18 Haymarket, SW1, Tel. 79 30 33 43, U-Bahn Piccadilly Circus. Klassiker ist der berühmte ›Trench 21‹.

Swaine, Adeney, Brigg and Sons, 10 Old Bond Street, W1, Tel. 74 09 72 77, U-Bahn Piccadilly Circus. Traditionsreiches Geschäft (seit 1750) für Regenschirme und Ledersachen.

Schuhe

Atticus, 14 Kensington Church Street, W8, Tel. 73 76 00 59, U-Bahn High Street Kensington. Die neuesten Trends, immer ein wenig qualitätvoller und individueller als anderswo.

Patrick Cox, 129 Sloane Street, SW1, Tel. 77 30 88 86, U-Bahn Sloane Square. Einer der führenden Schuhdesigner Londons.

Gina, 189 Sloane Street, SW1, Tel. 72 35 29 32, U-Bahn Knightsbridge. Ganz exklusive handgefertigte Damenschuhe von englischen Designern.

John Lobb, 90 Jermyn Street, SW1, Tel. 79 30 80 89, U-Bahn Green Park. Die erste Adresse für handgefertigte Schuhe.

Office, 57 Neal Street, WC2, Tel. 73 79 18 96, U-Bahn Covent Garden. Modisch, doch billiger als die Designer.

Red or Dead, 33 Neal Street, WC2, Tel. 73 79 75 71, U-Bahn Covent Garden. 1995 und 1996 ›Awarded British Street Designer‹.

Musik

HMV, 150 Oxford Street, W1, Tel. 76 31 34 23, U-Bahn Oxford Circus oder Tottenham Court Road

Tower Records, 1 Piccadilly Circus, W1, Tel. 74 39 25 00, U-Bahn Piccadilly Circus. Mo – Sa bis Mitternacht geöffnet.

Virgin Megastore, 14–30 Oxford Street, W1, Tel. 76 31 12 34, U-Bahn Tottenham Court Road

Ray's Jazz, 180 Shaftesbury Avenue, WC2, Tel. 72 40 39 69, U-Bahn Piccadilly Circus oder Leicester Square

Schreibwaren

The Filofax Centre, 21 Conduit Street, W1, Tel. 74 99 04 57, U-Bahn Oxford Circus. ›Personal organizers‹, teure Schreibwaren aller Art.

Smythson of Bond Street, 40 New Bond Street, W1, Tel. 76 29 85 58, U-Bahn Bond Street, Oxford Circus. Bereits 1887 gegründet. Hier kann man seinen Briefkopf auf Qualitätspapier drucken lassen.

Wohnen und Design

The Conran Shop, Michelin House, 81 Fulham Road, SW3, Tel. 75 89 74 01, U-Bahn South Kensington. Modernes Wohndesign des britischen Designers Conran.

Designers Guild, 267–271 und 275–277 King's Road, SW3, Tel. 73 51 57 75, U-Bahn Sloane Square. Handgearbeitete, ausgesucht schöne Designmöbel.

Habitat, 196 Tottenham Court Road, W1, Tel. 76 31 38 80, U-Bahn Goodge Street. Ex-Möbelimperium von Conran, das jetzt zu Ikea gehört.

Essen und Trinken

Die Zeiten, in denen die englische Küche einen schlechten Ruf genoss, sind endgültig vorbei. In kaum einer anderen westlichen Metropole boomt derzeit die Gastronomie wie in der Hauptstadt an der Themse. Große Küchenchefs zelebrieren hier eine Küche, die sich ›Modern British‹ und ›Modern European‹ nennt. Außerdem erhält man in London neben den legendären ›Fish and Chips‹ Gerichte aus aller Herren Länder.

Restaurants

Traditionelle britische Küche

Dorchester Grill Room, The Dorchester (Hotel), 54 Park Lane, W1, Tel. 73 17 63 36, U-Bahn Hyde Park Corner oder Marble Arch. Gekocht wird nur mit besten Zutaten. Sakko und Schlips sind obligatorisch.

Rules, 35 Maiden Lane, WC2, Tel. 78 36 53 14, U-Bahn Covent Garden oder Charing Cross. Very British. Hervorragende Küche im edlen Ambiente des traditionsreichen Londoner Restaurants machen ein Dinner zum Erlebnis. Wild ist hier Spezialität.

Simpson's-in-the-Strand Grand Divan Tavern, 100 Strand, WC2, Tel. 78 36 91 12, U-Bahn Covent Garden oder Charing Cross. Eines der berühmtesten traditionell britischen Restaurants, das jetzt zum Savoy Hotel gehört [s. S. 179].

Fortnum & Mason, 181 Piccadilly, W1, Tel. 77 34 80 40, U-Bahn Green Park oder Piccadilly Circus. Im Fountain Café kann man nach dem Shopping seinen Tee mit Gebäck einnehmen, das St. James's Restaurant im 4. Stock ist eine Institution.

Moderne britische & europäische Küche

Alastair Little, 49 Frith Street, W1, Tel. 77 34 51 83, U-Bahn Leicester Square oder Tottenham Court Road. Immer noch Trendsetter unter den ›Modern British‹-Restaurants; Preise fast doppelt so hoch wie in anderen Restaurants.

The Apprentice, Cardamon Buildings, 31A Shad Thames, SE1, Tel. 72 34 02 54, U-Bahn London Bridge. Schmackhafte Gerichte und schickes Ambiente. Hier schwingen vor allem begabte Lehrlinge den Kochlöffel.

BBB – Beach Blanket Babylon, 45 Ledbury Road, W11, Tel. 72 29 29 07, U-Bahn Notting Hill Gate. Die Bar hat eine angenehme Hallenatmosphäre, das Restaurant ist ein an eine Burg gemahnender Saal.

Belgo Centraal, 50 Earlham Street, WC2, Tel. 78 13 22 33, U-Bahn Covent Garden. In einem Kellergewölbe servieren Kellner in Mönchskutten. Speisen und Getränke aus Belgien.

The Belvedere, im Holland Park, zu erreichen von der Abbotsbury Road, W8, Tel. 76 02 12 38, U-Bahn High Street Kensington oder Holland Park. Im ehemaligen Sommer-Ballsaal des Holland House.

Bibendum, Michelin House, 81 Fulham Road, SW3, Tel. 75 89 14 80, U-Bahn South Kensington. Restaurant der gehobenen Preisklasse im beeindruckenden Michelin-House. Seafood vom Feinsten und andere kulinarische Köstlichkeiten in edel-schlichtem Conran-Ambiente. Unbedingt vorbestellen. Hervorragend ist auch die Oyster-Bar.

Bluebird, 350 King's Road, SW5, Tel. 75 59 10 00, U-Bahn Sloane Square. Für sein jüngstes Restaurant hat Terence Conran eine Autowerkstatt aus den 20er-Jahren edel durchgestylt. Schlemmen und Shopping unter einem Dach: ›Gastrodome‹ mit Café, Feinkost-Supermarkt und ›Chef Shop‹ für Küchenutensilien.

Blue Print Café, Design Museum, Butlers Wharf, SE1, Tel. 73 78 70 31, U-Bahn London Bridge. Dieses Conran-Restaurant bietet moderne europäische Küche und ein schönes Themse-Panorama von der Dachterrasse.

Books for Cooks, 4 Blenheim Crescent, W11, Tel. 72 21 19 92, U-Bahn Notting Hill Gate oder Ladbroke Grove. Ein Kochbuchladen, in dem die Betreiberinnen ihre Lieblingsrezepte gleich zum Verkosten anbieten. Unbedingt reservieren.

Butler's Wharf Chop House, Butler's Wharf Building, SE1, 36E Shad Thames, Tel. 74 03 34 03, U-Bahn Tower Hill oder London Bridge. Conran gestaltete hier mit Glas, Chrom und Holz das Interieur. Köstliche Gerichte, nicht ganz billig.

Café Delancey, 3 Delancey Street, NW1, Tel. 73 87 19 85, U-Bahn Camden Town. Sehr populär; ungewöhnliche Mischung von einfachen französischen und englischen Speisen.

Café Flo, 205 Haverstock Hill, NW3, Tel. 74 35 67 44, U-Bahn Belsize Park. Komfortables Bistro mit Jazz-Musik und gutem Essen. Mehrere Filialen, u. a. St. Martin's Lane und Notting Hill Gate. Beliebter Sonntags-Lunch.

Clarke's, 124 Kensington Church Street, W8, Tel. 72 21 92 25, U-Bahn Notting Hill Gate. Das Menü sehr kalorienbewußt, die meisten Zutaten sind hausgemacht, z. B. das (unübertroffene) Brot.

Cyberia Cyber Café, 39 Whitfield Street, W1, Tel. 72 09 09 82, e-mail: cyberia@easynet.co.uk, U-Bahn Goodge Street. Erstes britisches Internet-Café.

L'Escargot, 48 Greek Street, W1, Tel. 74 37 26 79, U-Bahn Leicester Square oder Tottenham Court Road. Im Lokal im Obergeschoss lässt sich exquisit speisen. Zum Drink trifft man sich in der Brasserie im Erdgeschoss.

Kensington Place, 201–205 Kensington Church Street, W8, Tel. 77 27 31 84, U-Bahn Notting Hill Gate. Gutes Essen, sehr lebendige Atmosphäre.

Langan's Brasserie, Stratton Street, W1, Tel. 74 93 64 37, U-Bahn Green Park. Der Schauspieler Michael Caine war Mitbegründer dieses auch von anderen Stars frequentierten Restaurants.

TOP TIPP **Mezzo**, 100 Wardour Street, W1, Tel. 73 14 40 00, U-Bahn Tottenham Court Road. Gaumenkitzel im Esstempel von Conran mit über 700 Plätzen. Leichte Multikulti-Küche in cool gestyltem Ambiente, dazu gepflegte Live-Musik. Hier findet man auch das orientalisch inspirierte Restaurant *Mezzonine* sowie ein Café mit Patisserie.

Chez Nico at Ninety, 90 Park Lane, W1, Tel. 74 09 12 90, U-Bahn Hyde Park Corner oder Marble Arch. Hier speist man à la grande; 3 Michelin-Sterne; Vorbestellung unerlässlich.

TOP TIPP **Oxo Tower, Restaurant, Bar, Brasserie**, Oxo Tower Wharf, Barge House Street, South Bank, SE1, Tel. 78 03 38 88, U-Bahn Waterloo. Von der Terrasse im Obergeschoss hat man einen grandiosen Blick über die Themse auf London.

Le Pont de la Tour, Butler's Wharf Building, 36D Shad Thames, SE1, Tel. 74 03 84 03, U-Bahn Tower Hill oder London Bridge. Französisch inspiriertes, teueres Conran-Restaurant mit exquisiten Weinen.

Quaglino's, 16 Bury Street, SW1, Tel. 79 30 67 67, U-Bahn Green Park oder Piccadilly Circus. In diesem populären Conran-Lokal sollte man unbedingt Fisch oder Seafood probieren.

Sea Shell, 49–51 Lisson Grove, NW1, Tel. 77 23 87 03, U-Bahn Marylebone. Exzellentes Fischrestaurant.

Amerikanisch

Christopher's, 18 Wellington Street, WC2, Tel. 72 40 42 22, U-Bahn Covent Garden. ›In‹-Restaurant im Designer-Stil, sehr gute, einfache Fleisch-, Geflügel- und Fischgerichte.

Ed's Easy Dinner, 12 Moor Street, W1, Tel. 74 39 19 55, U-Bahn Leicester Square oder Tottenham Court Road. Die Kellner mit Entertainer-Talent machen diesen besseren Imbiss zu einem Vergnügen.

Hard Rock Café, 150 Old Park Lane, W1, Tel. 76 29 03 82, U-Bahn Hyde Park Corner. Beliebt bei Touristen aus aller Welt.

Planet Hollywood, Trocadero, 13 Coventry Street, W1, Tel. 72 87 10 00, U-Bahn Piccadilly Circus. Das Schwarzenegger & Co.-Restaurant. Am schönsten sitzt man im ›Hollywood Hill‹ und genießt saftige Burger und riesige Salate.

Chinesisch

Chuen Cheng Ku, 17 Wardour Street, W1, Tel. 74 37 13 98, U-Bahn Leicester Square oder Piccadilly Circus. Immer noch unschlagbar, vor allem was ›Dim Sum‹, die kleinen chinesischen Leckereien, betrifft.

Fung Shing, 15 Lisle Street, WC2, Tel. 74 37 15 39, U-Bahn Leicester Square. Wohl das beste cantonesische Restaurant in Chinatown.

Golden Dragon, 28–29 Gerrard Street, W1, Tel. 77 34 27 63, U-Bahn Leicester Square oder Piccadilly Circus. Populäres ›Dim Sum‹-Lokal, außerdem vietnamesische Spezialitäten.

Memories of China, 353 High Kensington Street, W6, Tel. 76 03 69 51, U-Bahn High Street Kensington. Erhielt 1996 die Auszeichnung ›Best Chinese Restaurant of the Year‹.

New Mayflower, 68–70 Shaftesbury Avenue, W1, Tel. 77 34 92 07, U-Bahn Piccadilly Circus. Immer noch Trendsetter unter den Lokalen in Chinatown.

Indisch

Café Lazeez, 93–95 Old Brompton Road, SW7, Tel. 75 81 99 93, U-Bahn Gloucester Road oder South Kensington. Euro-indische Gerichte in angenehmer Atmosphäre. Jazz-Musik und warmes Essen bis 1 Uhr nachts.

Café Spice Namaste, 16 Prescot Street, E1, Tel. 74 88 92 42, U-Bahn Tower Hill oder Tower Gateway. Schönes Ambiente in viktorianischem Gebäude. Die

Das Dasein als Design

Sir Terence Conran *ist Architekt, Designer, Möbelhändler und Gastronom. Seine Botschaft ist der gute Geschmack. Seit über 30 Jahren versucht er, den Briten beim Wohnen, Essen und Einkaufen auf die Sprünge zu helfen, und das mit Erfolg für beide Seiten: Conran ist dabei reich und berühmt geworden, und seine Kunden profitieren von seiner Philosophie, dass nämlich gute Dinge nicht teurer sein sollten als weniger gute. Praktisch, funktional und möglichst schlicht – das ist sein Stil, und damit hat er das britische Wohnzimmer umgekrempelt wie kein anderer.*

Und nicht nur das: Nach dem Verkauf seiner weltweit etablierten Möbelhauskette Habitat schuf er **The Conran Shop** *mit Filialen in Paris, Hamburg und Tokio. Seine Mitwirkung bei der Gestaltung der* **Docklands** *verhalf ihm zum Adelstitel, und mittlerweile kümmert er sich auch um das leibliche Wohl seiner Landsleute.*

Zehn Restaurants nennt er bis dato sein Eigen, alle unterschiedlich in Stil und Küche – und es kommen ständig neue hinzu. Eines der ersten war **Mezzo**, *ein großer, vielseitiger Restaurantkomplex inkl. Bäckerei und Patisserie. Berühmt ist das im Michelin-Building, einem wahren Wunderwerk des Jugendstil, untergebrachte* **Bibendum**, *Themse-Panorama bieten die Conran-Restaurants in Butler's Wharf und das* **Blue Print Café** *im Design Museum.*

Neuerdings hat auch die King's Road ihren Conran-Komplex: **Bluebird** *heißt die attraktive Kombination von Restaurant, Café, Bar, Supermarkt und Geschäft für Küchenutensilien. Auch wenn Kritiker über die Kühle des Conran-Designs spötteln – zugegebenermaßen fühlt man sich manchmal an eine Edelkantine erinnert –, Ästhetik und Perfektion seiner Kreationen sind bewundernswert. Wer anders als Conran verwandelt selbst ein Regal voller Konfitüren in ein Kunstwerk? Auch in Deutschland hat er kürzlich einen Esstempel gestaltet. Das Münchner ›Lenbach‹ ist seit der Eröffnung eine wahre Pilgerstätte der Schickeria.*

hausgemachten Chutneys sollte man unbedingt probieren.

Red Fort, 77 Dean Street, W1, Tel. 74 37 25 25, U-Bahn Leicester Square oder Piccadilly Circus. Überdurchschnittlich.

Star of India, 154 Old Brompton Road, SW5, Tel. 73 73 29 01, U-Bahn Gloucester Road. Mit leichtem Anklang an die Sixtinische Kapelle. Hohe Qualität, etwas teuer für indische Küche.

Italienisch

Calzone Pizza Bar, 2A Kensington Park Road, W11, Tel. 72 43 20 03, U-Bahn Notting Hill Gate. Die Pizza gehört zu den besten in London.

Emporio Armani Express, 191 Brompton Road, SW3, Tel. 78 23 88 18, U-Bahn Knightsbridge oder South Kensington. Nach dem Shopping beim Designer kann man sich bei moderner italienischer Küche erholen.

La Famiglia, 5–7 Langdon Street, SW10, Tel. 73 51 07 61, U-Bahn Sloane Square, dann weiter mit dem Bus 11, 22 oder 31. Sehr gutes, vor allem toskanisches Essen, lebhaftes Publikum.

The River Café, Thames Wharf, Rainville Road, W6, Tel. 73 81 88 24, U-Bahn Hammersmith, dann Bus 211. Eines der gefragtesten Restaurants in London. Stilvolle Dekoration.

Signor Zilli, 41 Dean Street, W1, Tel. 77 34 39 24, U-Bahn Tottenham Court Road. Eines der interessantesten Restaurants in Soho.

Japanisch

Moshi Moshi Sushi, 7–8 Limeburner Lane, EC4, Tel. 72 47 32 27, U-Bahn St. Paul's. Der neueste Ableger der innovativen Sushi Bar in der Liverpool Street.

Wagamama, 10A Lexington Street, W1, Tel. 72 92 09 90, U-Bahn Piccadilly Circus. Japanisch inspirierte Nudelgerichte, für die sich das Schlangestehen lohnt.

Thailändisch

Blue Elephant, 4–6 Fulham Broadway, SW6, Tel. 73 85 65 95, U-Bahn Fulham Broadway. Teures, sehr gutes Essen in eindrucksvollem Ambiente.

The Churchill Arms, 119 Kensington Church Street, W8, Tel. 77 92 12 46, U-Bahn Notting Hill Gate oder High Street Kensington. Mal etwas ganz anderes: ein englisches Pub mit guter thailändischer Küche.

Diverses

Cotton's Rhum Shop, Bar & Restaurant, 55 Chalk Farm Road, NW1, Tel. 74 82 10 96, U-Bahn Chalk Farm. Hier genießt man Spezialitäten aus der Karibik bei Reggae-Musik.

Rainforest Café, Trocadero Centre, Shaftesbury Avenue, W1, Tel. 74 34 31 11, U-Bahn Piccadilly Circus. Speisen in Regenwald-Kulisse mit exotischem Ambiente und köstlichen Cocktails.

Feste und Feiern

Feiertage

1. Januar (New Year's Day)
Karfreitag (Good Friday)
Ostermontag (Easter Monday)
May Day (jeweils erster Mo im Mai)
Spring Bank Holiday/Summer Bank Holiday (letzter Mo im Mai und Aug.)
25. Dezember (Christmas Day)
26. Dezember (Boxing Day)

An Feiertagen sind viele Geschäfte und öffentlichen Einrichtungen geschlossen.

Festivals/Veranstaltungen

Januar/Februar

Chinese New Year Festival: Am 1. Sonntag nach dem chinesischen Neujahr, ca. Ende Januar /Anfang Februar. Chinatown rund um Gerrard Street, Chinatown Chinese Association, U-Bahn Leicester Square und Piccadilly Circus.

März/April

Bootsrennen zwischen den Universitäten von Oxford und Cambridge: Auf der Themse zwischen Putney (Start) und Mortlake (Ende), Samstag vor Ostern oder Ostern. Echt englisches Spektakel.

Mai

Chelsea Flower Show: Weltberühmte Blumenschau Ende Mai; Royal Hospital, SW3, U-Bahn Sloane Square.

Juni

Gun Salutes: Im Hyde Park am 2. Juni (Krönungstag von Queen Elizabeth II.), 4. Juni (Queen Mother's Geburtstag), 10. Juni (Geburtstag von Prince Philip), ca. 1. Juni-Hälfte (Trooping the Colour); auch am 6. Februar (Accession Day), 21. April (Geburtstag der Queen) und im Herbst zum State Opening of Parliament.

Derby Day: International bedeutendes Pferderennen am 1. Mittwoch im Juni; Pferderennbahn Epsom, Surrey. Mit dem Zug von Waterloo nach Epsom.

Royal Ascot: Mitte Juni; Ascot Racecourse, Ascot, Berkshire, mit dem Zug von Waterloo nach Ascot. Zur Bestellung von Tickets im VIP-Bereich kann man sich an die eigene Botschaft in London wenden.

Trooping the Colour: Samstag um oder vor dem 16. Juni mit zwei Vorläufen; Parade der königlichen Regimenter zum Geburtstag der Queen; Horse Guards Parade, Whitehall, SW1, U-Bahn Westminster oder Charing Cross. Schriftliche Kartenvorbestellung bis Ende Feb. an The Brigade Major (Trooping the Colour); HQ, Household Division, Horse Guards, Chelsea Barracks, SW3.

Lord's Test: Großes gesellschaftliches Ereignis, wenn die englische Cricket-Nationalmannschaft spielt; Lord's Cricket Ground, NW8, Tel. 72 89 16 11, U-Bahn St. John's Wood.

Wimbledon Lawn Tennis Championships: In der letzten Woche im Juni und ersten Woche im Juli spielt man hier um die begehrteste Trophäe in der Tenniswelt; All England Lawn Tennis & Croquet Club, PO Box 98, Church Road, Wimbledon, SW 19, Tel. 89 44 10 66, U-Bahn Southfields oder Wimbledon.

Juli

Royal Tournament: Mitte Juli für zwei Wochen; Earl's Court Exhibition Centre, Warwick Road, SW5, U-Bahn Earl's Court.

August

Notting Hill Carnival: Letzter So und Mo im Aug. von 12 Uhr bis abends; berühmter karibischer Karneval mit fantastischen Kostümen und ausgelassener Stimmung. U-Bahn Ladbroke Grove oder Westbourne Park.

Oktober

Costermonger's Pearly Harvest Festival: 1. Sonntag im Oktober. Eine Erntedank-Veranstaltung, bei der man echte

Cockneys in ihren selbst gemachten Kostümen bewundern kann. St. Martin-in-the-Fields, Trafalgar Square, WC2, U-Bahn Charing Cross.

November

London – Brighton Veteran Car Run: Jeden 1. So im November findet dieses Oldtimer-Rennen statt. Zwischen 8 und 9 Uhr morgens von der Serpentine Road im Hyde Park nach Brighton.

State Opening of Parliament: In der 1. Novemberwoche wird das Parlament von der Queen feierlich eröffnet. Sie fährt in der Kutsche vom Buckingham Palace zum House of Lords.

Guy Fawkes Night: Jährliches Feuerwerk zum Gedenken an den Schurken, der am 5. November 1605 das Parlament in die Luft sprengen wollte.

Lord Mayor's Show: 2. Samstag im November, 9–17 Uhr. Amtseinführung des neuen Lord Mayor, der, von einer Prozession begleitet, in der State Coach durch die City fährt.

Klima und Reisezeit

London hat immer Saison. Tatsächlich fällt im Winter hier das Thermometer fast nie unter Null, und Schnee gibt es äußerst selten. Diese relativ angenehmen Temperaturen sind dem Golfstrom im Atlantik zu verdanken, der den Britischen Inseln *ozeanisches Klima* beschert. Grau und regnerisch sind in London jedoch erfahrungsgemäß November bis Januar. Die schönsten Monate für einen Besuch der Metropole mit ihrem Freizeitpotential an Parks, Sportprogrammen und Bootsfahrten auf der Themse sind in der Regel Mai, Juni, September und Oktober.

Klimadaten London

Monat	Luft (°C) min./max.	Sonnen-std./Tag	Regen-tage
Januar	6/ 2	2	15
Februar	7/ 2	2	13
März	10/ 3	4	11
April	13/ 6	6	12
Mai	17/ 8	7	12
Juni	20/12	7	11
Juli	22/14	7	12
August	21/13	6	11
September	19/11	5	13
Oktober	14/ 8	3	13
November	10/ 5	2	15
Dezember	8/ 4	1	15

Kultur live

Oper, Konzert und Ballett

Barbican Centre, Silk Street, EC2, Tel. 76 38 88 91, U-Bahn Barbican oder Moorgate. [Nr. 38]

British Music Information Centre, 10 Stratford Place, W1, Tel. 74 99 85 67, U-Bahn Bond Street

English National Opera, The London Coliseum, St.Martin's Lane, WC2, Tel. 76 32 83 00, U-Bahn Leicester Square oder Charing Cross. Tickets sind am Tag der Aufführung ab 10 Uhr erhältlich per Telefon. [Nr. 65]

Kenwood Lakeside Concerts, Kenwood House, Hampstead Lane, NW3, Tel. 83 48 12 86, U-Bahn Archway Highgate oder Hampstead [s. S. 146]

Royal Albert Hall, Kensington Gore, SW7, Tel. 75 89 82 12, U-Bahn South Kensington oder High Street Kensington. Die berühmten BBC-Promenadenkonzerte, kurz Proms genannt, finden hier im Sommer statt. [Nr. 92]

Royal Festival Hall im South Bank Centre, South Bank, SE1, Tel. 79 60 42 42, U-Bahn Embankment oder Waterloo [Nr. 108]

Royal Opera House, Bow Street, Covent Garden, WC2, Tel. 73 04 40 00, U-Bahn Leicester Square und Covent Garden. [Nr. 60]

Sadler's Wells Theatre, Peacock Theatre, Portugal Street, Abzweigung von Kingsway, WC2, Tel. 78 63 82 22, U-Bahn Holborn oder Temple. Ausgezeichnete Produktionen aus den Bereichen modernes Tanztheater und Oper.

Wigmore Hall, 36 Wigmore Street, W1, Tel. 79 35 21 41, U-Bahn Bond Street

Theater und Musical

Informationen und Tickets

Artsline, 54 Chalton Street, NW1, Tel. 73 88 22 27. Für Behinderte kostenlose Auskunft zu den Veranstaltungen.

The Half Price Ticket Booth, Society of London Theatres (SOLT), Tickethäuschen am Leicester Square, WC2, U-Bahn Piccadilly Circus oder Leicester Square, Mo–Sa 14.30–18.30 Uhr. Karten am Tag der Vorführung zum halben Preis.

London International Festival of Theatre, 19–20 Great Sutton Street, EC1, Info-Tel. 74 90 39 65

Ticketmaster, Tel. 73 44 44 44. Telefonische Buchung, nur per Kreditkarte.

Theater und Musical im West End

Es gibt einen kostenlosen Theaterplan mit den aktuellen Produktionen, der in Hotels und Kultureinrichtungen ausliegt.

Adelphi, The Strand, WC2, Tel. 73 44 00 55, U-Bahn Charing Cross. Musical.

Albery, St. Martin's Lane, WC2, Tel. 73 69 17 30, U-Bahn Leicester Square. Theater.

Aldwych, The Aldwych, WC2, Tel. 74 16 60 03, U-Bahn Covent Garden. Eines der besseren Theater im West End, häufig mit bekannten Schauspielern.

Apollo Victoria, Wilton Road, SW1, Tel. 74 16 60 70, U-Bahn Victoria. Seit 1981 wird hier das Musical ›Starlight Express‹ gespielt.

Comedy, Panton Street, SW1, Tel. 73 69 17 31, U-Bahn Piccadilly Circus. Theater.

Criterion, Piccadilly Circus, W1, Tel. 73 69 17 47, U-Bahn Piccadilly Circus. Theater.

Duchess, Catherine Street, WC2, Tel. 74 94 50 75, U-Bahn Covent Garden. Komödie.

Fortune, Russell Street, WC2, Tel. 78 36 22 38, U-Bahn Covent Garden oder Leicester Square

Garrick, Charing Cross Road, WC2, Tel. 74 94 50 85, U-Bahn Leicester Square. Hierher kommen häufig die erfolgreichen Stücke aus den Fringe Shows oder andere interessante Produktionen.

Her Majesty's, Haymarket, SW1, Tel. 74 94 54 00, U-Bahn Piccadilly Circus. Hier spielt man das weltberühmte Musical ›Phantom of the Opera‹ von Andrew Lloyd Webber.

Holland Park Theatre, Holland Park, Kensington High Street, W8, Tel. 76 02 78 56, U-Bahn Kensington High Street. In einem wunderschönen Park finden hier Open Air von Juni bis Aug. Theater, Oper und Tanztheater statt.

London Palladium, Argyll Street, W1, Tel. 74 94 50 20, U-Bahn Oxford Circus. Das Musical ›Oliver!‹ von Lionel Bart nach dem Roman ›Oliver Twist‹ von Charles Dickens ist *das* Stück für Kinder.

Lyric, Shaftesbury Avenue, W1, Tel. 74 94 50 45, U-Bahn Piccadilly Circus. Theater und Musical.

National Theatre, im South Bank Centre, South Bank, SE1, Tel. 74 52 30 00, U-Bahn Embankment oder Waterloo [Nr. 108]

New London, Drury Lane, WC2, Tel. 74 05 00 72, U-Bahn Holborn oder Covent Garden. Dieses Theater wurde eigens für das Musical ›Cats‹ von Andrew Lloyd Webber gebaut.

Old Vic, Waterloo Road, SE1, Tel. 79 28 76 16, U-Bahn Waterloo. Theater.

Open Air, New Shakespeare Co., Regent's Park, NW1, Tel. 74 86 24 31, U-Bahn Baker Street. Theater im Park von Mai bis September.

Palace, Shaftesbury Avenue, W1, Tel. 74 34 09 09, U-Bahn Leicester Square. Musical.

Phoenix, Charing Cross Road, WC2, Tel. 73 69 17 33, U-Bahn Tottenham Court Road. Theater und Musical, häufig über dem Durchschnitt.

Piccadilly, Denman Street, W1, Tel. 73 69 17 34, U-Bahn Piccadilly. Musical und Revuetheater.

The Playhouse, Northumberland Avenue, WC2, Tel. 77 04 94 24, U-Bahn Embankment. Spielstätte der Peter Hall Company.

Prince Edward, Old Compton Street, W1, Tel. 74 47 54 00, U-Bahn Leicester Square. Hier lief das Musical ›Evita‹ acht Jahre lang. Seit 1996 setzt ›Martin Guerre‹ die Erfolge dieser Bühne fort.

Prince of Wales, Coventry Street, W1, Tel. 78 39 59 87, U-Bahn Leicester Sq.

Royal Shakespeare Company, Barbican Centre, EC2, Tel. 76 38 88 91, U-Bahn Barbican oder Moorgate

Shaftesbury, Shaftesbury Avenue, WC1, Tel. 73 79 53 99, U-Bahn Piccadilly Circus. Musical.

Shakespeare's Globe, New Globe Walk, Bankside, SE1, Tel. 74 01 99 19, U-Bahn London Bridge [Nr. 109]

TOP TIPP **St. Martin's Theatre**, West Street, Cambridge Circus, WC2, Tel. 78 36 14 43, U-Bahn Leicester Square. Hier gibt man nun schon seit 41 Jahren ›The Mousetrap‹ von Agatha Christie. Spannung und Unterhaltung pur von der bewährten Krimi-Schriftstellerin.

Strand, Aldwych, WC2, Tel. 79 30 88 00, U-Bahn Covent Garden. Musical.

Theatre Royal Drury Lane, Catherine Street, WC2, Tel. 74 94 50 00, U-Bahn Holborn oder Charing Cross. Hier gibt man das Musical ›Miss Saigon‹. [Nr. 61]

Theatre Royal Haymarket, Haymarket, SW1, Tel. 79 30 88 00, U-Bahn Piccadilly Circus. Theater.

Vaudeville, The Strand, WC2, Tel. 78 36 99 87. U-Bahn Charing Cross oder Aldwych.Komödie.

Victoria Palace, Victoria Street, SW1, Tel. 78 34 13 17, U-Bahn Victoria. Theater.

Wyndham's, Charing Cross Road, WC2, Tel. 73 69 17 36, U-Bahn Leicester Square. Theater.

Fringe-Theater

Diese Theater spielen in London eine sehr große Rolle, da es in England so gut wie keine öffentlichen Subventionen gibt. Es handelt sich um kleinere Produktionen von privaten Theatergruppen. Bei besonderem Publikumserfolg werden die Stücke oft von einem der West End-Theater übernommen.

Almeida, Almeida Street, N1, Tel. 73 59 44 04, U-Bahn Angel, Highbury und Islington. Hier lässt Harold Pinter seine Stücke aufführen. Sehr gutes Theater.

TOP TIPP **The Bush**, Shepherd's Bush Green, W12, Tel. 87 43 33 88, U-Bahn Goldhawk Road und Shepherd's Bush. Gerühmt für die Entdeckung von Autoren, exzellente Schauspielkunst.

Gate Notting Hill, The Prince Albert Pub (1. Stock), 11 Pembridge Road, W11, Tel. 72 29 07 06, U-Bahn Notting Hill Gate. Hier werden vor allem Stücke von europäischen Autoren gespielt.

King's Head, 115 Upper Street, N1, Tel. 72 26 19 16, U-Bahn Angel, Highbury und Islington. Das älteste Pub-Theater in London.

Tricycle, 269 Kilburn High Road, NW6, Tel. 73 28 10 00, U-Bahn Kilburn

Young Vic, 66 The Cut, SE1, Tel. 79 28 63 63, U-Bahn Waterloo

Kino

Die meisten Kinos in London sind Komplexe, in denen mehrere Filme gleichzeitig gezeigt werden. Besondere Erwähnung verdienen:

Curzon Mayfair, 38 Curzon Street, W1, Tel. 73 69 17 20, U-Bahn Hyde Park Corner oder Green Park. Wohl das schönste und dazu noch ein bequemes Londoner Kino, Qualitätsfilme.

Goethe Institut, Ecke Princes Gate und Exhibition Road, SW7, Tel. 75 96 40 00. Auch deutsche Filme.

ICA Cinema, Nash House, The Mall, SW1, Tel. 79 30 36 47, U-Bahn Charing Cross oder Piccadilly Circus. Oft Retrospektiven. Sehenswerte Filme von kaum bekannten Regisseuren.

National Film Theatre, South Bank, SE1, Tel. 79 28 32 32, U-Bahn Waterloo. Täglich wechselndes Programm. [s. S. 129]

Notting Hill Coronet, Notting Hill Gate, W11, Tel. 77 27 67 05, U-Bahn Notting Hill Gate. Altes Kino, bequem und billiger als die Nachbarkinos.

Prince Charles, Leicester Place, WC2, Tel. 74 37 81 81, U-Bahn Piccadilly und Leicester Square. Preiswert, ständig wechselndes Programm; der Clou sind die Pärchen-Sitze.

Museen, Sammlungen, Kirchen etc.

In den meisten Museen und Sammlungen ist letzter Einlass meist 45 Min. vor Schließung.

The London Pass

Dies ist die kombinierte Eintrittskarte zu über 40 Londoner Museen, Kirchen und Palästen mit 1, 2, 3 oder 6 Tagen Gültigkeit. In Deutschland erhältlich bei Britain Direct, Tel. 0 62 22/67 80 50 oder per Internet: www.londonpass.com [s. S. 156].

Gilt u. a. für: Buckingham Palace, Chiswick House, Cutty Sark, Guards' Museum, Hindu Temple, HMS Belfast, Institute of Contemporary Art, Jewel Tower, Jewish Museum, Kenwood House, London Aquarium, Marble Hill House, Old Operating Theatre, Pollock's Toy Museum, Ranger's House, Royal Mews, Southwark Cathedral, St. Paul's Cathedral, Tate Britain, Thames Barrier Visitor Centre, Westminster Abbey Chapter House, Windsor Castle.

All Hallows by the Tower, Byward Street, EC 3, Tel. 74 81 29 28, U-Bahn Tower Hill, Mo–Fr 9–17.30, Sa/So 10–17 Uhr. Museum in der Krypta mit gebührenpflichtiger Audio-Tour, tgl. 11–16 Uhr [Nr. 28]

Apsley House / Wellington Museum, 149 Picadilly, Hyde Park Corner, W 1, Tel. 74 99 56 76, U-Bahn Hyde Park Corner, Di–So 11–17 Uhr [Nr. 86]

Bank of England Museum, Bartholomew Lane, EC 2, Tel. 76 01 55 45, 76 01 54 91, U-Bahn Bank, Mo–Fr 10–17 Uhr [Nr. 35]

Banqueting House, Whitehall, SW 1, Tel. 79 30 41 79, U-Bahn Charing Cross oder Westminster, Mo–Sa 10–16.30 Uhr [Nr. 11]

Barbican Centre, Silk Street, EC 2, Tel. 76 38 41 41 (Verwaltung), 76 38 88 91 (Box Office), U-Bahn Barbican, Moorgate, St. Paul's, Bank oder Liverpool Street, Mo–Sa 9–23, So 12–23 Uhr [Nr. 38]

Boston Manor, Osterley, Isleworth, Middlesex, Boston Manor Road, Tel. 85 60 54 41, U-Bahn Osterley, 1. Sa im April bis letzter So im Okt. Sa/So 14.30–17 Uhr [s. S. 150]

Britain at War Experience, 64–66 Tooley Street, SE1, Tel. 74 03 31 71, U-Bahn London Bridge, April–Sept. 10–17.30, Okt.–März 10–16.30 Uhr [s. S. 133]

British Airways London Eye, Jubilee Gardens, SE 1, Tel. 0 87 05 00 06 00, U-Bahn Waterloo oder Embankment, April–Okt. tgl. 9 bis Sonnenuntergang, sonst tgl. 10–18 [s. S. 128]

British Library, 96 Euston Road, NW1, Tel. 74 12 70 00, U-Bahn Euston oder King's Cross St. Pancras, Mo–Do 10–20, Fr, Sa 10–17 Uhr [Nr. 83]

British Museum, Great Russell Street, WC 1, Tel. 76 36 15 55, U-Bahn Holborn, Russell Square oder Tottenham Court Road, Mo–Sa 10–17, So 12–18, jeden 1. Di im Monat 18–21 Uhr [Nr. 77]

Buckingham Palace, The Mall, SW1, Tel. 78 39 13 77, U-Bahn St. James's Park, Green Park oder Victoria, Aug.–Okt. tgl. 9.30–16.30 Uhr. Kartenvorbestellung empfohlen [Nr. 24]

Burgh House, New End Square, NW3, Tel. 74 31 01 44, U-Bahn Hampstead, Mi–So 12–17 Uhr [Nr. 124]

Cabaret Mechanical Theatre, 33–34 The Market, Covent Garden, WC2, Tel. 73 79 79 61, Mo–Sa 10–19 Uhr, So 11–19 Uhr [s. S. 83]

Cabinet War Rooms, Clive Steps, King Charles Street/Eingang: Horse Guards Road, SW1, Tel. 79 30 69 61, U-Bahn Westminster oder St. James's Park, April–Sept. tgl. 9.30–18, Okt.–März tgl. 10–18 Uhr [Nr. 7]

Carlyle's House, 24 Cheyne Row, SW3, Tel. 73 52 70 87, U-Bahn Sloane Square, März–Okt. Mi–So 11–17 Uhr [Nr. 101]

Central Criminal Court, Newgate Street/Old Bailey, EC1, Tel. 72 48 32 77, U-Bahn St. Paul's, Mo–Fr 10.30–13 und 14–16 Uhr [Nr. 45]

Changing of the Guard, Buckingham Palace [Nr. 24]: Tel. 79 30 44 66. Mitte April–Ende Juli tgl. 11 Uhr; St. James's Palace [Nr. 19]: jeweils 11.15 Uhr; Horse Guards in Whitehall [Nr. 10]: Mo–Sa 11, So 10 Uhr

Charterhouse, Charterhouse Square, EC 1, Tel. 72 53 95 03, U-Bahn Barbican, 2. April–30. Juli Mi nachmittags 14.15 Uhr (einzige Führung); Gruppenführungen können jederzeit telefonisch vereinbart werden [Nr. 42]

Chelsea Physic Garden, 66 Royal Hospital Road, SW3, Tel. 73 52 56 46, U-Bahn Sloane Square, April–Okt. Mi 14–17, So 14–18 Uhr [Nr. 98]

Chelsea Royal Hospital and Museum, Royal Hospital Road, SW3, Tel. 77 30 01 61-244, U-Bahn Sloane Square, April–Sept. Mo–Sa 10–12 und 14–16, Okt.–März So 14–18 Uhr [Nr. 97]

Chiswick House, Burlington Lane, W4, Tel. 89 95 05 08, U-Bahn Turnham Green oder Zug nach Chiswick, April–Sept. tgl. 10–18, Okt.10–17, Nov.–März Mi–So 10–16 Uhr [Nr. 127]

Clink Exhibition, 1 Clink Street, SE 1, Tel. 74 03 65 15, U-Bahn London Bridge, tgl. 10–18 Uhr [s. S. 133]

Commonwealth Institute, Kensington High Street, W8, Tel. 76 03 45 35, U-Bahn High Street Kensington. Das Research Centre ist auf Voranmeldung Mo–Sa 10–16 Uhr zugänglich. [Nr. 90]

Courtauld Institute Galleries, Somerset House, Strand, WC 2,

Tel. 78 482526, U-Bahn Embankment, Temple, Covent Garden, Mo–Sa 10–18, So 14–18 Uhr [Nr. 53]

Cutty Sark, King William Walk, Greenwich, SE 10, Tel. 88 58 34 45, DLR Island Gardens oder Schiff nach Greenwich, tgl. 10–16.30 Uhr [s. S. 141]

Design Museum, Butlers Wharf, Shad Thames, SE 1, Tel. 74 03 69 33, U-Bahn Tower Hill oder London Bridge, Mo–So 11.30–18 Uhr [Nr. 113]

Dickens' House, 48 Doughty Street, WC1, Tel. 74 05 21 27, U-Bahn Russell Square oder Chancery Lane, Mo–Sa 10–17 Uhr [Nr. 82]

The Dome, Greenwich, SE 10, U-Bahn North Greenwich, per Schiff bis Millennium Pier, seit Januar 2001 geschlossen [Nr. 122]

Fenton House, Windmill Hill, NW3, Tel. 74 35 34 71, U-Bahn Hampstead, Mi–Fr 14–17, Sa/So 11–17 Uhr (bis April 2000 geschlossen) [Nr. 124]

Flaxman Gallery, University College, Gower Street, WC1, Tel. 73 87 70 50, U-Bahn Euston, Mo–Fr 13–17 Uhr oder mit Voranmeldung. Zutritt mit Bibliothekskarte bei Vorlage eines Personalausweises. [s. S. 103]

Florence Nightingale Museum, St. Thomas' Hospital, 2 Lambeth Palace Road, SE1, Tel. 76 20 03 74, U-Bahn Waterloo oder Westminster, Mo–Fr 10–17, Sa/So 11.30–15.30 Uhr [Nr. 105]

Freud Museum, 20 Maresfield Gardens, NW3, Tel. 74 35 20 02, U-Bahn Finchley Road, Mi–So 12–17 Uhr [Nr. 124]

Geffrye Museum, Kingsland Road, E2, Tel. 77 39 98 93, U-Bahn Liverpool Street oder Old Street, Di – Sa 10–17, So 12–17 Uhr [Nr. 40]

Gilbert Collection, Somerset House, Strand, WC 2, Tel.72 40 40 80, U-Bahn Embankment, Temple, Covent Garden, Mo–Sa 10–18, So 14–18 Uhr [Nr. 53]

Gipsy Moth IV, King William Walk, Greenwich, SE 10, DLR Island Gardens oder Boot nach Greenwich, Ostern – Okt. Mo–Sa 10–18, So 12–18 Uhr [s. S. 142]

Golden Hind, St. Marie Overie Dock, Cathedral Street, SE1, Tel. 74 03 01 23, U-Bahn London Bridge, tgl. 10 Uhr bis Sonnenuntergang [s. S. 133]

Guards' Museum, Wellington Barracks, Birdcage Walk, SW1, Tel. 74 14 32 71, U-Bahn St. James's Park, tgl. 10–16 Uhr [Nr. 24]

Guildhall, Gresham Street, EC 2, Tel. 73 32 30 77, U-Bahn Bank oder St. Paul's, Mo–Sa 10–17, So 12–16, Fei 10–17 Uhr, während der Sitzungen sind Museum und Gallery geschl., telefonische Anfrage empfohlen. [Nr. 32]

Ham House, Ham Street, Ham, Richmond, Surrey, Tel. 89 40 19 50, U-Bahn Richmond, dann Bus 371 bis Fox and Duck, April–Okt. Sa–Mi 13–17 Uhr [Nr. 133]

Hampton Court Palace, East Molesey, Surrey, Tel. 87 81 95 00, Zug nach Hampton Court, April–Okt. Mo 10.15–18, Di – So 9.30 – 18 Uhr, Nov.–März Mo 10.15–16.30, Di–So 9.30–16.30 Uhr [Nr. 134]

Hayward Gallery, Belvedere Road, South Bank Centre, SE1, Tel. 79 28 31 44, U-Bahn Waterloo oder Embankment, tgl. 10–18, Di/Mi bis 20 Uhr [Nr. 108]

Highgate Cemetery, Swaine's Lane, N6, Tel. 83 40 18 34, U-Bahn Archway, April – Okt. tgl. 10–17, Nov.–März tgl. 10–16 Uhr [Nr.125]

Hindu Temple, 105 – 115 Brentfield Road, Neasden, NW10, Tel. 89 65 26 51, U-Bahn Neasden, tgl. 9–18.30 Uhr [Nr. 126]

HMS Belfast, Morgans Lane, Tooley Street, SE1, Tel. 70 40 63 28, U-Bahn London Bridge, März–Okt.10–18, Nov.–Feb. 10–17 Uhr [s. S. 134]

Hogarth's House, Hogarth Lane, Great West Road, W4, Tel. 89 94 67 57, U-Bahn Turnham Green, April–Okt. Di–Fr 13–17, Sa/So 13–18 Uhr, Nov.–März Di–Fr 13–16, Sa/So 13 –17 Uhr (Jan. geschl.) [s. S. 149]

Houses of Parliament, Parliament Square, SW1, Tel. 72 19 30 00, U-Bahn Westminster. *House of Commons*, Tel. 72 19 42 72: Die Visitors' Gallery ist während der Parlamentssitzungen geöffnet, Mo, Di, Do 14.30–22, Mi und meist auch Fr 9.30–14 Uhr, Zugang über St. Stephen's Entrance. *House of Lords,* Tel. 72 19 31 07: Debatten finden meist Mo, Di, Mi ab 14.30, Do ab 15, Fr ab 11 Uhr statt, Zugang über St. Stephen's Entrance. Die Botschaften des eigenen Landes vergeben Eintrittskarten für die

Parlamentsdebatten (4 pro Tag, Voranmeldung notwendig). *Führungen* nur nach schriftlicher Anmeldung bei: Public Information Office, House of Commons, Derby Gate, London SW 1A 2DG [Nr. 2]

House of St. Barnabas, 1 Greek Street, W1, U-Bahn Tottenham Court Road oder Leicester Square, Tel. 74 34 18 46, Mi 14.30–16.15, Do 11–12.30 Uhr [Nr. 68]

Imperial War Museum, Lambeth Road, SE1, Tel. 74 16 53 21, U-Bahn Elephant & Castle oder Lambeth North, tgl. 10–18 Uhr [Nr. 106]

Inns of Court [Nr. 47]

The Temple:
Temple Church, Inner Temple, Kings Bench Walk, EC4, Tel. 73 53 17 36, U-Bahn Temple, Mo–Sa 11–16 Uhr

Middle Temple, Middle Temple Lane, EC4, Tel. 74 27 48 00, U-Bahn Temple, Mo–Fr 10–11.30 und 15–16 Uhr

Middle Temple Hall, Middle Temple Lane, EC4, Tel. 74 27 48 00, U-Bahn Temple, Mo–Fr 10–11.30 und 15–16 Uhr

Inner Temple, Kings Bench Walk, EC4, Tel. 77 97 82 50, U-Bahn Temple, Mo–Fr 10–16 Uhr

Lincoln's Inn, Lincoln's Inn Fields, WC2, Tel. 74 05 13 93, U-Bahn Chancery Lane oder Holborn, Mo–Fr 9–18 Uhr, Kapelle Mo–Fr 12–14.30 Uhr

Gray's Inn, Gray's Inn Road, WC1, Tel. 74 58 878 00, U-Bahn Chancery Lane oder Holborn, Mo–Fr 9–16 Uhr

Institute of Contemporary Art (ICA), Nash House, The Mall, SW1, Tel. 79 30 36 47, U-Bahn Piccadilly Circus oder Charing Cross, Mo 12–23, Di–Sa 12–1, So 12–23 Uhr [Nr. 17]

Iveagh Bequest Museum *siehe* Kenwood House

Jewel Tower, Abingdon Street, SW1, Tel. 72 22 22 19, U-Bahn Westminster, April–Sept. tgl. 10–18 Uhr, Okt.–März tgl. 10–16 Uhr [Nr. 3]

Jewish Museum, 129 Albert Street, Camden Town, NW1, Tel. 72 84 19 97, U-Bahn Camden Town, So–Mi 10–16 Uhr [Nr. 80]

Dr. Johnson's House, 17 Gough Square, EC4, Tel. 73 53 37 45, U-Bahn Temple, Blackfriars oder Chancery Lane, Mai–Sept. Mo–Sa 11–17.30, Okt.–April 11–17 Uhr [Nr. 50]

Keats' House, Wentworth Place, Keats Grove, NW3, Tel. 74 35 20 62, U-Bahn Hampstead, April–Okt. Mo–Sa 10–13 und 14–18, Sa 10–13 und 14–17, So 14–17 Uhr, Nov.–März Mo–Fr 13–17, Sa 10–13 und 14–17, So 14–17 Uhr [Nr. 124]

Kensington Palace, Kensington Gardens, W8, Tel. 79 37 95 61, U-Bahn High Street Kensington oder Queensway, Eingang zu den State Apartements in Orangery Gardens, Mi–So 10–15 Uhr [Nr. 87]

Kenwood House/Iveagh Bequest Museum, Kenwood, Hampstead Lane, NW3, Tel. 83 48 12 86, U-Bahn Archway, Golders Green oder Highgate, dann Bus 210, April–Sept. tgl. 10–18, Okt.–März tgl. 10–16 Uhr [s. S. 146]

Kew Gardens (Royal Botanic Gardens), Kew Road, Richmond, Surrey, Tel. 89 40 11 71, U-Bahn Kew Gardens, tgl 9.30–16 (Winter) bzw. 18.30 Uhr (Sommer), an Sommerwochenenden bis 19.30 Uhr [Nr. 130]

Queen Charlotte's Cottage, Kew Road, Richmond, Surrey, Tel. 83 32 51 89, U-Bahn Kew Gardens, Mai–Sept. Sa/So 10.30–16 Uhr [Nr. 130]

Lambeth Palace, Lambeth Palace Road, SE1, Tel. 79 28 82 82, U-Bahn Waterloo. Schriftliche Anmeldung erforderlich: Social Secretary, Lambeth Palace, London SE1 7 JU [Nr. 104]

Leighton House Museum, 12 Holland Park Road, W14, Tel. 76 02 33 16, U-Bahn High Street Kensington, Mo–Sa 11–17.30 Uhr [Nr. 89]

Linley Sambourne House, 18 Strafford Terrace, W8, Tel. 87 42 34 38, U-Bahn High Street Kensington, März–Okt. Mi 10–16, So 14–17 Uhr [Nr. 88]

London Aquarium, County Hall, Riverside Building, Westminster Bridge, SE1, Tel. 79 67 80 00, U-Bahn Waterloo oder Embankment, tgl. 10–18 Uhr [Nr. 107]

The London Dungeon, 28–34 Tooley Street, SE1, Tel. 74 03 72 21, U-Bahn London Bridge, April–Sept. tgl. 10–17.30, Okt.–März tgl. 10.30–17 Uhr [s. S.133]

London Transport Museum, Covent Garden, WC2, Tel. 73 79 63 44, U-Bahn Covent Garden, Sa–Do 10–18, Fr 11–18 Uhr [Nr. 58]

London Zoo, Regent's Park, NW1, Tel. 77 22 33 33, U-Bahn Camden Town, März–Okt. 10–17.30, Nov.–Feb. 10–16 Uhr [Nr. 117]

Madame Tussaud's, Marylebone Road, NW1, Tel. 79 35 68 61, U-Bahn Baker Street, Mo–Fr 10–17.30, Sa/So 9.30–17.30 Uhr [Nr. 116]. Stadtplan ›Starspotting‹ gegen Einsendung eines frankierten Rückumschlags erhältlich bei: MS & L, Obere Zeil 2, 61440 Oberursel.

Mall Galleries, The Mall, SW1, Tel. 79 30 68 44, U-Bahn Piccadilly Circus oder Charing Cross, tgl. 10–17 Uhr während der Wechselausstellungen [Nr. 17]

Mansion House, Bank, EC4, Tel. 76 26 25 00, U-Bahn Bank. Führungen ab 14 Personen nur nach schriftlicher Anmeldung 9–12 Monate im voraus: The Principal Assistant, Mansion House, London EC4 N8 BH [Nr. 33]

Marble Hill House, Richmond Road, Twickenham, Middlesex, Tel. 88 92 51 15, U-Bahn Richmond, April–Sept. tgl. 10–18, Nov.–März Mi–So 10–16 Uhr [Nr. 132]

The Monument, Monument Street, EC3, Tel. 76 26 27 17, U-Bahn Monument, tgl. 10–17.30 Uhr [Nr. 29]

Museum of Garden History (The Tradescant Trust), St.-Mary-at-Lambeth, Lambeth Palace Road, SE1, Tel. 74 01 88 65, U-Bahn Waterloo, dann Bus 507, März–Dez. Mo–Fr 10.30–17 Uhr [Nr. 104]

Museum of London, 150 London Wall, EC2, Tel. 76 00 36 99, U-Bahn Barbican oder St. Paul's, Mo–Sa 10–17.50, So 12–17.50 Uhr [Nr. 41]

Museum of the Moving Image (MOMI), South Bank Centre, SE1, Tel. 74 01 26 36, U-Bahn Waterloo oder Embankment, das Museum ist erst ab 2003 wieder geöffnet [Nr. 108]

National Army Museum, Royal Hospital Road, SW3, Tel. 77 30 07 17, U-Bahn Sloane Square, tgl. 10–17.30 Uhr [s. S. 119]

National Gallery, Trafalgar Square, WC2, Tel. 77 47 28 85, U-Bahn Charing Cross oder Leicester Square, Mo–Sa 10–18, Mi 10–21, So 12–18 Uhr [Nr. 13]

National Maritime Museum, **Queen's House and Old Royal Observatory**, Romney Road, Greenwich, SE10, Tel. 88 58 44 22, DLR Island Gardens oder Boot nach Greenwich, tgl. 10–17 Uhr [Nr. 121]

National Portrait Gallery, 2 St. Martin's Place, WC2, Tel.73 06 00 55, U-Bahn Charing Cross, Mo–Sa 10–18, So 12–18 Uhr [Nr. 14]

Natural History Museum, Cromwell Road, SW 7, Tel. 79 42 50 00, U-Bahn South Kensington, Mo–Sa 10–18, So 11–18 Uhr [Nr. 94]

Old Bailey *siehe* Central Criminal Court

Old Royal Observatory *siehe* National Maritime Museum

Old St. Thomas's Operating Theatre, Chapter House, 9A St. Thomas Street, SE1, Tel. 79 55 47 91, U-Bahn London Bridge, tgl. 10.30–16.30 Uhr [s. S. 133]

Orleans House Gallery, Riverside, Twickenham, Tel. 88 92 02 21, U-Bahn Richmond, dann Bus, April–Sept. Di–Sa 13–17.30, So 14–17.30 Uhr, Okt.–März jeweils bis 16.30 Uhr [Nr. 132]

Osterley Park House, Osterley, Isleworth, Middlesex, Tel. 85 60 39 18, U-Bahn Osterley, April–Okt. Mi–So 13–17 Uhr [Nr. 128]

Percival David Foundation of Chinese Art, 53 Gordon Square, WC1, Tel. 73 87 39 09, U-Bahn Russell Square, Mo–Fr 10.30–17 Uhr [Nr. 79]

Petrie Museum of Egyptian Archaeology, DMS Wattson Library, University College London, Malet Street, WC1, Tel. 73 87 70 50 / Extension 28 84, U-Bahn Russell Square, Di–Fr 13.15–17, Sa 10–13 Uhr [s. S. 103]

Photographer's Gallery, 5/8 Great Newport Street, WC2, Tel. 78 31 17 72, U-Bahn Leicester Square, Mo–Sa 11–18, So 12–18 Uhr [Nr. 66]

Pollock's Toy Museum, 1 Scala Street, W1, Tel.76 36 34 52, U-Bahn Goodge Street, Mo–Sa 10–17 Uhr [Nr. 76]

Prince Henry's Room, 17 Fleet Street, EC4, Tel. 79 36 40 04, U-Bahn Temple, Mo–Sa 11–14 [Nr. 47]

Public Record Office, Ruskin Avenue, Kew, Richmond, Tel. 88 76 34 44, U-Bahn Kew Gardens, Mo, Mi, Fr 9–17, Di 10–19, Do 9–19, Sa 9.30–17 Uhr [Nr. 131]

Queen's Gallery, Buckingham Palace Road, SW 1, Tel. 78 39 13 77,

77 99 23 31, U-Bahn St. James's Park, die Galerie ist bis 2002 geschlossen. [Nr. 24]

Queen's House *siehe* National Maritime Museum

Ranger's House, Chesterfield Walk, Blackheath, Greenwich, SE10, Tel. 88 53 00 35, Zug bis Blackheath oder Maze Hill, April–Okt. tgl. 10–18, Nov.–März Mi–So 10–16 Uhr [s. S. 145]

Rock Circus, London Pavilion, Piccadilly Circus, W1, Tel. 77 34 80 25, U-Bahn Piccadilly Circus, tgl. 10–17.30, außer Di 11–17.30 [s. S. 93]

Royal Academy of Arts, Burlington House, Piccadilly, W1, Tel. 73 00 80 00, U-Bahn Piccadilly Circus oder Green Park, tgl. 10–18 Uhr, Summer Exhibition auch So 10–20.30 Uhr [Nr. 71]

Royal Botanic Gardens *siehe* Kew Gardens

Royal Institute of British Architecture (RIBA): Drawings Collection and Heinz Gallery, 66 Portland Place, W1, Tel. 75 80 55 33, U-Bahn Bond Street, *Heinz Gallery*: Mo–Fr 11–17, Sa 11–14 Uhr; *Drawings Collection* nach Voranmeldung Di–Do 10–13 und 14–17 Uhr [Nr. 114]

Royal Mews, Buckingham Palace Road, SW1, Tel. 79 30 48 32, U-Bahn St. James's Park oder Victoria, April–Okt. Mo–Mi 12–16, Okt.–Dez. Mi 12–16 Uhr [Nr. 25]

Royal Naval College, King William Walk, Greenwich, SE10, DLR Island Gardens oder Boot nach Greenwich, Tel. 88 58 21 54, tgl. 10–16 außer So 12–16 Uhr [Nr. 120]

Science Museum, Exhibition Road, SW7, Tel. 79 42 44 55, U-Bahn South Kensington, tgl. 10–18 [Nr. 93]

Shakespeare's Globe Theatre and Exhibition, New Globe Walk, Bankside, SE1, Tel. 79 02 15 00, U-Bahn London Bridge oder Cannon Street, tgl. 10–17 Uhr, Theatersaison Mai bis September, Box Office: Tel. 74 01 99 19, Mo–Sa 10–19 [Nr. 109]

Sherlock Holmes Museum, 221b Baker Street, NW1, Tel. 79 35 88 66, U-Bahn Baker Street, tgl. 9.30–18 Uhr [s. S. 138]

Sir John Soane's Museum, 13 Lincoln's Inn Fields, WC2, Tel. 74 05 21 07, U-Bahn Holborn, Di–Sa 10–17, jeden ersten Di im Monat auch 18–21 Uhr [Nr. 51]

Southwark Cathedral, Montague Close, SE1, Tel. 73 67 67 00, U-Bahn London Bridge, tgl. 9–16 Uhr [Nr. 111]

St. Clement Danes, Strand, WC2, Tel. 72 42 82 82, U-Bahn Temple, Mo–Sa 9–16 Uhr [Nr. 52]

St. Paul's Cathedral, St. Paul's Churchyard, EC4, U-Bahn St. Paul's, Mo–Sa 8.30–16, Galerien, Krypta und Chorumgang Mo–Sa 10–16 Uhr [Nr. 44]

St. Paul's Covent Garden, Bedford Street, WC2, Tel. 78 36 52 21, U-Bahn Covent Garden, Di–Fr 9.30–16.30 Uhr [Nr. 57]

Staple Inn, High Holborn, WC1, U-Bahn Chancery Lane, Innenhof tgl. 8–20 Uhr [Nr. 48]

Syon House, Syon Park, Brentford, Middlesex, Tel. 85 60 08 81, U-Bahn Gunnersbury oder Zug bis Kew Bridge, Syon House April–Sept. Mi–So 11–16.15, Okt.–Dez. So 11–16.15 Uhr, Gärten tgl. 10 Uhr bis Sonnenuntergang [Nr. 129]

Tate Gallery of British Art, Millbank, SW1, Tel. 78 87 80 00, U-Bahn Pimlico, tgl. 10–17.50 Uhr [Nr. 102]

Tate Gallery of Modern Art, 25 Sumner Street, Bankside Power Station, SE 1, Tel. 74 01 72 71, U-Bahn Southwark, tgl. 10–17 Uhr [Nr. 110]

Thames Barrier Visitors' Centre, Unity Way, Woolwich, SE 18, Tel. 88 54 13 73, Zug nach Charlton oder Boot von Westminster Pier, Tel. 79 30 33 73, oder Greenwich Pier, Tel. 83 05 03 00, Mo–Fr 10–17, Sa/So 10.30–17.30 Uhr [s. S. 142]

Theatre Museum, Russell Street, WC2, Tel. 78 36 78 91, U-Bahn Covent Garden, Di–So 10–18 Uhr [Nr. 59]

Thomas Coram Foundation for Children, 49 Mecklenburgh, WC1, Tel. 75 20 03 00, U-Bahn Russell Square. Derzeit Besichtigung nur nach Voranmeldung [Nr. 81]

Tower Bridge Experience, SE1, Tel. 74 03 37 61, U-Bahn Tower Hill, April–Okt. tgl. 10–17.45, Nov.–März 9.30–16.45 Uhr [Nr. 27]

Tower of London, EC3, Tel. 77 09 07 65, U-Bahn Tower Hill, März–Okt. Mo–Sa 9–17, So 10–17 Uhr, Nov.–Feb. Di–Sa 9–16, So/Mo 10–16 Uhr [Nr. 26]

Victoria & Albert Museum, Cromwell Road, SW7, Tel. 79 38 85 00, U-Bahn South Kensington, Mo–So 10–17.45 Uhr [Nr. 95]

Wallace Collection, Hertford House, Manchester Square, W1, Tel. 79 35 06 87, U-Bahn Bond Street, Mo–Sa 10–17, So 14–17 Uhr [Nr. 115]

Wellington Museum *siehe* Apsley House

Wesley's House and Chapel, 47–49 City Road, EC1, Tel. 72 53 22 62, U-Bahn Old Street, Mo–Sa 10–16, So 12–14 Uhr [Nr. 39]

Westminster Abbey, Dean's Yard, SW1, Tel. 72 22 51 52, U-Bahn Westminster oder St. James's Park, Hauptschiff und Kreuzgang tgl. 8–18 Uhr; Königskapellen Mo–Fr 9–16, Sa 9–14 und 15.45–17 Uhr; Chapterhouse, Chapel of the Pyx und Abbey Museum tgl. 10.30–16 Uhr [Nr. 4]

Westminster Cathedral, Victoria Street, SW1, Tel. 77 98 90 55, U-Bahn Victoria, Mo–Sa 7–19, So 7–20 Uhr [Nr. 103]

Windsor Castle, Windsor, Berkshire, Tel. 0 17 53/83 11 18, Zug von Waterloo oder Paddington Station, April–Okt. tgl. 10–17.30, Nov.–März 10–16 Uhr, jedoch nur wenn die Queen nicht anwesend ist. [Nr. 135]

Docklands

Ein eigenes Visitor Center zu den Docklands, U-Bahn bis Bank oder Tower Hill, von dort Docklands Light Railway (DLR), gibt es nicht. Für Anfragen aller Art steht jedoch die Firma **Tour East**, Tel. 75 31 19 96, zur Verfügung. Hier erfährt man das Neueste über das in ständiger Veränderung begriffene Gebiet. [Nr. 118]

Nachtleben

Pubs & Bars

The Anchor, 34 Park Street, SE1, Tel. 74 07 15 77, U-Bahn London Bridge. Bereits 1509 erhielt dieses Pub eine Lizenz. Biergarten, typisches Pub-Essen.

TOP TIPP **The Argyll Arms**, 18 Argyll Street, W1, Tel. 77 34 61 17, U-Bahn Oxford Circus. Die Bar gilt als eine der schönsten Londons, direkt am Oxford Circus.

Café Pelican, 183 Eversholt Street, NW1, Tel. 73 91 50 00, U-Bahn Euston. Nicht nur Drinks. Man kann auch nach 23 Uhr noch essen.

Detroit, 35 Earlham Street, WC2, Tel. 72 40 26 62, U-Bahn Covent Garden. Riesige Auswahl an Drinks,

The Fifth Floor in Harvey Nichols, SW1, Tel. 72 35 52 50, U-Bahn Knightsbridge. Man sitzt unter einem Milchglasdach, im Sommer auf der Terrasse. Per Außenlift vom Eingang Knightsbridge auch außerhalb der Ladenöffnungszeiten zu erreichen.

TOP TIPP **The George Inn**, 77 Borough High Street, SE1, Tel. 74 07 20 56, U-Bahn London Bridge. Schon Shakespeare und Dickens sollen in dieser Fuhrmannswirtschaft von 1598 eingekehrt sein.

The Grenadier, 18 Wilton Row, Belgrave Square, SW1, Tel. 72 35 30 74, U-Bahn Hyde Park. Mitten im noblen Diplomatenviertel Belgravia.

Henry J Bean's, 195–197 King's Road, SW3, Tel. 73 52 92 55, U-Bahn Sloane Square. Am Freitag- oder Samstagabend ist hier viel los; Terrasse.

Julie's Bar, 137 Portland Road, W11, Tel. 77 27 79 85, U-Bahn Notting Hill Gate. Schon seit langem berühmt; hier mischt sich das etwas gesetztere Publikum von Holland Park mit der ›fetzigeren‹ Klientel aus Ladbroke Grove.

TOP TIPP **The Prospect of Whitby**, 67 Wapping Wall, E1, Tel. 74 81 10 95, U-Bahn Wapping. Direkt am Themseufer mit schönem Ausblick, einer der ältesten Pubs Londons [s. S. 140].

Soho Brasserie, 23–25 Old Compton Street, W1, Tel. 74 39 93 01, U-Bahn Leicester Square oder Tottenham Court Road. Früher Tummelplatz für die Medienwelt.

Vat's, 51 Lamb Conduit Street, WC1, Tel. 72 42 89 63, U-Bahn Russell Square oder Holborn. In schöner Gasse gelegen; immer voll; auch gutes Essen.

TOP TIPP **Ye Olde Cheshire Cheese**, 145 Fleet Street, EC4, Tel. 73 53 61 70, U-Bahn Blackfriars. Eines der traditionsreichsten Londoner Pubs mit viel Atmosphäre [s. S. 77].

Live-Musik

Konzerthallen

Astoria, 157 Charing Cross Road, WC2, Tel. 74 34 04 03, U-Bahn Tottenham Court Road. Populärer Spot für Independent, Reggae oder Blues.

Forum, 9–17 Highgate Road, NW5, Tel. 73 44 40 00, U-Bahn Kentish Town, N2 Nachtbus. Bekannte Rock- und Indie-Bands geben hier Konzerte.

Labatt's Apollo, Queen Caroline Street, W6, Tel. 74 16 60 80, U-Bahn Hammersmith. In dem umgebauten Kino aus den 30er-Jahren treten Pop-Größen auf.

Shepherd's Bush Empire, Shepherd's Bush Green, W12, Tel. 87 43 16 24, U-Bahn Shepherd's Bush. Ehemaliges BBC Television Theatre.

Wembley Arena, Empire Way, Wembley, Tel. 89 02 09 02, U-Bahn Wembley Park oder Wembley Central. Pop-Konzerte.

Live Clubs

100 Club, 100 Oxford Street, W1, Tel. 76 36 09 33. Hier wird vor allem Jazz gespielt.

Cuba, 11–13 Kensington High Street, W8, Tel. 79 38 41 37, U-Bahn High Street Kensington. Für Latinophile. Mit schöner Bar.

Jazz Café, 5 Parkway, NW1, Tel. 79 16 60 60, U-Bahn Camden Town. Mit die beste Musik der Stadt. Hier treten vor allem junge Künstler auf. Von Afro-Latin über Jazz bis Soul und Rap.

Ronnie Scott's, 47 Frith Street, W1, Tel. 74 39 07 47, U-Bahn Leicester Square oder Piccadilly Circus. Dieser Soho-Jazz-Klub zieht Stars aus aller Welt an. Frühzeitige Tischreservierung empfiehlt sich!

Underworld, 174 Camden High Street, NW1, Tel. 74 82 19 32, U-Bahn Camden Town. Überraschend gute Bands spielen in diesem kleinen Klub.

Diskotheken und Nachtklubs

Da die Londoner Diskotheken und Klubs meist täglich wechselnde Musik von Dancefloor über Hip Hop bis Easy Listening anbieten, empfiehlt es sich, vorher anzurufen und das Programm zu erfragen oder das Magazin ›Time out‹ zu studieren. Um lästiges Schlange stehen oder die Türsteher kommt man nicht herum, wer früh da ist, hat jedoch gute Chancen auf Einlass.

TOP TIPP **Bar Rumba**, Shaftesbury Avenue, W1, Tel. 72 87 27 15, U-Bahn Piccadilly Circus. Einer der besten Clubs mit großer Bar und vielen unterschiedlichen ›Clubnight Events‹.

TOP TIPP **Equinox**, Leicester Square, WC2, Tel. 74 37 14 46, U-Bahn Leicester Square. Zentral gelegen, weiträumige Disco mit tanzbarem Sound.

Fridge, Town Hall Parade, Brixton Hill, SW2, Tel. 73 26 51 00, U-Bahn Brixton. Von Reggae bis Techno, ›beautiful people‹ im umgebauten Theater.

TOP TIPP **Iceni**, 11 White Horse Street, off Curzon Street, W1, Tel. 74 95 53 33, U-Bahn Green Park. Hier kommt bestimmt keine Langeweile auf: äußerst vielseitiges Angebot; auch Filme werden gezeigt.

Limelight, 136 Shaftesbury Avenue, WC2, Tel. 74 34 05 72, U-Bahn Piccadilly Circus oder Leicester Square. In der ehem. Kirche tanzt man auf vielen verschiedenen Ebenen. Bekannt für ›80s Revival Nights‹ am Mittwochabend.

Ministry of Sound, 103 Gaunt Street, SE1, Tel. 73 78 65 28, U-Bahn Elephant & Castle. Berühmtester Tanz-Tempel Londons mit den bekanntesten DJs. Die Party auf zahlreichen Tanzflächen geht die ganze Nacht hindurch.

The Roof Gardens, 99 Kensington High Street, W8, Tel. 79 37 79 94, U-Bahn High Street Kensington. Eingang Derry Street. Gepflegte Diskothek mit Restaurant im 6. Stock, paradiesischer Garten; der Eintrittspreis beinhaltet ein Dinner (geöff. Do, Sa).

TOP TIPP **Salsa!**, 96 Charing Cross Road, WC2, Tel. 73 79 32 77, U-Bahn Leicester Square. Salsa-Fans tanzen zu lateinamerikanischer Musik. Außerdem gibt's ein Restaurant.

Sport

Aktuelle Auskünfte über Sportmöglichkeiten in London erhält man bei **Sportsline**, Tel. 72 22 80 00.

Schwimmbäder

Hampstead Mixed Bathing Pond, Heath Road, NW3, Tel. 74 85 44 91, U-Bahn Hampstead (Freibad)

Kensington Sports Centre, Walmer Road, W11, Tel. 77 27 97 47

The Oasis, 32 Endell Street, WC2, Tel. 78 36 97 22 (mit Freibad), U-Bahn Covent Garden oder Holborn

Musical-House-Garage oder Musik liegt in der Luft

Vielleicht hatte **Andrew Lloyd Webber** *Anfang der siebziger Jahre ja eine Art göttlicher Eingebung, als er ›Jesus Christ Superstar‹ im Londoner Palace Theatre auf die Bühne brachte. Das Musical machte erst 1981, nach einer Spielzeit von 10 Jahren, anderen Monumentalproduktionen Platz. Lloyd Webbers Erfolgsstory als Musical-Produzent ist einzigartig. Werke wie ›Cats‹, ›Starlight Express‹, ›Phantom of the Opera‹ und ›Sunset Boulevard‹ haben ihren weltweiten Siegeszug vom Londoner West End aus angetreten, wo sie auch heute noch auf begeistertes Publikum zählen können.*

Auf einer Massenbewegung anderer Art gründet die Londoner **Musikszene**. *Ihre ungeheuere Lebendigkeit verdankt sie dem günstigen Umstand, dass der Kontakt zwischen den Musikern, Produzenten und der Musikindustrie sehr viel unmittelbarer ist als anderswo in Europa. Die* **Erfolgsstories** *von Bands wie The Prodigy und Spice Girls dokumentieren, wie schnell der Aufstieg in den Starhimmel möglich ist – und wie vielseitig der Publikumsgeschmack. Während die großen Plattengesellschaften* **Britpop** *u. ä. protegieren, produzieren die ›Independent Labels‹ Bands, die unter der Bezeichnung* **Indie** *rangieren und avantgardistischere Musik machen.*

Viele Bars und Klubs haben sich auf die Kombination von Live-Musik mit anschließender Dance-Night verlegt, wobei jede Nacht der Woche einer anderen **Musikrichtung** *gewidmet sein kann. Genau nachlesen kann man diese Programme im ›Time Out‹, dem besten verlässlichen Ratgeber und Führer durch den aufregenden Londoner Musik-Dschungel. Größter Beliebtheit erfreuen sich in den Nightlife-Tempeln im Moment House, Garage, Techno und Drum'n' Bass – ständig kommen neue Trends hinzu. Zum musikalischen Kaleidoskop gehören aber ebenso ›Klassiker‹ wie Soul, Funk, Reggae und lateinamerikanische Musik.*

The Sanctuary, 11 Floral Street, WC2, Tel. 74 20 51 51, U-Bahn Covent Garden. Eine Oase nur für Frauen mitten in London. Hier wird fast alles angeboten, was schöner macht.

Lido, The Serpentine, Hyde Park, Tel. 72 98 21 00. Freibad.

Sport- und Fitnessclubs

Chelsea Sports Centre, Chelsea Manor Street, SW3, Tel. 73 52 69 85, U-Bahn Sloane Square

Elephant & Castle Leisure Centre, 22 Elephant & Castle, SE1, Tel. 75 82 55 05, U-Bahn Elephant & Castle

London Central YMCA, 112 Great Russell Street, WC1, Tel. 76 37 81 31, U-Bahn Tottenham Court Road

Queen Mother Sports Centre, 223 Vauxhall Bridge Road, SW1, Tel. 76 30 55 22, U-Bahn Victoria

Tennis

Battersea Park, Queenstown Road, SW11, Tel. 88 71 75 42

Hyde Park, W2, Tel. 72 62 34 74

Regent's Park, Outer Circle, NW1, Tel. 74 86 79 05

Wassersport

Docklands Sailing Centre, Millwall Dock, E14, Tel. 75 37 26 26. Segeln.

Docklands Watersports Club, Gate 15, King George V Dock, Woolwich Manor Way, E16, Tel. 75 11 70 00. Jet-Ski.

Lee Valley Watersports Centre, Banburry Reservoir, Harbet Road, E4, Tel. 85 31 11 29, U-Bahn Walthamstow Central. Windsurfen, Segeln und Wasserski.

Bungee-Jumping

Adrenalin Village, Chelsea Bridge Tower, Queenstown Road, SW8, Tel. 07 00/0 28 64 33, U-Bahn Sloane Square, dann Bus 137. Mutige können hier nicht nur die Aussicht vom 61 m hohen Turm genießen, sondern auch einen ›bungee jump‹ in die Tiefe wagen.

Cricket

Lord's, St. John's Wood Road, NW8, Tel. 74 32 10 66, U-Bahn St. John's Wood

Foster's Oval, Kennington Oval, SE11, Tel. 75 82 66 60, U-Bahn Oval

Pferderennen

Pferderennen finden meist am Mi und Sa statt. Informationen erhält man in den zahlreichen Wettbüros.

Ascot Racecourse, Ascot, Berkshire, Tel. 0 13 44/62 22 11

Epsom Racecourse, The Paddock, Epsom, Surrey, Tel. 0 13 72/47 00 47

The Racecourse Windsor, Windsor, Berkshire, Tel. 0 17 53/86 52 34. Hier wird auch Polo gespielt.

Sandown Park, Esher, Surrey, Tel. 0 13 72/47 00 47

Stadtbesichtigung

Tipp: Die Buslinien No. 3, 6, 10, 15 und 23 haben schöne Fahrstrecken.

Stadtrundfahrten

The Big Bus Company, Tel. 89 44 78 10. Von Marble Arch, Speakers' Corner (U-Bahn Marble Arch) oder Green Park am Hotel Ritz (U-Bahn Green Park) oder Victoria, Buckingham Palace Road beim Royal Westminster Hotel (U-Bahn Victoria) aus startet eine 90-minütige Stadtrundfahrt. Im Verlauf der Tour im offenen Doppeldecker kann man nach Belieben aussteigen und auf den nächsten Bus warten (sog. ›Hop on and Hop off Service‹).

Can-be-done, 7–11 Kensington High Street, W8, Tel. 89 07 24 00, U-Bahn Kensington High Street, Mo–Fr 9–17 Uhr. Individuell zugeschnitten, besonders für Behinderte.

Frames Rickards, 11 Hebrand Street, WC1, Tel. 78 37 31 11

Grosvenor Guide Service, Tel. 76 02 60 46 oder 73 84 16 56. Individuelle Touren, auch deutschsprachig.

London By Night Tours, Tel. 86 46 17 47. Ab Victoria Rail Station beginnt jeden Abend um 20.30 und um 21 Uhr von Mai bis Okt. eine Rundfahrt, bei der man die Hauptsehenswürdigkeiten Londons bei Nacht bestaunen kann.

Stadtrundgänge/Town Walks

London lässt sich natürlich am besten zu Fuß erkunden; Rundgänge mit Fremdenführern haben unterschiedliche Themen, z. B. das Anwaltsviertel, Geister, Historische Pubs, die Theaterwelt, auf den Spuren von Dickens, der Beatles, Shakespeares.

Historical Walks of London, Tel. 86 68 40 19

London Pub Walks, Tel. 84 45 91 91

The Original London Walks, Tel. 76 24 39 78

Architectural Tours, Tel. 72 67 76 97. Nur am Wochenende.

Bootsfahrten auf der Themse

Vom **Westminster Pier**, Victoria Embankment, SW1, U-Bahn Westminster, beginnen *flussabwärts* folgende Routen, deren Abfahrtszeiten je nach Wetter und Jahreszeit variieren: Tower of London, Greenwich und Thames Barrier. *Flussaufwärts* (nur im Sommer) von Westminster Pier Richtung Hampton Court, Putney und Richmond. *Informationen* über zusätzliche Bootsausflüge und stimmungsvolle Abendfahrten erhält man unter Tel. 79 30 20 62.

Sonstiges

London Flightseeing Tours, Broadway Centre, Hammersmith, W6, Tel. 87 48 67 77. Eine halbe Stunde lang kann man in einer zweimotorigen Maschine London aus der Luft genießen.

London Bicycle Tour Company, 1A Gabriel's Wharf, 56 Upper Ground, SE1, Tel. 79 28 68 38, U-Bahn Blackfriars. Fahrradverleih und Sightseeing per Fahrrad.

Statistik

Bedeutung: London ist die Hauptstadt des Vereinigten Königreiches von Großbritannien und Nordirland. Die Stadt ist das politische, kulturelle und wirtschaftliche Zentrum des Landes. Hier haben Königshaus und Parlament sowie alle wichtigen Ministerien und Verwaltungsbehörden ihren Sitz.

Lage: London liegt auf etwa 50° 31' nördlicher Breite. Durch den Stadtbezirk Greenwich verläuft der Längengrad 0 (Null-Meridian).

Klima: Es herrscht sehr gemäßigtes Klima. Die Durchschnittstemperatur im Januar beträgt 4,5 °C, im Juli 18 °C. Die durchschnittliche Sichtweite im Winter beträgt 6,4 km (gegenüber 1,6 km vor dem Clean Air Act von 1956). Der berühmt-berüchtigte Nebel gehört heute weitgehend der Vergangenheit an.

Fläche: Die Gesamtfläche von Greater London umfasst 1579 km^2. Davon entfallen auf die City 2,6 km^2, auf Inner London 303 km^2.

Einwohner: In London leben rund 7 Mio. Menschen (City: ca. 5300; Inner London: ca. 3,2 Mio.), davon rund 1,5 Mio. ethnische Minderheiten.

Gliederung und Verwaltung: Neben der City of London besteht Greater London aus 32 London Boroughs (darunter 12 Inner London und 20 Outer London) mit jeweils einem gewählten Bezirksrat. Der 1965 als zentrale Verwaltungsbehörde geschaffene Greater London Council wurde 1986 wieder aufgelöst.

Verkehr: London ist *der* britische Verkehrsknotenpunkt mit über 1 Mio. Pendlern. Wichtiges innerstädtisches Verkehrsmittel ist die U-Bahn (›tube‹) mit dem weltgrößten Streckennetz (Länge 408 km, 273 Stationen), daneben besteht seit 1987 die Docklands Light Railway. Im Kurzstreckenverkehr kommen 8000 Busse und 15 000 Taxis zum Einsatz.

Unterkunft

In London sind Hotels generell teuer, man bekommt aber auch etwas für sein Geld. Die großen Häuser zählen zu den besten Hotels der Welt. Zum angegebenen Zimmerpreis muss man meist noch die MwSt. (VAT 17,5%) dazurechnen.

Luxusklasse

Brown's, Albermarle Street, W1, Tel. 74 93 60 20, Fax 74 93 93 81. Ein Stück Alt-London in großem, dennoch familiärem Stil. Der Gründer, Mr. Brown, gewährte zuvor Lord Byron seine Dienste als Butler. 133 Zimmer.

TOP TIPP **Claridge's**, Brook Street, W1, Tel. 76 29 88 60, Fax 74 99 22 10. Eines der Londoner Deluxe-Hotels: Hier steigen gekrönte Häupter und Präsidenten ab. 190 Zimmer und 60 Suiten.

The Connaught, Carlos Place, W1, Tel. 74 99 70 70, Fax 74 95 32 62. 1897 errichtet vor allem für die Gentry, hat das Connaught bis heute den Flair eines Gentlemen-Hotels. Viele Stammgäste. 90 Zimmer und 24 Suiten.

The Dorchester, Park Lane, W1, Tel. 76 29 88 88, Fax 74 95 73 42. Die Renovierungsarbeiten vor einigen Jahren haben sich gelohnt: echtes Bettleinen, große Marmor-Badezimmer, Air-conditioning – und auch die kulinarische Versorgung, man darf unter drei verschiedenen Restaurants im Hause wählen, lässt kaum einen Wunsch offen. 197 Zimmer und 55 Suiten.

The Ritz, 150 Piccadilly, W1, Tel. 74 93 81 81, Fax 74 93 26 87. Eines der prachtvollsten Hotels der Stadt. Die Teestunde hier hat einen festen Platz im Kulturleben, serviert wird in einem Wintergarten mit französischem Interieur. Ebenso elegant ist der Speisesaal des Restaurants. 142 Zimmer.

The Savoy, The Strand, WC2, Tel. 78728901, Fax 72 40 60 40. Luxuriöse Ausstattung, hervorragender Service. 202 Zimmer, teilweise mit Themseblick.

The Waldorf Meridien, Aldwich, WC2, Tel. 78 36 24 00, Fax 78 36 72 44. Renoviertes Luxushotel, das allen erdenklichen Komfort bietet. In der Palm Court Lounge finden jedes Wochenende die beliebten ›Tea Dances‹ statt.

Gehobene Preisklasse

Basil Street Hotel, Basil Street, SW3, Tel. 75 81 33 11, Fax 75 81 36 93. Zentrale Lage, unweit von Harrods. Der Tea-Room wird auch von Einkaufspassanten frequentiert. Das Personal ist äußerst zuvorkommend, angenehmes Preis-Leistungs-Verhältnis. 90 Zimmer.

The Beaufort, 33 Beaufort Gardens, SW3, Tel. 75 84 52 52, Fax 75 89 28 34. Ausgezeichnet als ›one of the best hotels in the world‹; Wohnhauscharakter. Mit privatem Health Club. 28 Zimmer.

The Capital, 22–24 Basil Street, Tel. 75 89 51 71, Fax 72 25 00 11. Ein Grand Hotel in Miniaturausführung. Das Hotelier-Ehepaar legt besonderen Wert auf die perfekte Betreuung seiner Gäste. 48 Zimmer.

TOP TIPP **Blakes**, 33–35 Roland Gardens, SW7, Tel. 73 70 67 01, Fax 73 73 04 42. Top-Hotel im orientalischen Stil. Jedes Zimmer wurde von Besitzerin Anouska Hempel, einer Londoner Modedesignerin, individuell gestaltet. Mit einem der besten Hotelrestaurants in der Metropole.

The Pelham Hotel, 15 Cromwell Place, SW7, Tel. 75 89 82 88, Fax 75 84 84 44. Das Hotel bietet typisch britisches Flair in angenehm ruhiger Atmosphäre. Jedes der 44 liebevoll eingerichteten Zimmer hat seinen eigenen Charme.

Mittelklasse

The Abbey Court, 20 Pembridge Gardens, W2, Tel. 72 21 75 18, Fax 77 92 08 58. Elegantes viktorianisches Haus in ruhiger Lage Nähe Notting Hill und Portobello Road Market.

Cadogan Hotel, 75 Sloane Street, SW1, Tel. 72 35 71 41, Fax 72 45 09 94. Die kleine Eingangshalle lässt vermuten, dass hier eher ›low profile‹ angesagt ist, Service und Inneneinrichtung fallen aber kaum ab gegenüber den großen Hotels.

Claverly, 14 Beaufort Gardens, SW3, Tel. 75 89 85 41, Fax 75 84 34 10. Ein Hotel, das immer wieder Auszeichnungen erhält für Freundlichkeit, Sauberkeit und Komfort. 32 Zimmer.

Cranley Gardens Hotel, 8 Cranley Gardens, SW7, Tel. 73 73 32 32, Fax 73 73 79 44. Gepflegte Atmosphäre, stilvolle und komfortable Zimmer.

The Cliveden Town House, 26 Cadogan Gardens, SW3, Tel. 77 30 64 66, Fax 77 30 02 36. Bei nur 25 Zimmern, alle liebevoll ausgestattet, kann man sich hier fast zu Hause fühlen.

Eleven Cadogan Gardens, 11 Cadogan Gardens, SW3, Tel. 77 30 70 00, Fax 77 30 52 17. Von außen nicht als Hotel zu erkennen, hat es doch 60 Zimmer zu bieten. Das Dekor ist viktorianisch mit vielen Kaminen. Auch eine Suite mit eigenem Garten ist zu mieten.

Hazlitt's, 6 Frith Street, W1, Tel. 74 34 17 71, Fax 74 39 15 24. Top-Adresse für jeden, der Spaß an Unkonventionellem hat. 22 Zimmer.

London Outpost, 69 Cadogan Gardens, SW3, Tel. 75 89 73 33, Fax 75 81 49 58. Kleines feines Hotel. Erlesene Antiquitäten, alte Bilder, dicke Handtücher und ein Frühstück, das bis 14 Uhr serviert wird. Zugang zum Square Garden.

Pembridge Court Hotel, 34 Pembridge Gardens W2, Tel. 72 29 99 77, Fax 77 27 49 82. Gelegen an herrschaftlichem Platz in Notting Hill Gate. Altehrwürdige, große Räume. 21 Zimmer.

TOP TIPP **The Portobello Hotel**, 22 Stanley Gardens, W11, Tel. 77 27 27 77, Fax 77 92 96 41. Üppig viktorianisch mit viel Liebe zum Detail. In seiner Art einmalig. 25 Zimmer.

Rembrandt Hotel, 11 Thurloe Place, SW7, Tel. 75 89 81 00, Fax 72 25 33 63. Eine Besonderheit ist hier das Fitness Centre, das auch von Nicht-Hotelgästen gerne genutzt wird. 195 Zimmer.

Preiswerte Klasse

TOP TIPP **Abbey House**, 11 Vicarage Gate, W8, Tel. 77 27 25 94. In diesem schönen Bed & Breakfast stimmt das Preis-Leistungs-Verhältnis. Reservierung nur telefonisch.

Fielding Hotel, 4 Broad Court, WC2, Tel. 78 36 83 05, Fax 74 97 00 64. Eines der besten preiswerteren Hotels in der Nähe von Oper und Musicals.

Knightsbridge, 12 Beaufort Gardens, SW3, Tel. 75 89 92 71, Fax 78 23 96 92. Eines der wenigen preiswerten Hotels in bester Lage. Sauber, aber ohne Luxus.

The Parkes Hotel, 41 Beaufort Gardens, SW3, Tel. 75 81 99 44, Fax 75 81 19 99. Hier kann man auch ein kleines Studio oder zwei zusammenhängende Schlafzimmer buchen.

Sumner Place Hotel, 5 Sumner Place, South Kensington, SW7, Tel. 75 84 75 86, Fax 78 23 99 62. Kleines, sauberes Hotel mit 13 Zimmern mitten in Chelsea.

Serviced Apartments

Beaufort House, 45 Beaufort Gardens, SW3, Tel. 75 84 26 00, Fax 75 84 65 32. Dieses Haus bietet mehrere Wohnungen (1–4 Schlafzimmer). Unter der Woche muss man mindestens für drei Tage bleiben, am Wochenende für zwei.

Palace Court Holiday Apartments, Palace Court, Bayswater Road, W2, Tel. 77 27 34 67, Fax 72 21 78 24. Studios für bis zu drei Personen.

Wohnen im College

Butler's Wharf LSE Residence, 11 Gainsford Street, SE1, Tel. 74 07 71 64, Fax 74 03 08 47. Apartments für bis zu sieben Personen.

Goldsmid House, 36 North Row, W1, Tel. 74 93 89 11, Fax 74 91 05 86. Wohnmöglichkeiten Juni – Sept.

King's Campus Vacation Bureau, King's College London, 127 Stamford Street, SE1, Tel. 79 28 37 77, Fax 79 28 57 77. An Ostern und Juni–Sept bietet King's 1600 Betten in Einzel- oder Doppelzimmern zu günstigen Preisen. Es sollte rechtzeitig vorher reserviert werden.

Jugendherbergen

Wer keinen Mitgliedsausweis aus Deutschland hat, kann beim **YHA Adventure Shop**, 14 Southampton Street, WC2, Tel. 01 62/9 58 14 18, U-Bahn Covent Garden, dem Jugendherbergsverband beitreten. Unbedingt reservieren.

Hampstead Heath Youth Hostel, 4 Wellgarth Road, NW11, Tel. 84 58 90 54, Fax 82 09 05 46. Nachts durchgehend geöffnet, 200 Betten.

Holland House Youth Hostel, Holland House, Holland Walk, W8, Tel. 79 37 07 48, Fax 73 76 06 67. Mitten im Park gelegen, getrennte 12er-Schlafsäle.

Verkehrsmittel

Öffentliche Verkehrsmittel

London verfügt über ein dichtes Netz von U-Bahnen (*tubes*) und Bussen. Die **Docklands Light Railway** (**DLR**) gehört zum U-Bahn-System. Auskunft:

London Transport Travel Enquiry Offices, 55 Broadway, SW1, Tel. 72 22 12 34 und 72 22 12 00 (Band)

U-Bahn

Die *Tube* ist in jedem Fall das schnellste Transportmittel. Die erste U-Bahn fährt morgens um 5.30 Uhr, die letzte zwischen 23.30 und 1 Uhr. Das Netz ist in sechs *Tarifzonen* aufgeteilt, wobei die Zone 1 den Kernbereich Londons mit allen Sehenswürdigkeiten umfasst, den Touristen üblicherweise aufsuchen.

Günstig ist die **One Day Travelcard** (£ 3.80), die wochentags ab 9.30 Uhr für den ganzen Tag gilt, für U-Bahn und Bus gleichermaßen; sie ist im Normalfall für Zonenbereich 1 und 2 gültig, Kinder bezahlen (für alle Tickets) die Hälfte. Am Wochenende spart man mit der **Weekend Travelcard** (£ 5,70) 25% des Preises zweier Tageskarten. Für Familien bietet sich als Variante zur One Day Travelcard die günstige **Family Travelcard** (£ 5,70 für Erwachsene, £ 0,60 für Kinder) an, bei der bis zu 4 Kinder mitfahren können. Gruppen erhalten ebenfalls besondere Vergünstigungen. Bei längerem Aufenthalt empfiehlt es sich, eine Wochenkarte, **Travelcard Season**, zu kaufen, deren Preis nach Zonen gestaffelt ist (Passbild nötig). Speziell für Besucher aus dem Ausland gibt es die **Visitor Travelcard**, auch in Kombination mit dem *London Pass* [s. S. 156, 169]. Sie kann nur außerhalb Großbritanniens, z. B. bei der Deutschen Bahn oder bei Reisebüros, erworben werden und gilt für das gesamte Londoner U-Bahnnetz, die Busse und Vorstadtzüge in diesem Bereich sowie für die Docklands Light Railway. Preise sind gestaffelt nach Tagen.

Bus

Tickets werden jeweils pro Fahrt gelöst, sofern man keine Travelcard oder Wochenkarte besitzt. Es gibt zwei Sorten von **Bushaltestellen**: die normalen mit den ›London Transport‹-Zeichen (rot auf weißem Untergrund), die die Busse automatisch ansteuern, und die mit weißen Zeichen auf rotem Untergrund, an denen Passagiere mit Handzeichen den Bus auf sich aufmerksam machen müssen. Hat man die letzte U-Bahn verpasst, so empfehlen sich die **Nachtbusse**, die 23–6 Uhr in größeren Abständen verkehren. Sie halten am Trafalgar Square sowie an anderen Stellen in Central London und fahren in alle Richtungen und Vorstädte, Haltestellen auf Anruf; im Bus muss ein Extra-Fahrticket gelöst werden.

Green Line Busse, Tel. 86 68 72 61, fahren von der Eccleston Bridge, SW1 (Nähe Victoria Coach Station) in die Vororte Londons.

Taxi

Erstaunlicherweise ist eine Fahrt mit dem Taxi in London mit am billigsten in Europa. Taxis können auf der Straße angehalten oder auch telefonisch bestellt werden. *Minicabs,* die nicht der strikten Lizenz unterliegen, sind innerhalb der City nur minimal billiger, aber für Fahrten zum Flughafen zu empfehlen (Auskunft bekomt man im Hotel).

Mietwagen

ADAC-Mitglieder können über die ADAC Geschäftsstellen oder unter Tel. 0 18 05/31 81 81 (24 Pf./Min.) preisgünstig ein Auto vorbuchen.

Weltweite Reservierungszentralen von Deutschland aus sind außerdem:

Avis, Tel. 01 80/5 55 77

Europcar, Tel. 01 80/5 22 11 22

Hertz, Tel. 01 80/5 33 35 35

Watford
Croxley
Chesham
Chalfont & Latimer
Chorleywood
Amersham
Rickmansworth
Moor Park
Northwood
Northwood Hills
Pinner
North Harrow
West Ruislip
Hillingdon
Ruislip
Ruislip Manor
Uxbridge
Ickenham
Eastcote
Ruislip Gardens
Rayners Lane
West Harrow
Harrow-on-the-Hill
Harrow & Wealdstone
Kenton
Northwick Park
Preston Road
Stanmore
Canons Park
Queensbury
Kingsbury
Wembley Park
Neasden
Dollis Hill
Willesden Green
Kilburn
Edgware
Burnt Oak
Colindale
Hendon Central
Brent Cross
Hampstead Heath
Finchley Road & Frognal
West Hampstead
Finchley Road
Swiss Cottage
St. John's Wood
Camden To
Chalk Fa
South Ruislip
South Harrow
South Kenton
North Wembley
Wembley Central
Stonebridge Park
Harlesden
Willesden Junction
Kensal Rise
Brondesbury
Brondesbury Park
Kensal Green
Queen's Park
Kilburn Park
Maida Vale
Warwick Avenue
North London
Northolt
Greenford
Perivale
Sudbury Hill
Sudbury Town
Hanger Lane
Alperton
Edgware Road
Marylebone
Baker Street
Royal Oak
Westbourne Park
Ladbroke Grove
Paddington
Edgware Road
Great Portland Street
Regent's Park
Latimer Road
Bayswater
Park Royal
North Ealing
North Acton
White City
Holland Park
Queensway
Marble Arch
Oxford Circus
Ealing Broadway
West Acton
Acton Central
East Acton
Shepherd's Bush
Notting Hill Gate
Lancaster Gate
Bond Street
Shepherd's Bush
Kensington (Olympia)
High Street Kensington
Green Park
Ealing Common
South Acton
Goldhawk Road
Hyde Park Corner
Piccadilly Circus
Knightsbridge
Acton Town
South Ealing
Northfields
Turnham Green
Hammersmith
Barons Court
Gloucester Road
Sloane Square
St. James's Park
Boston Manor
Osterley
Hounslow East
Chiswick Park
Turnham Green
Stamford Brook
Ravenscourt Park
West Kensington
Earl's Court
South Kensington
Victoria
Westminster
Heathrow Terminals 1,2,3
Hounslow Central
Hounslow West
Hatton Cross
Heathrow Terminal 4
Gunnersbury
West Brompton
Fulham Broadway
Parsons Green
Putney Bridge
Kew Gardens
Richmond
Pimlico
River Thames
East Putney
Vauxhall
Southfields
Stockwell
Clapham North
Wimbledon Park
South Wimbledon
Tooting Broadway
Balham
Wimbledon
Morden
Colliers Wood
Tooting Bec
Clapham South
London
Underground

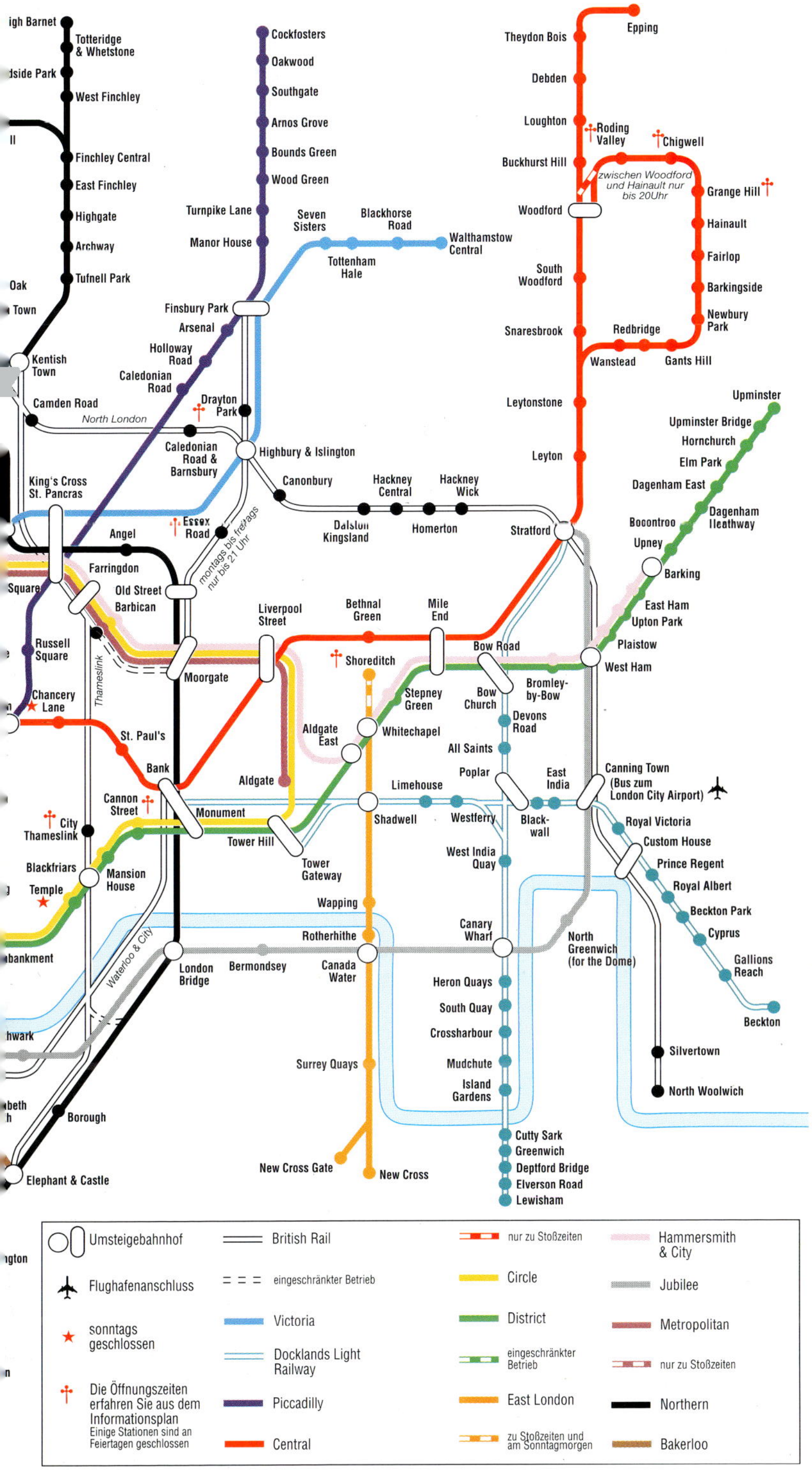
Totteridge & Whetstone
West Finchley
Finchley Central
East Finchley
Highgate
Archway
Tufnell Park
Kentish Town
Camden Road
North London
King's Cross St. Pancras
Cockfosters
Oakwood
Southgate
Arnos Grove
Bounds Green
Wood Green
Turnpike Lane
Manor House
Finsbury Park
Arsenal
Holloway Road
Caledonian Road
Drayton Park
Caledonian Road & Barnsbury
Highbury & Islington
Essex Road
montags bis freitags nur bis 21 Uhr
Angel
Farringdon
Old Street
Barbican
Russell Square
Chancery Lane
Thameslink
Moorgate
Liverpool Street
St. Paul's
Bank
Cannon Street
City Thameslink
Blackfriars
Mansion House
Temple
Monument
Tower Hill
Tower Gateway
Aldgate
Aldgate East
Seven Sisters
Blackhorse Road
Tottenham Hale
Walthamstow Central
Canonbury
Dalston Kingsland
Hackney Central
Hackney Wick
Homerton
Stratford
Bethnal Green
Mile End
Shoreditch
Stepney Green
Whitechapel
Bow Road
Bow Church
Bromley-by-Bow
Devons Road
All Saints
Poplar
Limehouse
Shadwell
Westferry
Black-wall
East India
West India Quay
Canary Wharf
Wapping
Rotherhithe
Canada Water
Bermondsey
London Bridge
Waterloo & City
Borough
Elephant & Castle
Surrey Quays
New Cross Gate
New Cross
Heron Quays
South Quay
Crossharbour
Mudchute
Island Gardens
Cutty Sark
Greenwich
Deptford Bridge
Elverson Road
Lewisham
North Greenwich (for the Dome)
Canning Town (Bus zum London City Airport)
Royal Victoria
Custom House
Prince Regent
Royal Albert
Beckton Park
Cyprus
Gallions Reach
Beckton
Silvertown
North Woolwich
Epping
Theydon Bois
Debden
Loughton
Roding Valley
Chigwell
Buckhurst Hill
zwischen Woodford und Hainault nur bis 20Uhr
Grange Hill
Woodford
Hainault
Fairlop
South Woodford
Barkingside
Newbury Park
Snaresbrook
Redbridge
Wanstead
Gants Hill
Leytonstone
Leyton
Upminster
Upminster Bridge
Hornchurch
Elm Park
Dagenham East
Dagenham Heathway
Becontree
Upney
Barking
East Ham
Upton Park
Plaistow
West Ham
Umsteigebahnhof
Flughafenanschluss
sonntags geschlossen
Die Öffnungszeiten erfahren Sie aus dem Informationsplan
Einige Stationen sind an Feiertagen geschlossen
British Rail
eingeschränkter Betrieb
Victoria
Docklands Light Railway
Piccadilly
Central
nur zu Stoßzeiten
Circle
District
eingeschränkter Betrieb
East London
zu Stoßzeiten und am Sonntagmorgen
Hammersmith & City
Jubilee
Metropolitan
nur zu Stoßzeiten
Northern
Bakerloo

Sprachführer

Das Wichtigste in Kürze

Ja / Nein	*Yes / No*
Bitte / Danke	*Please / Thank you*
In Ordnung. / Einverstanden.	*All right. / Agreed.*
Entschuldigung!	*Excuse me!*
Wie bitte?	*Pardon?*
Ich verstehe Sie nicht.	*I don't understand you.*
Ich spreche nur wenig Englisch.	*I only speak a little English.*
Können Sie mir bitte helfen?	*Can you help me, please?*
Das gefällt mir / Das gefällt mir nicht.	*I like that / I don't like that.*
Ich möchte …	*I would like …*
Haben Sie …?	*Have you got …?*
Gibt es …?	*Is there …?*
Wie viel kostet das? / Wie teuer ist …?	*How much is that?*
Kann ich mit Kreditkarte bezahlen?	*Can I pay by credit card?*
Wie viel Uhr ist es?	*What time is it?*
Guten Morgen!	*Good morning!*
Guten Tag!	*Good morning! / Good afternoon!*
Guten Abend!	*Good evening!*
Gute Nacht!	*Good night!*
Hallo! Grüß Dich!	*Hello!*
Wie ist Ihr Name, bitte?	*What's your name, please?*
Mein Name ist …	*My name is …*
Wie geht es Ihnen?	*How are you?*
Auf Wiedersehen!	*Good bye!*
Tschüs!	*See you!*
Bis bald!	*See you soon!*
Bis morgen!	*See you tomorrow!*
gestern / heute / morgen	*yesterday / today / tomorrow*
am Vormittag / am Nachmittag	*in the morning / in the afternoon*
am Abend / in der Nacht	*in the evening / at night*
um 1 Uhr / 2 Uhr …	*at one o'clock / at two o'clock …*
um Viertel vor (nach) …	*at a quarter to (past) …*
um … Uhr 30	*at … thirty*
Minuten / Stunden	*minutes / hours*
Tage / Wochen	*days / weeks*
Monate / Jahre	*months / years*

Zahlen

0	*zero*	20	*twenty*
1	*one*	21	*twenty-one*
2	*two*	22	*twenty-two*
3	*three*	30	*thirty*
4	*four*	40	*forty*
5	*five*	50	*fifty*
6	*six*	60	*sixty*
7	*seven*	70	*seventy*
8	*eight*	80	*eighty*
9	*nine*	90	*ninety*
10	*ten*	100	*a (one) hundred*
11	*eleven*		
12	*twelve*	200	*two hundred*
13	*thirteen*	1 000	*a (one) thousand*
14	*fourteen*		
15	*fifteen*	2 000	*two thousand*
16	*sixteen*	10 000	*ten thousand*
17	*seventeen*	1/4	*a (one) quarter*
18	*eighteen*		
19	*nineteen*	1/2	*a (one) half*

Wochentage

Montag	*Monday*
Dienstag	*Tuesday*
Mittwoch	*Wednesday*
Donnerstag	*Thursday*
Freitag	*Friday*
Samstag	*Saturday*
Sonntag	*Sunday*

Monate

Januar	*January*
Februar	*February*
März	*March*
April	*April*
Mai	*May*
Juni	*June*
Juli	*July*
August	*August*
September	*September*
Oktober	*October*
November	*November*
Dezember	*December*

Maße

Kilometer	*kilometre*
Meter	*metre*
Zentimeter	*centimetre*
Kilogramm	*kilogramme*
Pfund	*pound*

Gramm	*gramme*
Liter	*litre*

Unterwegs

Nord / Süd / West / Ost	*north / south / west / east*
geöffnet / geschlossen	*open / closed*
geradeaus / links / rechts / zurück	*straight on / left / right / back*
nah / weit	*near / far*
Wie weit ist es?	*How far is it?*
Wo sind die Toiletten?	*Where are the toilets?*
Wo ist die (der) nächste … Telefonzelle / Bank / Post / Polizeistation / Geldautomat?	*Where is the nearest … telephone box / bank / post office / police station / automatic teller?*
Wo ist … der Hauptbahnhof / die U-Bahn / der Flughafen?	*Where is the … main train station / subway station / airport, please?*
Wo finde ich ein(e, en)? Apotheke / Bäckerei / Fotoartikel / Kaufhaus / Lebensmittelgeschäft / Markt?	*Where can I find a … pharmacy / bakery / photo shop / department store / food store / market?*
Ist das der Weg / die Straße nach …?	*Is this the way / the road to …?*
Gibt es einen anderen Weg?	*Is there another way?*
Ich möchte mit … dem (der) Zug / Schiff / Fähre / Flugzeug nach … fahren.	*I would like to go to … by … train / ship / ferry / airplane.*
Gilt dieser Preis für Hin- und Rückfahrt?	*Is this the round trip fare?*
Wie lange gilt das Ticket?	*How long will the ticket be valid?*
Wo ist das Fremdenverkehrsamt / Reisebüro?	*Where is the travel info / travel agency?*
Ich benötige eine Hotelunterkunft.	*I need hotel accommodation.*
Wo kann ich mein Gepäck lassen?	*Where can I leave my luggage?*
Ich habe meinen Koffer verloren.	*I lost my suitcase.*

Zoll, Polizei

Ich habe etwas / nichts zu verzollen.	*I have something / nothing to declare.*
Nur persönliche Dinge.	*Only personal belongings.*
Hier ist die Kaufbescheinigung.	*Here is the receipt.*
Hier ist mein(e) … Geld / Pass / Personalausweis / Kfz-Schein / Versicherungskarte.	*Here is my … money / passport / ID card / certificate of registration / car insurance card.*
Ich fahre nach … und bleibe … Tage / Wochen.	*I'm going to … to stay there for … days / weeks.*
Ich möchte eine Anzeige erstatten.	*I would like to report an incident.*
Man hat mein(e, en)… Geld / Tasche / Papiere / Schlüssel / Fotoapparat / Koffer / Fahrrad gestohlen.	*They stole my … money / bag / papers / keys / camera / suitcase / bicycle.*
Verständigen Sie bitte das/die Deutsche Konsulat/Botschaft.	*Please contact the German consulate/embassy.*

Freizeit

Ich möchte ein … Fahrrad / Motorrad / Surfbrett / Mountainbike / Boot / Pferd mieten.	*I would like to rent a … bicycle / motorcycle / surf board / mountain bike / boat / horse.*
Gibt es ein(en) Freizeitpark / Freibad / Golfplatz / Strand in der Nähe?	*Is there a … theme park / outdoor swimming pool / golf course / beach in the area?*
Wann hat … geöffnet?	*What are the opening hours of …?*

Bank, Post, Telefon

Ich möchte Geld wechseln.	*I would like to change money.*
Brauchen Sie meinen Ausweis?	*Do you need my passport?*
Wo soll ich unterschreiben?	*Where should I sign?*
Ich möchte eine Telefonverbindung nach …	*I would like to have a telephone connection with …*
Wie lautet die Vorwahl für …?	*What is the area code for …?*
Wo gibt es … Münzen für den Fernsprecher / Telefonkarten / Briefmarken?	*Where can I get … coins for the telephone / phone cards / stamps?*

Tankstelle

Wo ist die nächste Tankstelle?	*Where is the nearest petrol station?*
Ich möchte …	*I would like …*
Liter …	*litres of*
Super / Diesel / bleifrei	*star/diesel/ unleaded*
mit … Oktan	*with an octane rating of …*
Volltanken, bitte.	*Fill it up, please.*
Bitte, prüfen Sie …	*Please check the …*
den Reifendruck /	*tire pressure/*
den Ölstand /	*oil level/*
den Wasserstand /	*water level/*
das Wasser für die Scheibenwisch- anlage /	*water in the wind- screen wiper system/*
die Batterie.	*battery.*
Würden Sie bitte …	*Would you please …*
den Ölwechsel /	*change the oil /*
den Radwechsel vornehmen /	*change the tires/*
die Sicherung austauschen /	*change the fuse/*
die Zündkerzen erneuern /	*replace the spark plugs/*
die Zündung nachstellen?	*adjust the ignition?*

Panne

Ich habe eine Panne.	*My car's broken down.*
Der Motor startet nicht.	*The engine won't start.*
Ich habe die Schlüssel im Wagen gelassen.	*I left the keys in the car.*
Ich habe kein Benzin / Diesel.	*I've run out of petrol/ diesel.*
Gibt es hier in der Nähe eine Werkstatt?	*Is there a garage nearby?*
Können Sie mich abschleppen?	*Could you tow my car?*
Können Sie mir einen Abschleppwagen schicken?	*Could you send a tow truck?*
Können Sie den Wagen reparieren?	*Could you repair my car?*
Bis wann?	*By when?*
Ich möchte ein Auto mieten.	*I would like to rent a car.*
Was kostet die Miete …	*How much is the rent…*
pro Tag /	*per day/*
pro Woche /	*per week/*
mit unbegrenzter km-Zahl /	*including unlimited kilometres/*
mit Kasko- versicherung /	*including compre- hensive insurance/*
mit Kaution?	*with deposit?*
Wo kann ich den Wagen zurückgeben?	*Where can I return the car?*

Unfall

Hilfe!	*Help!*
Achtung! / Vorsicht!	*Attention! / Caution!*
Rufen Sie bitte schnell …	*This is an urgency, please call …*
einen Krankenwagen /	*an ambulance /*
die Polizei /	*the police/*
die Feuerwehr.	*the fire department.*
Es war (nicht) meine Schuld.	*It was (not) my fault.*
Geben Sie mir bitte Ihren Namen und Ihre Adresse.	*Please give me your name and address.*
Ich brauche die Angaben zu Ihrer Autoversicherung.	*I need the details of your car insurance.*

Krankheit

Können Sie mir einen guten Deutsch sprechenden Arzt / Zahnarzt empfehlen?	*Can you recommend a good German- speaking doctor/ dentist?*
Wann hat er Sprech- stunde?	*What are his office hours?*
Wo ist die nächste Apotheke?	*Where is the nearest pharmacy?*
Ich brauche ein Mittel gegen …	*I need medication for …*
Durchfall /	*diarrhea/*
Halsschmerzen /	*a sore throat/*
Fieber /	*fever/*
Insektenstiche /	*insect bites/*
Verstopfung /	*constipation/*
Zahnschmerzen.	*toothache.*

Im Hotel

Können Sie mir bitte	*Could you please recommend a*
ein Hotel / eine Pension empfehlen?	*hotel/ Bed & Breakfast?*
Ich habe bei Ihnen ein Zimmer reserviert.	*I booked a room with you.*
Haben Sie ein …	*Have you got a …*
Einzel- / Doppel- zimmer …	*single/double room …*
mit Dusche / Bad / WC?	*with shower/ bath/bathroom?*
für eine Nacht /	*for a night/*
für eine Woche?	*for a week?*
Was kostet das Zimmer	*How much is the room*
mit Frühstück /	*with breakfast/*
mit zwei Mahlzeiten?	*with two meals?*

Wie lange gibt es Frühstück?	*How long will breakfast be served?*
Ich möchte um … geweckt werden.	*Please wake me up at …*
Wie ist hier die Stromspannung?	*What is the power voltage here?*
Ich reise heute abend / morgen früh ab.	*I will depart tonight / tomorrow morning.*
Haben Sie ein Faxgerät / einen Hotelsafe?	*Have you got a fax machine / a hotel safe?*
Nehmen Sie Kreditkarten an?	*Do you accept credit cards?*

Im Restaurant

Wo gibt es ein gutes / günstiges Restaurant?	*Where is a good / inexpensive restaurant?*
Die Speisekarte / Getränkekarte, bitte.	*The menu / the wine list, please.*
Ich möchte das Tagesgericht / Menü (zu…)	*I like the dish of the day (at …).*
Welches Gericht können Sie besonders empfehlen?	*Which of the dishes can you recommend?*
Ich möchte nur eine Kleinigkeit essen.	*I only want a snack.*
Gibt es vegetarische Gerichte?	*Are there vegetarian dishes?*
Haben Sie offenen Wein?	*Do you serve wine by the glass?*
Welche alkoholfreien Getränke haben Sie?	*What soft drinks have you got?*
Haben Sie Mineralwasser mit / ohne Kohlensäure?	*Have you got carbonated water / non-carbonated water?*
Das Steak bitte … englisch / medium / durchgebraten.	*The steak … rare / medium / well-done, please.*
Kann ich bitte … ein Messer / eine Gabel / einen Löffel haben?	*Please can I have … a knife / a fork / a spoon?*
Darf man rauchen?	*Is smoking allowed?*
Rechnung / Bezahlen, bitte.	*The bill, please.*

Essen und Trinken

Abendessen	*dinner*
Ananas	*pineapple*
Bier	*beer*
Birnen	*pears*
Bratkartoffeln	*fried potatoes*
Brot / Brötchen	*bread / rolls*
Butter	*butter*
Ei	*egg*
Eier mit Speck	*bacon and eggs*
Eiskrem	*ice-cream*
Erbsen	*peas*
Erdbeeren	*strawberries*
Essig	*vinegar*
Fisch	*fish*
Fleisch	*meat*
Fleischsoße	*gravy*
Frühstück	*breakfast*
Gebäck	*pastries*
Geflügel	*poultry*
Gemüse	*vegetable*
Gurke	*cucumber*
Hähnchen	*chicken*
Hammelfleisch	*mutton*
Honig	*honey*
Hummer	*lobster*
Kaffee	*coffee*
Kalbfleisch	*veal*
Kartoffel	*potatoe*
Kartoffelbrei	*mashed potatoes*
Käse	*cheese*
Kohl	*cabbage*
Kuchen	*cake*
Lachs	*salmon*
Lamm	*lamb*
Leber	*liver*
Maiskolben	*corn-on-the-cob*
Marmelade	*jam / marmalade*
Mittagessen	*lunch*
Meeresfrüchte	*seafood*
Milch	*milk*
Mineralwasser	*mineral water*
Nieren	*kidneys*
Obst	*fruit*
Öl	*oil*
Pfannkuchen	*pancakes*
Pfeffer	*pepper*
Pfirsiche	*peaches*
Pilze	*mushrooms*
Pommes frites	*french fries / chips*
Reis	*rice*
Reh / Hirsch	*venison*
Rühreier	*scrambled eggs*
Sahne	*cream*
Salat	*salad*
Salz	*salt*
Schinken	*ham*
Schweinefleisch	*pork*
Suppe	*soup*
Tee	*tea*
Thunfisch	*tuna*
Tomaten	*tomatoes*
Truthahn	*turkey*
Vorspeisen	*hors d'œuvres*
Wein (Weiß / Rot / Rosé)	*wine (white / red / rosé)*
Würstchen	*sausages*
Zucker	*sugar*
Zwiebeln	*onions*

Register

Bildnachweis

Elisabeth Adam, Augsburg: 127 – *BAVARIA, Gauting:* 41, 85 unten; 151 (David Ball), 155 oben (TLC) – *The Courtauld Institute of Art, London* (Geoffrey Shakerley): 80/81 – *Crown Copyright HRP, London*: 50 oben, 51 links u. rechts, 109 unten, 154 – *Fridmar Damm, Köln:* 29 unten, 111, Umschlagrückseite links, 3.von oben – *Franz Marc Frei, München*: 8 oben links, 9 oben links, 11 unten – Bildagentur Huber, Garmisch-Partenkirchen: 113, 115 unten, 122 (Ripani), 134, 149 – *IFA-Bilderteam, München:* 23 (Noble), 45, 59 (Harris), 61 (Siebig), 91, 141, 148 unten (TPC) – Ladislav Janicek, München: 94, 99, 114, 155 unten – *LOOK, München:* 6 unten links, 9 unten, 11 Mitte, 28, 32 unten, 70, 71, 81 unten, 104, 125, 143, Umschlagrückseite rechts, 3.von oben (Christian Heeb); 107 oben, 185 (Ingolf Pompe) – *laif, Köln:* 6/7 unten, 8 oben rechts, 8 unten links, 11 oben, 16/17, 38, 82, 89, 97 unten, 101 oben und unten, 102, 107 unten, (Heiko Specht), 19 oben, 44, 90, 91 unten, 117 oben (Zanettini) – *Peter Mertz, Innsbruck:* 31, 65, 72, 74, 115 oben, 133 oben – *Marion Müllmayer, München:* 21 – *Shakespeare's Globe, London:* 130, Umschlagrückseite rechts, 4. von oben (Richard Kalina) – *The Savoy Group, London:* Umschlagrückseite links oben – *Bernhard Schurian, Berlin:* 135 oben und unten, 148 oben, Umschlagrückseite links unten – *Wilkin Spitta, Loham, Mariaposching:* 39, 46, 57, 77 – *Süddeutscher Verlag Bilderdienst:* 15, 29 – *Tate Gallery, London:* 123 oben – *Martin Thomas, Aachen:* 32 oben, 33, 36, 42, 49, 58, 63, 64, 69, 78, 84, 85 oben, 87 unten, 88, 92/93, 95 oben, 108, 118, 119 oben und unten, 124, 126, 129 oben, 150, 153, Umschlagrückseite rechts, 2. von oben – *Transglobe Agency, Hamburg:* 18/19 unten (Popa), 30 (Stefan Sonntag), 40 (Robert McLeod), 60, 67; 86, 87, 103 (Rolf Richardson), 116 (Mike Peters) – *Ernst Wrba, Sulzbach am Taunus:* 7 oben, 9 oben rechts, 10 unten, 25, 27, 34/35, 37 unten, 43, 47, 50 unten, 52, 55, 62, 73, 75, 83, 96, 97 oben, 98, 106 oben u. unten, 109 oben, 117 unten, 123 unten, 128, 131, 133 unten, 137, 138, 142, 144, 145, 146, Umschlagrückseite links, 2. von oben; rechts unten

Impressum

Umschlag-Vorderseite: Big Ben – das Wahrzeichen von London
Foto: Bildagentur Huber, Garmisch-Partenkirchen

Titelseite: Beschwingter Eros, eigentlich Engel der Nächstenliebe
Foto: Ernst Wrba, Sulzbach am Taunus

Abbildungen: siehe Bildnachweis S. 190

Lektorat und Bildredaktion:
Dagmar Walden-Awodu
Aktualisierung: Kirsten Winkler
Gestaltungskonzept: Norbert Dinkel, München
Layout: Hartmut Czauderna, Gräfelfing
Karten: Huber Kartographie, München
Reproduktion: PHG Lithos GmbH, Martinsried
Satz: Filmsatz Schröter GmbH, München
Druck, Bindung: Franz Spiegel Buch GmbH, Ulm-Jungingen

Printed in Germany

ISBN 3-87003-614-1

Gedruckt auf chlorfrei gebleichtem Papier

8., neu bearbeitete Auflage 2001

Redaktion ADAC-Reiseführer:
ADAC Verlag GmbH, 81365 München

1 Tag in London

›London in a day‹ – ein hehres Ziel! Ein guter Ausgangspunkt ist der **Trafalgar Square** im Herzen Londons. Wer gut zu Fuß ist, maschiert (in Blickrichtung Lord Nelsons) Whitehall hinunter, vorbei an **Horse Guards** und **Downing Street** zum **Big Ben**. **Houses of Parliament** und **Westminster Abbey** gibt es zu bewundern, dann geht es durch den schönen **St. James's Park** zum **Buckingham Palace**. Am besten nimmt man Sandwiches mit und macht – ›very British‹ – Mittagspause im Park. Anschließend fährt man entweder mit dem Bus über **The Mall** zur nächsten U-Bahn oder ab Green Park direkt nach **Covent Garden**. Hier oder in der nahe gelegenen **Neal Street** findet man alle Reisemitbringsel und genügend Cafés und Pubs, um die London-Atmosphäre zu genießen. Eine verlockende Alternative ist ein ausgedehnter Einkaufsbummel durch das berühmte Kaufhaus **Harrods**. Essbare Souvenirs aller Geschmacksrichtungen bieten die dortigen ›Food Halls‹. Wer sich anschließend noch fit für Theater oder Kino fühlt: das **West End** ist nur einen Steinwurf entfernt. Verbilligte Theaterkarten gibt's im ›Half Price Ticket Booth‹ am **Leicester Square**.

1 Wochenende in London

Freitag: Dieser Tag kann ähnlich verlaufen wie oben beschrieben: Ausgangspunkt ist der **Trafalgar Square**. Mit etwas mehr Zeit sollte man nun einen Besuch in der **National Gallery** oder der **National Portrait Gallery** einplanen und dafür vielleicht den Einkaufsbummel auf den Samstag verlegen, an dem alle Läden ganztags geöffnet sind.

Samstag: Zunächst also Shopping bei **Harrods**, **Fortnum & Mason** oder auf der **King's Road**. Dann fährt man mit der U-Bahn zum **Tower**. Nach der Besichtigung ist Erholung angesagt: Mit dem Boot ab Westminster geht es auf der Themse nach **Greenwich**. Während der Fahrt sieht man London aus ganz neuen Blickwinkeln. Vom **Old Royal Observatory** aus hat man einen schönen Blick auf Greenwich. Nach einem Marktbesuch gelangt man durch den ›foot tunnel‹ ans andere Themse-Ufer nach Island Gardens. Zurück geht's mit der elektrischen Docklands Light Railway mitten durch die postmoderne Hochhauskulisse der Londoner **Docklands**. Wem das Lust macht auf das ›neue London‹, wie wär's mit einem Abendessen im **Mezzo**? Oder lieber traditionell britisch bei **Rules**? Für eine lange, aufregende Nacht kann man sich in einem Pub oder einer Bar einstimmen. Jazzfreunde zieht es anschließend ins **Ronnie Scott's**, Techno-Freaks können sich im **Ministry of Sound** vergnügen, und wer auf heiße Rhythmen steht, geht ins **Salsa**!

Sonntag: Wieder ein ganz anderes Flair der Stadt kann man auf einem der Wochenendmärkte einfangen: bunt und trendy geht's zu in **Camden Town**, eher antiquarisch in der **Portobello Road**. Der Nachmittag ist für Museumsbesuche reserviert. NB: das **British Museum** ist die meistbesuchte Sehenswürdigkeit Londons. Freunde der modernen Kunst wird es in die **Tate Gallery of Modern Art** ziehen, Familien werden vom **Natural History Museum** begeistert sein. Ebenfalls eine Attraktion ist das **London Aquarium**. Hier kann man Haie in riesigen Wassertanks bewundern und Stachelrochen streicheln. Abschließend geht es zum Sonntagsspaziergang in den **Hyde Park** oder zu einer Panoramatour entlang der **South Bank**, vorbei an Shakespeare's Globe Theatre bis Butler's Wharf.